I0881124

DENYS D'HALICARNASSE

OPUSCULES RHÉTORIQUES

THUCYDIDE

SECONDE LETTRE À AMMÉE

COLLECTION DES UNIVERSITÉS DE FRANCE
publiée sous le patronage de l'ASSOCIATION GUILLAUME BUDÉ

DENYS D'HALICARNASSE

OPUSCULES RHÉTORIQUES

TOME IV

THUCYDIDE
SECONDE LETTRE À AMMÉE

TEXTE ÉTABLI ET TRADUIT
PAR
GERMAINE AUJAC
Professeur à l'Université de Toulouse - Le Mirail

Deuxième tirage

PARIS
LES BELLES LETTRES
2002

Conformément aux statuts de l'Association Guillaume Budé, ce volume a été soumis à l'approbation de la commission technique, qui a chargé M. Jacques Bompaire d'en faire la révision et d'en surveiller la correction en collaboration avec Mlle Germaine Aujac.

Tous droits de traduction, de reproduction et d'adaptation réservés pour tous les pays.

© 2002. Société d'édition Les Belles Lettres
95 boulevard Raspail, 75006 Paris
www.lesbelleslettres.com

Première édition 1991

ISBN : 2-251-00410-6
ISSN : 0184-7155

NOTICE

Le *Thucydide* et la *Seconde Lettre à Ammée,* qui en est un simple rebondissement, seront étudiés conjointement[1]. Bien des points les rapprochent. Ces deux opuscules sont des œuvres de commande et non pas le résultat d'un choix délibéré de l'auteur ; d'où la mauvaise humeur que l'on sent percer ici ou là chez Denys, obligé d'abandonner les travaux qu'il avait en train pour accéder au désir de ses amis. De plus, les demandes d'éclaircissement équivalent à des critiques plus ou moins voilées : Tubéron s'étonne du jugement sévère que porte Denys sur Thucydide, Ammée trouve ses assertions insuffisamment justifiées ; d'où un certain durcissement des positions dans les réponses qu'il leur adresse. Par-delà les destinataires officiels d'ailleurs, ces deux opuscules visent les admirateurs inconditionnels de l'historien, en particulier les stoïciens qui, très soucieux pourtant de la correction du langage et fervents partisans de l'atticisme, prétendent prendre Thucydide pour modèle en tout.

1. Les deux opuscules consacrés à Thucydide ont suscité beaucoup d'études particulières. Parmi les travaux les plus récents, citons, outre les thèses de P. Costil (*L'esthétique littéraire* = Costil I, p. 699-807 ; *Recherches sur la tradition manuscrite* = Costil II), déjà utilisées dans les volumes précédents, les traductions et commentaires :
— W. Rhys Roberts, *Dionysius of Halicarnassus, The Three Literary Letters,* éd. et trad. Cambridge, 1901 ;
— G. Pavano, *Dionisio d'Alicarnasso, Saggio su Tucidide,* éd. et trad. Palerme, 1958 ;

Or Denys, professeur de rhétorique à ses heures, préoccupé de former ses élèves à l'éloquence publique, est persuadé que l'imitation de Thucydide ne pourrait être que très pernicieuse pour de futurs orateurs. Thucydide est un historien, non un maître d'éloquence, et, comme le soulignait déjà Cicéron dans l'*Orateur,* 30, «ses harangues elles-mêmes présentent tant de phrases obscures et enveloppées que c'est à peine si on les comprend, ce qui est bien, dans un discours politique, le plus grave défaut». Une vingtaine d'années plus tard, en dépit de cet avertissement, les admirateurs de Thucydide continuaient à le prendre pour modèle d'écriture, mais il est fort probable que ces imitateurs inconditionnels ne valaient pas mieux que ceux de la génération précédente dont se moquait Cicéron : «incapables d'imiter de lui la force du vocabulaire et de la pensée, il leur suffit d'avoir articulé quelques paroles tronquées et incohérentes, ce qu'ils auraient pu faire

— W. K. Pritchett, *Dionysius of Halicarnassus, On Thucydides,* trad. et comment. Berkeley, 1975;

et les études spécialisées :

— G. Pavano, «Dionisio d'Alicarnasso, critico di Tucidide», *Accademia delle Scienze di Torino,* serie II, 68, 1936, p. 249-291;

— G. M. A. Grube, «Dionysius of Halicarnassus on Thucydides», *Phoenix,* 4, 1950, p. 95-100;

— G. M. A. Grube, «Greek Historians and Greek Critics», *Phoenix,* 88, 1974, p. 73-80;

— A. D. Leeman, «Le genre et le style historique à Rome, théorie et pratique», *R.E.L.,* 33, 1955, p. 183-208;

— A. D. Leeman, *Orationis Ratio,* vol. 1, Amsterdam, 1963;

— G. W. Bowersock, «Historical problems in late Republican and Augustan Classicism», in *Le Classiscisme à Rome,* Entretiens sur l'Antiquité classique, t. XXV, Genève, 1979, p. 57-78;

— D. M. Schenkeveld, «Linguistic Theories in the Rhetorical Works of D. of H.», *Glotta,* 61, 1983, p. 67-94;

— K. S. Sachs, «Historiography in the Rhetorical Works of D. of H.», *Athenaeum,* 61, 1983, p. 65-87;

— K. S. Sachs, «Rhetoric and Speeches in Hellenistic Historiography», *Athenaeum,* 64, 1986, p. 383-395.

même sans maître, pour se croire d'authentiques Thucydides» (Cicéron, *Orateur,* 32, trad. A. Yon).

CIRCONSTANCES DE PUBLICATION.

Or c'est justement au point de vue de l'imitation que se plaçait Denys quand, dans le traité de ce nom, il passait en revue poètes et prosateurs du passé pour indiquer lesquels on pouvait prendre pour modèles et dans quel domaine on pouvait les imiter. S'attaquant aux historiens, il avait alors mis en parallèle Hérodote son compatriote d'Halicarnasse et Thucydide l'Athénien : il vantait le premier sans réserve pour tout ce qui concernait la matière de son *Histoire* (choix du sujet, ordonnance du récit, variété, absence de malignité) et il l'opposait sur tous ces points à Thucydide, pour le plus grand dam de l'Athénien ; au point de vue du style, il tenait la balance plus égale entre les deux.

Ce jugement, défavorable dans l'ensemble à Thucydide (nous en connaissons la teneur, malgré la perte du traité sur l'*Imitation,* par la citation qu'en fait Denys lui-même dans la *Lettre à Pompée,* XI, 3,2-21), avait surpris Quintus Aelius Tubéron, historien lui aussi et grand admirateur de Thucydide ; il l'avait probablement choqué, et l'avait en tout cas incité à demander à Denys d'exposer plus complètement les arguments justifiant une si étrange position.

Denys s'exécute dans le traité sur *Thucydide,* pour lequel il abandonne provisoirement la rédaction d'une étude consacrée à Démosthène (probablement le traité critique mentionné dans le *Démosthène* V, 57,3). Nuançant pour l'occasion les critiques qu'il avait précédemment adressées au πραγματικὸς τόπος chez Thucydide, il se montre en revanche plus sévère dans ses jugements sur la forme, dont il souligne l'incohérence, l'obscurité et l'incorrection.

Cette condamnation du style de Thucydide choque à son tour son ami Ammée, le destinataire des opuscules sur *Les orateurs antiques* et aussi d'une première *Lettre* sur les rapports chronologiques entre l'orateur Démosthène et le théoricien de la rhétorique Aristote; reprochant à Denys (implicitement du moins) de se contenter trop aisément d'affirmations gratuites, Ammée lui demande une démonstration plus convaincante pour appuyer ses dires. Denys reprend donc point par point (en principe) le contenu du chapitre 24 du *Thucydide,* que probablement Ammée incriminait tout particulièrement, et il l'illustre par des exemples commentés ou par des réfections de texte.

Si Ammée, un interlocuteur habituel de Denys, grec très vraisemblablement, n'est pas autrement connu, il n'en est pas de même pour le destinataire du *Thucydide,* Quintus Aelius Tubéron, issu d'une famille qui donna à Rome bien des personnages illustres[1]. Cicéron fait de l'un de ses ancêtres, nommé comme lui Quintus Aelius Tubéron, et qui fut disciple de Panétios de Rhodes, le stoïcien type : «Puisque j'ai parlé des stoïciens — dit-il —, je citerai Quintus Aelius Tubéron, petit-fils de Paul-Émile» (*Brutus,* 117, trad. J. Martha). Vantant l'austérité de ses mœurs, il ajoute : «Comme sa façon de vivre, son langage était dur, négligé, plein d'aspérités» *(loc. cit.).* Quant à Quintus Aelius Tubéron, l'ami de Denys, auteur d'une *Histoire de Rome* en quatorze livres, il pratiquait volontiers le *sermo antiquus,* et admirait fort Thucydide dont il allait jusqu'à imiter assez souvent le style; G. W. Bowersock[2] note avec malice que Tite Live, prenant Tubéron comme source, reproduit sans s'en douter beaucoup d'expressions empruntées directement à Thucydide, un auteur que pourtant il n'aimait guère. Denys, qui fréquentait le cercle des Tubéron, connaissait bien les travaux histori-

1. Sur le cercle littéraire de Denys, cf. W. Rhys Roberts, «The Literary Circle of Dionysius of Halicarnassus», *Classical Review,* 14, 1900, p. 439-442; G. P. Goold, «A Greek Professorial Circle», *T.A.P.A.*, 92, 1961, p. 168-192; G. W. Bowersock, *Augustus and the Greek World,* Oxford, 1965, surtout p. 129-130.

2. G. W. Bowersock, *Le Classicisme à Rome, op. cit.*, p. 64 et 68 sqq.

ques de Quintus Aelius ; il s'en sert ouvertement dans les *Antiquités Romaines*[3]. On conçoit aisément dès lors qu'il ait pu se sentir fort mal à l'aise d'avoir à s'opposer ainsi à un ami, à un auteur qu'il considère comme «un homme habile, très scrupuleux dans la quête des faits historiques» (*Ant. Rom.* I, 80, 1), mais dont il souhaiterait modérer l'admiration pour Thucydide, ou du moins la mieux orienter.

I. LE CONTENU DES TRAITÉS.

A. Le *Thucydide.*

Le plan du *Thucydide,* qui paraît simple de prime abord, n'est pourtant pas parfaitement régulier. Il est probable qu'à son habitude Denys a rédigé ce pensum à la va-vite, pour en revenir au plus tôt à l'ouvrage sur Démosthène dont il a été forcé d'interrompre la rédaction.

1) *L'Introduction.*

Relativement longue (1 à 4), elle précise les circonstances de composition de ce traité : c'est une commande (1) dont Denys se serait bien passé, puisqu'il pensait avoir été suffisamment clair, quoique concis. Il souligne les dangers d'une telle entreprise : de mauvais esprits seront tentés de mettre les critiques qu'il pourra formuler à l'encontre de Thucydide sur le compte de la vanité ou de la jalousie d'auteur (n'a-t-il pas le projet de rédiger lui-même une *Histoire*?) ; aussi proteste-t-il de sa sincérité et de l'objectivité de ses jugements (2-4). Son intention est bien, tel un naturaliste, de décrire avec équité les qualités et les défauts, de fond et de forme, de l'historien, à seule fin de définir le «caractère» de son œuvre.

3. Cf. Dionysius Halicarnasseus, *Antiquitates Romanae*, éd. C. Jacoby, 4 vol., Leipzig, 1885-1905 (éd. stéréot. 1967).

2) *Le fond.*

Le premier point de son exposé concerne le fond (mais Denys n'annonce son plan qu'à la fin du développement, en 21, 1). Procédant par comparaison, comme dans le traité *Sur l'Imitation,* il présente d'abord les historiens antérieurs à Thucydide, rappelant leurs méthodes de travail et leurs modes de composition (5, 1-3), et caractérisant leur style (5, 4) ; il réserve une place à part à Hérodote, le plus important d'entre eux, tant pour le contenu de son *Histoire* que pour l'expression (5, 5). Thucydide, lui, cherche par tous les moyens à se démarquer de ses prédécesseurs ; ce désir d'originalité à tout prix explique pour une large part les traits caractéristiques de son œuvre.

Parfois, les partis adoptés et mis à exécution par Thucydide se sont révélés meilleurs que ceux de ses prédécesseurs. C'est le cas par exemple pour le choix du sujet (6, 1-4 ; Denys oublie sur ce point les réserves qu'il avait formulées dans l'*Imitation*), ou pour le refus des fables (6, 5 - 7, 3), enfin et surtout pour l'impartialité dont il fait preuve (8, 1-3 ; là encore Denys semble en contradiction avec l'opinion exprimée dans l'*Imitation*). Dans tous ces domaines, dit maintenant Denys, les qualités de Thucydide sont indéniables (8, 3).

Pourtant ces éloges, qui semblent plutôt des concessions faites par l'auteur pour prouver sa bonne foi, ne rendent que plus virulentes les critiques qui vont suivre. Abordant le chapitre relativement technique de «l'économie» (c'est le nom donné par les rhéteurs), qui comprend à la fois la division, l'ordonnance, la mise en œuvre (9, 1), Denys montre que, sur tous ces points, l'œuvre de Thucydide laisse beaucoup à désirer.

Ainsi, en ce qui concerne la division, il blâme la répartition du récit en étés et hivers (9, 2-5) ; illustrant ce défaut par un exemple (9, 6-9), il précise que ce système n'a été utilisé par aucun historien postérieur (9, 10).

De même, l'ordonnance de la matière paraît défectueuse aussi bien pour le début de l'ouvrage (la cause fictive de la guerre précède la cause vraie, pourtant chronologiquement antérieure, 10, 2 - 12, 1) que pour la fin (qui ne coïncide pas avec la fin de la guerre, 12, 2-3).

Le principal reproche pourtant que Denys adresse à Thucydide concerne la mise en œuvre ; celle-ci, dans le traitement des divers épisodes, se caractérise par un manque de cohérence que l'on peut assimiler à un manque de convenance (13, 1). Denys illustre ce défaut par quelques exemples empruntés à des récits de batailles sur terre ou sur mer (13, 2-4), à des descriptions de campagnes ou d'opérations militaires (14, 1-2), à des comptes rendus d'ambassades (14, 3 - 15, 2), à l'évocation du sort réservé aux vaincus (15, 3-4), ou encore et surtout à des discours ou à des morceaux de rhétorique, particulièrement révélateurs de la manière de Thucydide : leur nombre, leur longueur, leur degré d'élaboration varient d'un livre à l'autre, sans justification logique (16-17) ; Denys va même jusqu'à contester l'opportunité, à ce moment du récit, de la fameuse Oraison Funèbre, mise dans la bouche de Périclès (18). Quant à la longue Introduction, qui avait déjà été critiquée pour son ordonnance (10, 2-12), elle paraît également condamnable à Denys pour sa mise en œuvre : elle contient une histoire dans l'histoire, qui est parfaitement étrangère, et en tout cas inutile, au sujet traité (19) ; aussi Denys propose-t-il tout simplement de refaire l'introduction en supprimant la partie centrale (20).

3) *Étude du style.*

Une transition abrupte annonce le second point, consacré à l'étude du style (τὸ περὶ τὸ λεκτικόν) ; c'est dans ce domaine que se manifeste le plus clairement l'originalité de Thucydide (21). Les facteurs constitutifs du style sont ensuite indiqués, ainsi que la répartition des qualités dont les unes sont nécessaires, les autres accessoires, les secondes n'ayant de valeur que si les premières sont présentes (22, 1-3).

Procédant comme au chapitre 5 qui traitait du fond (mais en oubliant qu'en 5,5 une phrase au moins évoquait la forme), Denys prend appui sur les historiens antérieurs pour montrer la singularité de Thucydide. Les auteurs anciens en effet mettaient toujours dans leur expression les qualités nécessaires, sans trop se soucier des qualités accessoires ; Hérodote est le seul à avoir réuni dans son style toutes les qualités, à l'exception de celles que réclame la joute oratoire (23).

Thucydide, à son habitude, a voulu se distinguer de tous ses prédécesseurs en adoptant un type de style tout à fait original : il choisit des mots insolites (24, 1) ; il opte pour une composition de type austère (24, 2) ; surtout il multiplie à plaisir les figures (24, 3-13), usant de tournures inhabituelles, grammaticalement incorrectes, surprenantes au point d'être parfois incompréhensibles, ramassées au point de devenir obscures. Denys résume son opinion en deux phrases lapidaires, qui précisent les facteurs constitutifs du style chez Thucydide, et ses colorations (24, 11).

On s'attendrait alors à une démonstration en forme, illustrée par des exemples ; mais, évitant une étude de détail, Denys préfère s'en tenir à des analyses plus générales, par «thèmes et sujets» (25, 1), où des remarques sur le fond se mêlent à des appréciations sur la forme (25, 2) ; il rappelle chemin faisant l'objectif qu'il poursuit : servir la cause de l'imitation.

4) *Les exemples.*

Les exemples qu'il va présenter constituent donc en fait une nouvelle partie, illustrant pêle-mêle les réussites ou les échecs de Thucydide, tant du point de vue du fond que du point de vue de la forme. Ils sont rangés par catégories, et tirés d'abord des narrations, puis des discours.

a) Sous la rubrique des narrations, Denys commence par présenter un extrait de l'Introduction (25, 3) dont il devait vraisemblablement vanter les mérites (une lacune supprime la fin de l'extrait, le commentaire qui l'accompagnait, et le début de l'extrait suivant), car il semble avoir pris le parti, dans la succession des citations, de faire alterner éloges et critiques. A l'extrait suivant, relatant les derniers combats à Pylos, Denys reproche le manque de clarté, défaut auquel une modification simple du texte pourrait facilement remédier (25, 4) ; à ce détail près, l'ensemble du récit mérite des éloges (que Denys ne précise pas), tant pour le fond que pour la forme (26, 1).

De même, le récit de la dernière bataille opposant, au livre VII, Athéniens et Syracusains, et « les récits qui lui ressemblent », paraissent passablement réussis et constituent de bons modèles à imiter (27, 1-3). Une lacune malencontreuse et probablement importante nous prive des critiques qui devaient suivre, en vertu du principe d'alternance, et qui portaient sur le manque d'homogénéité dans le style de Thucydide ; en effet le meilleur y côtoie le pire, l'accessoire y tue souvent l'essentiel, et c'est bien ce qui, aux yeux de Denys, le rend particulièrement impropre à l'imitation (28, 1).

Pour le démontrer, une seule narration suffira, le récit, au livre III, des troubles de Corcyre. La description elle-même est parfaite « de clarté, de concision et de vigueur » (28, 2), mais la généralisation qui suit, sur la décadence morale et civique entraînée par la guerre, où se multiplient « les enchevêtrements de figures qui sentent le solécisme » et les raccourcis d'expression qui obscurcissent la pensée, est totalement dénuée d'agrément, comme Denys le montre d'abord par un commentaire de détail particulièrement acerbe, puis par une longue citation (29-33). Sa conclusion, c'est que, même dans les narrations, Thucydide n'est admirable que lorsqu'il s'en tient à un type de style courant, ce qui est loin d'être toujours le cas.

b) Au chapitre des harangues, dûment annoncé comme tel, Denys va distinguer les dialogues (ou ce qu'il appelle ainsi) et les harangues proprement dites ; cette fois, il compte traiter séparément du fond et de la forme (34, 1). Du point de vue du πραγματικὸν μέρος,

Thucydide, qui a beaucoup de génie inventif, est très maladroit dans l'organisation de la matière, ce dont ne se rendent pas compte les farouches partisans de l'historien, séduits par les prestiges d'une imagination si fertile (34,2-35,2). Son style, en revanche, contient, dans les harangues, mais très amplifiés, tous les défauts signalés au chapitre de la narration (35,3). Par esprit de justice, Denys se propose de citer et des passages réussis et des passages manqués, que ce soit pour l'organisation de la matière ou pour le style (35,4).

S'occupant d'abord des dialogues (une négociation, même un peu longue, est qualifiée par lui de dialogue), Denys oppose une réussite, les discours prononcés alternativement par les Platéens et par Archidamos lors des pourparlers précédant le siège de Platées (36), qu'il présente comme «un dialogue si beau et si raffiné» (37,1), à un échec patent, le dialogue des Méliens, si vanté (bien à tort, pense-t-il) par les admirateurs de l'historien ; pour convaincre ces mauvais esprits, Denys prend la peine de commenter dans le détail quelques tirades, soulignant l'inconvenance des propos tenus par les Athéniens, et l'obscurité, voire l'incorrection, de l'expression (37-41,6). Dans une confrontation rapide de fragments de ces deux «dialogues», Denys met l'accent sur la beauté de l'un (justesse des arguments, clarté du style), les défauts de l'autre (bassesse des sentiments, maladresse de l'énoncé), et il va même jusqu'à accuser Thucydide d'avoir voulu, à l'occasion de l'affaire de Mélos, régler ses comptes avec Athènes (41,7).

Quant aux harangues, Denys en mentionne (sans les citer ni les commenter) un certain nombre qu'il admire sincèrement (42,1-5) ; c'est pourtant à celles qui, à côté de qualités incontestables, accusent les défauts déjà signalés qu'il va s'attacher, ne retenant que deux exemples entre tant (43) : d'abord la harangue de Périclès aux Athéniens mécontents, au cours de laquelle voisinent selon lui des arguments inutiles, exprimés dans un style prétentieux (44-47,1), et des passages «pensés avec précision, exprimés avec élégance, et composés avec agrément» (47, 2-3); ensuite le discours d'Hermocratès aux habitants de Camarine, qui, à côté de développements bien venus, joliment écrits et empreints d'émotion (48, 1-2), en contient d'autres bien alambiqués et obscurs (48, 3-6).

Ainsi Denys pense avoir démontré sa proposition de départ, que «le style de Thucydide est excellent quand il ne sort de l'ordinaire que modérément et quand il conserve les qualités premières et nécessaires, assez mauvais quand il abandonne trop longtemps les expressions et les tournures du tout venant pour en adopter d'insolites, de forcées, d'incorrectes» (49, 1). Faisant comme si tout l'opuscule avait été consacré à la seule étude de la forme, Denys peut alors sereinement conclure que, dans la mesure où le style de Thucydide présente les défauts signalés plus haut, il faut se garder de le prendre pour modèle et de l'imiter (49, 2-4). Le *Thucydide* s'inscrit donc dans le droit fil du traité *Sur l'Imitation*.

5) *Démosthène et Thucydide.*

L'opuscule pourrait s'arrêter là. Denys pourtant veut désamorcer d'avance quelques objections possibles. Certains sophistes en effet prétendent que le style de Thucydide, inapte sans doute à l'éloquence publique, est parfaitement à sa place dans le genre historique, qui s'adresse à des gens cultivés et non au tout venant; d'autres en revanche soutiennent que le langage utilisé par Thucydide était le langage usuel de cette époque. Denys oppose aux premiers l'idéal démocratique de l'égalité de tous devant la culture historique, aux seconds le témoignage des orateurs contemporains de l'historien ; et il conclut en recommandant aux critiques de toujours maintenir la balance égale et de bannir l'esprit partisan (51, 1-4).

Au reste, l'expérience, dit-il, confirme sa thèse : les imitateurs de Thucydide sont rares. En histoire, on n'en dénombre aucun (52, 1-4); en éloquence, il y en a un seul, Démosthène, mais qui, empruntant à Thucydide certaines de ses qualités, a su se garder de ses défauts (53, 1-3). Des exemples tirés du discours *Sur la Paix*, de la *Troisième Philippique*, du discours *Sur la Couronne*, permettent à Denys de montrer la supériorité de l'orateur sur l'historien : Démosthène sait user d'un style tendu et enchevêtré, mais il reste clair et accessible à tous (54, 1 - 55, 1).

En conclusion, Denys recommande aux imitateurs éventuels de Thucydide de procéder comme Démosthène (55, 2), et à ses admirateurs de garder toujours la tête froide (55, 3-4). Lui-même n'est conduit dans tout cela que par un souci de vérité, sans complaisance aucune (55, 5).

B. La *Seconde Lettre à Ammée*.

Le plan de la *Lettre à Ammée* est clair dans sa conception, légèrement irrégulier dans son exécution.

Dans une brève introduction, Denys rappelle les circonstances de sa composition. Il s'étonne que ses appréciations sur le style de Thucydide, exprimées dans les *Orateurs Antiques* (= *Démosthène* I) et dans le *Thucydide*, aient encore besoin d'être explicitées ; mais par déférence pour un ami cher, il va satisfaire à la requête d'Ammée et se muer en maître d'école (1, 1-2).

Il cite d'abord *in extenso* le passage, qui est probablement celui incriminé par Ammée, dont il compte illustrer chaque point par des exemples. Mais la citation est légèrement incomplète et supprime en particulier le jugement sur la *synthesis*, placé entre celui, fort bref, visant le choix des mots, et celui portant sur la formulation, le plus détaillé parce que le plus important, aux yeux de Denys, pour dégager la spécificité du style de l'historien (2).

Au plan du vocabulaire, Denys cite sans commentaires quelques mots insolites, et d'autres qu'il juge poétiques, ou fabriqués (3, 1).

Au plan de la formulation, caractérisée par la

recherche constante de l'inhabituel (3, 2), Denys donne des exemples, commentés ou non, des différents traits énumérés au chap. 24 : mots développés en une phrase (4, 1-2), phrase ramassée en un mot (4, 2, mais une lacune mutile ces deux séries d'exemples); verbes utilisés substantivement (5, 1-2) et substantifs transformés en verbes (6); actifs mis pour des passifs (7) et la réciproque (8); singulier mis pour le pluriel (9, 1) et pluriel mis pour le singulier (9, 2); masculin, féminin et neutre employés l'un pour l'autre (10); cas détournés de leur emploi habituel, et qui équivalent à des solécismes (11, 1-3); non-respect de la concordance des temps (12); transfert du signifié au signifiant ou du signifiant au signifié (13); permutation entre personnes et choses (14); surabondance d'incidentes (15), d'expressions tortueuses (16), de figures voyantes (17).

A mesure qu'avance l'exposé, augmente l'agacement de Denys. Alors qu'il prenait la peine au début de commenter les exemples pour expliciter sa pensée, corrigeant au besoin le texte de Thucydide, il présente les derniers en vrac, sans les assortir d'aucune analyse, et il termine son propos avec une brusquerie passablement désinvolte. Il ne craint pas non plus d'escamoter certaines des affirmations énoncées dans le *Thucydide* et reproduites dans la *Lettre* (inversion du nom commun et du nom propre, excès de liberté dans l'usage des conjonctions, des prépositions et des articles, etc.). Peut-être, en citant des exemples précis et en s'efforçant de les analyser, même très sommairement, a-t-il pris conscience du manque de consistance de certaines de ses remarques, fondées davantage sur une impression ou sur un mouvement d'humeur que sur une réflexion logique ; peut-être, du même coup, s'est-il rendu compte de la pertinence des critiques formulées à son adresse. D'où le malaise qui lui fait bâcler la fin de la *Lettre*, et qui nous donne à réfléchir.

II. DENYS ET THUCYDIDE

Il est curieux de constater que Denys, historien avant tout, qui a consacré les vingt-deux premières années de son séjour à Rome à la préparation puis à la rédaction des *Antiquités Romaines*, sa grande œuvre, ne porte un jugement d'ensemble, ou de détail, sur l'historien Thucydide qu'à la demande expresse de ses amis, Tubéron ou Ammée, et encore le fait-il d'assez mauvaise grâce, conscient que ses critiques à l'encontre de son illustre prédécesseur risquent d'être interprétées comme le fruit de la jalousie.

Dans le *Lysias*.

Pourtant, dès la rédaction du premier opuscule conservé, le *Lysias*, Denys, alors fervent atticiste, soulignait l'opposition entre les deux esthétiques, celle de Lysias, «parfait modèle de langue attique» (II, 2, 1), et celle de Thucydide, à la recherche de l'archaïsme (II, 2, 1), de l'insolite, de l'apprêté, en particulier dans les discours. «Thucydide, le plus divin des historiens, use aussi bien dans l'Oraison Funèbre que dans les harangues d'une mise en œuvre poétique qui, en maintes occasions, altère l'expression et la fait tomber dans l'enflure et un apprêt inusité du vocabulaire» (II, 3, 6). Un peu plus loin, Denys enfonce le clou : le talent de Thucydide (et parfois aussi celui de Démosthène) est gâté à ses yeux par un style qui manque trop souvent de clarté : «Dans l'expression de Thucydide et de Démosthène, auteurs pourtant pleins de talent pour exposer les faits, il y a beaucoup d'endroits que nous avons du mal à interpréter, beaucoup de passages obscurs, exigeant des explications» (II, 4, 2). Denys semble donc ici partagé entre l'admiration pour Thucydide, qu'il qualifie d'auteur divin (comme il le fait, mais avec quelque ironie, pour Platon, V, 7, 6 ; 23, 1 ; 26, 6 ; VI, 18, 13 ; avec plus de sérieux pour Démosthène, V,

46, 2, ou pour Homère, VI, 20, 8), et le malaise qu'il éprouve devant un style par trop éloigné de l'idéal atticisant qui est le sien et celui de ses amis romains.

Dans le *Démosthène I*.

Aussi, dans le second tome des *Orateurs Antiques*, va-t-il d'emblée souligner le contraste entre les modes d'expression utilisés, à la même époque (V, 2, 3), par Thucydide et par Lysias. L'historien est «le modèle et la règle» de ce «style insolite, recherché, travaillé, plein à craquer de toutes sortes d'ornements ajoutés» (V, 1, 3); et pour montrer la distance qui sépare Thucydide de Lysias, au plan de l'expression, il utilise une comparaison musicale : «Ces auteurs, dans la gamme des styles, sont accordés à l'octave ; ils ont choisi les deux registres extrêmes, séparés par la distance maximum, et les ont portés à la perfection avec un zèle tout divin ; entre la nète et l'hypate en musique, il existe le même rapport que, en prose littéraire, entre le style de Lysias et celui de Thucydide» (V, 2, 5). A Thucydide, il reconnaît l'art de frapper les esprits, à Lysias de les flatter ; le premier oblige la pensée à se tendre, le second la détend ; l'un travaille dans le pathétique, l'autre dans la peinture de mœurs ; l'un use de violence, l'autre de ruse ; l'un se plaît dans une originalité audacieuse, l'autre préfère une sécurité sans risques (V, 2, 5).

Les écrivains qui adoptent le style mixte, le meilleur selon Denys, empruntent tantôt à l'un, tantôt à l'autre. A Thucydide, Isocrate doit «la magnificence, la solennité, la beauté d'élocution» (V, 4, 2), qui sont d'authentiques qualités. Pour ce qui est de Démosthène, on reconnaît chez lui un passage écrit dans le style de Thucydide quand il «évite continuellement l'expression directe dans l'énoncé des idées, ainsi que la franchise et la simplicité que l'on constate habituellement chez les orateurs ; quand il détourne le langage et l'éloigne de son emploi ordinaire et naturel, pour aller contre les habitudes de la plupart des gens et contre aussi le vœu de la nature» (V, 9, 3) ; aussi Denys ne cache-t-il pas sa désapprobation : «L'usage insolite des cas, l'accumulation des mots de liaison dans un bref espace donnent au style, à mon avis, un air affecté, inhabituel, précieux» (V, 9, 8). Bref, Thucydide, par une recherche perpétuelle de l'insolite, pèche contre l'usage, contre la convenance.

Denys admet pourtant qu'une certaine recherche soit nécessaire pour produire un langage littéraire. Ce n'est donc pas la volonté d'expression artistique qu'il récuse, mais son abus. Si l'on compare le style de Démosthène, l'écrivain qui représente le nouvel idéal de Denys, à celui de Thucydide, on s'aperçoit que la différence (qui s'exerce en faveur de Démosthène) ne porte pas sur la qualité, «car les deux auteurs pratiquent avec un égal bonheur le procédé qui consiste à sortir de l'usage ordinaire et à poursuivre, au lieu de l'expression courante, l'expression raffinée» (V, 10, 1), mais sur la quantité et surtout sur l'opportunité ; il manque à Thucydide ce sens de l'occasion favorable qui relève du goût, domaine de l'irrationnel. «Thucydide est sans retenue dans l'usage de ce type de construction ; il se laisse conduire par elle plus qu'il ne la conduit ; loin de savoir avec dextérité saisir l'occasion quand elle s'impose, il la manque souvent ; le résultat, c'est que l'absence de mesure dans la recherche de l'inhabituel enlève à son style beaucoup de clarté, le manque de maîtrise dans les occasions d'emploi beaucoup d'agrément» (V, 10, 2). Par cet excès même, Thucydide est aux yeux de Denys le meilleur représentant du genre «élevé, travaillé, sortant de l'ordinaire, dont toute la force réside dans la virtuosité» (V, 10, 4). Un genre extrême, quel qu'il soit, ne saurait constituer la perfection ; Denys lui-même refuse de «considérer comme excellent le style de Thucydide, avec son raffinement et sa recherche de l'inhabituel» (V, 15, 1). Il recommande aux auteurs d'adopter une position moyenne : il ne faut pas indisposer les petites gens par «la précision soignée, le raffinement, l'exotisme, et tant d'expressions qu'ils n'ont pas l'habitude d'entendre ni d'employer»

(V, 15, 3), mais il faut en même temps proposer aux gens cultivés un style «travaillé, raffiné, teinté d'exotisme» (V, 15, 4) ; tout est donc question d'équilibre, de dosage approprié, en un mot de convenance.

Dans l'*Imitation* (= *Lettre à Pompée*, ch. 3).

Dans le *Démosthène I*, Denys se montrait déjà préoccupé par le problème de l'imitation. Il reconnaissait que Démosthène, dans ses discours, imitait tantôt le style de Thucydide, tantôt celui de Lysias. Aussi cette question de l'imitation, fondamentale pour un professeur de rhétorique soucieux de proposer des modèles à ses étudiants, lui sembla-t-elle mériter un approfondissement particulier. Denys lui consacra donc un traité en trois livres, dont le second considérait les principaux auteurs, poètes ou prosateurs, susceptibles ou non de fournir de bons modèles à imiter.

Comme historiens, Denys juge que les meilleurs modèles à imiter sont Hérodote, Thucydide, Xénophon, Philistos et Théopompe ; il va donc étudier ces auteurs de ce point de vue, les confrontant à l'idéal que doit à son avis poursuivre tout historien. Il commence par une comparaison entre Hérodote et Thucydide qui tourne généralement à l'avantage du premier, tant pour le fond que pour la forme.

C'est le cas pour le choix du sujet. Tandis qu'Hérodote décrit les valeureux affrontements entre Grecs et Barbares, Thucydide relate une seule guerre, qui n'est «ni belle ni heureuse» (XI, 3, 4), une de ces guerres qui n'auraient jamais dû exister, ou qu'il aurait fallu noyer dans le silence. Ce sujet, pervers entre tous, de l'aveu même de l'auteur, Thucydide l'a choisi, d'après Denys, non pas sous l'empire de la nécessité, mais juste pour ne pas faire comme les autres (XI, 3, 6).

Autre reproche formulé par Denys : Thucydide n'a pas su limiter correctement son Histoire. Il la débute au moment où la Grèce commence à subir des malheurs dont il fait plus ou moins peser la responsabilité sur

Athènes, sa propre cité (XI, 3, 9), et il la termine bien avant le retour des exilés et le rétablissement de la démocratie (XI, 3, 10), qui en forment la véritable conclusion.

Dans le déroulement du récit et le choix des épisodes à inclure ou à rejeter, Denys reproche à Thucydide l'absence de pauses ; cette course sans fin de bataille en bataille, de discours en discours, fatigue l'auditeur en le tenant toujours en haleine (XI, 3, 11-12). La division du récit par étés et hivers est malencontreuse ; le lecteur se perd aisément dans le labyrinthe des diverses actions concomitantes. Tandis qu'Hérodote a su fondre des histoires complexes en un tout homogène, Thucydide découpe en tranches une guerre unique dont il brise ainsi l'unité (XI, 3, 14).

A l'attitude très humanitaire d'Hérodote qui se réjouit des hauts faits et compatit aux malheurs, Denys oppose la rigueur froide de Thucydide, son acidité venimeuse et le ressentiment qu'il manifeste envers la patrie qui l'a exilé ; son désir de vengeance explique, selon Denys, qu'il insiste avec malignité sur les erreurs d'Athènes et qu'il mentionne à peine ses succès (XI, 3, 15). Dans l'ensemble donc, Thucydide est, sur le fond, inférieur à Hérodote.

Au point de vue du style, le jugement de Denys est moins sévère et moins tranché ; il reconnaît à Thucydide certaines qualités, à Hérodote certains défauts. Pour la pureté du vocabulaire et l'hellénisme, ils sont excellents tous les deux (XI, 3, 16). Pour la concision, Thucydide l'emporte, mais parfois au prix de la clarté ; pour le don de vie, ils sont à égalité (XI, 3, 17). L'un a plus de pathétique, l'autre peint mieux les mœurs, mais ils possèdent l'un et l'autre les qualités indispensables pour exprimer la grandeur (XI, 3, 18). Il y a plus de vigueur, de tension, de force chez Thucydide, plus d'agrément, de persuasion, de charme chez Hérodote ; celui-ci cherche le naturel dans le style, celui-là la virtuosité (XI, 3, 19). Le principal défaut chez Thucydide, mais ce défaut-là gâte tout le reste, c'est le manque de convenance, qui vient probablement de son incapacité à adapter son style au sujet ou aux personnages : il parle le même langage dans les harangues et dans les narrations, sans y mettre aucune variété (XI, 3, 20) ; aussi les admirateurs de Démosthène, que ce soit Cécilius ou Denys, prennent-ils bien soin de souligner que ce que l'orateur emprunte à l'historien, ce sont surtout les idées et l'argumentation.

Pourtant, le jugement global sur le style reste positif : Denys admet que les deux historiens ont créé des œuvres belles, d'une beauté souriante chez Hérodote, imposante chez Thucydide (XI, 3, 21). C'est donc surtout en ce qui concerne le fond que se manifesterait la supériorité d'Hérodote.

Dans le *Thucydide* et la *Seconde Lettre à Ammée*.

Dans les deux opuscules spécialement consacrés à Thucydide, et destinés en principe à développer les jugements précédemment exprimés, Denys en fait modifie sensiblement ses positions, soit par une évolution naturelle de ses opinions (Denys est assez coutumier de ces volte-face), soit pour mieux persuader ses amis, par quelques concessions habiles, soit par un changement radical d'objectif.

Au chapitre du fond, il verse à l'actif de Thucydide le choix d'un sujet unique et restreint (qu'il qualifiait de « pervers » dans l'*Imitation*), le refus des fables (dont il ne disait rien alors), le souci de la vérité (alors qu'il l'accusait naguère de partialité) ; le passif concerne la division par étés et hivers (déjà dénoncée), l'ordonnance de la matière (déjà critiquée), enfin et surtout le manque d'homogénéité des développements (point qui n'avait pas été abordé dans l'*Imitation*). Si donc Denys revient sur certaines critiques pour les atténuer, il confirme aussi par de nouveaux arguments le jugement plutôt défavorable qu'il porte sur Thucydide au point de vue du fond.

Mais c'est surtout quand il traite du style que Denys

se fait plus abrupt. Dans l'*Imitation*, il accordait à la prose de Thucydide un certain nombre de qualités que ne possédait pas, ou que possédait moins, le style d'Hérodote. Ici il s'applique surtout à en souligner les défauts, ceux en particulier qu'il serait dangereux de vouloir imiter : il dénonce par exemple le vocabulaire rare, désuet (alors qu'il faisait naguère de Thucydide le canon du dialecte attique et qu'il vantait chez lui la pureté du vocabulaire et l'hellénisme). Mais il parle aussi de la *synthesis* (terme qui n'apparaissait pas dans l'*Imitation*) de type austère, et signale la variété et la recherche des formulations (alors qu'il accusait précédemment Thucydide de monotonie dans l'emploi des procédés).

Pourtant la grande nouveauté de ces deux traités, et particulièrement du *Thucydide*, c'est que Denys, dans l'analyse des exemples notamment, critique âprement le manque de correction grammaticale ; il relève avec grande complaisance les tournures proches du solécisme, celles en tout cas que les grammairiens contemporains de Denys (et il vise probablement les stoïciens qui avaient mis tous leurs soins à l'étude de la grammaire) jugeraient incorrectes. Le terme de « solécisme » revient à trois reprises dans le *Thucydide* (VII, 24, 7 ; 33, 2 ; 37, 4), à trois reprises aussi l'adjectif « à allure de solécisme » (VII, 29, 1 ; 53, 2 ; 55, 2), tandis que le verbe correspondant, σολοικίζειν, est employé dans la *Lettre* (VIII, 11, 2). Le fait est d'autant plus frappant que ce terme de « solécisme » ne se trouve nulle part ailleurs dans les opuscules, à l'exception d'une occurrence dans le *Dinarque* (XII, 8, 2). Visiblement Denys cherche à convaincre le stoïcien Tubéron par un argument *ad hominem* : Thucydide commet des fautes contre la grammaire que réprouveraient tous les puristes ; et ces fautes sont d'autant plus graves qu'elles contribuent la plupart du temps à obscurcir la pensée ; il est donc paradoxal que les stoïciens tout à la fois se fassent les champions de la correction grammaticale et de la simplicité attique, et éprouvent tant d'admiration pour Thucydide dont le style est à l'opposé de leur idéal, et ne peut par conséquent fournir un modèle à imiter.

C'est donc au nom de l'imitation que Denys durcit sa position, dans les deux opuscules consacrés directement à Thucydide ; le professeur de rhétorique qu'il est ne peut faire fi de la grammaire (dont il n'est pourtant pas spécialiste) au point de recommander à ses étudiants un auteur si éloigné de la langue conventionnellement qualifiée de correcte par les atticistes du siècle d'Auguste. Ce traité et cette lettre détonnent d'ailleurs dans la production littéraire de Denys, dans celle du moins qui a été conservée ; pour la première fois, et la seule, il se pose en maître d'école pour montrer l'absurdité et les contradictions de tous ceux qui, fervents partisans d'un retour à la pureté du langage et à l'hellénisme symbole de clarté (cf. I, 2, 2), portent aux nues l'historien qui, bien qu'originaire d'Athènes, malmène un peu trop la langue de son pays et, à force de vouloir nuancer sa pensée de mille détails superflus, sombre souvent dans le charabia et l'incongruité.

Dans le *D.C.V.* et le *Démosthène II*.

Mais chez Denys l'homme de goût reprend vite le dessus. Après cette intrusion forcée, et exceptionnelle, dans le domaine proprement grammatical, Denys change délibérément de cap ; il tente de découvrir, par-delà la correction du langage et parfois contre elle, ce qui fait la valeur intrinsèque des œuvres littéraires. Les auteurs réputés, poètes ou prosateurs, obéissent chacun à une esthétique propre qu'il s'agit maintenant pour Denys de définir et de juger ; dans un texte littéraire, c'est désormais le tissu sonore qui lui semble important, bien plus que le sens, et souvent indépendamment du sens ; seules des qualités d'ordre musical peuvent expliquer à ses yeux l'impression spécifique ressentie par le lecteur, ou plutôt par l'auditeur d'un texte : la lecture à haute voix est indispensable en effet pour apprécier à leur juste valeur les nuances et les harmonies contenues dans tel poème ou dans telle page de prose.

Dans la nouvelle perspective qui est la sienne, Denys adresse à Thucydide des éloges qui surprennent légèrement, venant après les acerbes critiques contenues dans les deux traités spéciaux consacrés à l'historien. Analysant par exemple la structure sonore des énoncés, Denys cite une phrase tirée du discours des Platéens, «composée avec beaucoup de grâce et pénétrée d'émotion» (VI, 7, 4) : si le pathétique était déjà une qualité reconnue à Thucydide, la grâce était plutôt l'apanage de Lysias, l'auteur dont le style est le plus éloigné de celui de Thucydide. Un peu plus loin pourtant, dans ce même traité de la *Synthesis*, Denys reconnaît avec plus de pertinence que, dans l'ensemble, la composition stylistique chez Thucydide est belle, certes, mais dénuée d'agrément (VI, 10, 4). Ailleurs il souligne que ce qui donne à la prose de Thucydide son originalité et sa valeur, c'est surtout la beauté de ses rythmes ; témoin un passage de l'Oraison Funèbre qui, selon lui, doit aux vertus des rythmes utilisés la dignité, la distinction, l'élévation qu'on y perçoit (VI, 18, 3-8).

Ainsi Thucydide devient pour la prose, comme Pindare l'est pour la poésie, le meilleur représentant de l'harmonie austère (VI, 22, 10), pour une prose du moins dont «la beauté est faite d'archaïsme et de fierté» (VI, 22, 35). Oubliant désormais le problème de l'imitation, Denys regarde simplement le style de Thucydide comme une forme d'art particulière qui obéit plus ou moins consciemment à certaines règles esthétiques et qui reste cohérente avec elles («Je me propose de t'exposer les règles utilisées par Thucydide pour en arriver à l'antique simplicité de l'harmonie austère» dit Denys en VI, 22, 36). Les traits de ce caractère de style, qu'il dénonçait précédemment comme des défauts presque rédhibitoires, prennent désormais place dans un ensemble structuré, calculé pour produire un certain effet sur l'auditeur (ou éventuellement sur le lecteur).

La prose de Thucydide, que Denys avait, dans sa phase atticiste, disséquée sans pitié, retrouve désormais à ses yeux son unité, sa valeur intrinsèque et son impact. Il verse désormais à son actif la dissymétrie entre les membres de phrase (oubliant le reproche d'irrégularité, adressé jadis), l'inégalité entre les périodes, l'inattendu des figures (quand il en dénonçait précédemment l'obscurité), le dédain pour les enchaînements obligés (ce qu'il qualifiait alors de quasi-solécisme) : c'est que tels sont les traits spécifiques de l'harmonie austère dont Thucydide offre le meilleur modèle en prose (VI, 22, 45).

Dans le *Démosthène II*, Denys développe les mêmes thèmes. Thucydide est celui des prosateurs qui réussit le mieux dans l'harmonie «caractérisée par le calme, la gravité, l'austérité, l'archaïsme, la dignité, l'absence totale de recherche» (V, 36, 5), c'est-à-dire dans l'harmonie austère, «teintée d'archaïsme, plus soucieuse de dignité que d'élégance» (V, 38, 1). Nulle trace, ou du moins peu de traces, de critique défavorable dans ce jugement. La prose d'art peut se présenter sous deux formes extrêmes, l'harmonie austère ou l'harmonie polie (puisque désormais c'est dans les valeurs musicales de l'énoncé parlé que Denys place son intérêt artistique), qui sont des produits esthétiques parfaitement valables en eux-mêmes, chacun dans son genre. Il va de soi (pour Denys du moins) que leur est supérieure une troisième forme, à mi-chemin entre les deux ou synthèse des deux, qui présente alternativement ou conjointement les qualités empruntées aux deux formes extrêmes ; si cette dernière constitue aux yeux de Denys la forme parfaite, les deux autres n'en sont pas moins des formes d'art à part entière, et qui peuvent atteindre l'excellence chacune dans son registre. Thucydide est sans conteste un excellent représentant de l'une de ces formes.

Dans le *Dinarque*.

Pourtant, dans le *Dinarque*, Denys en revient au problème de l'imitation, dont ne peut faire l'économie un professeur de rhétorique comme lui. Il existe, pense-t-il, deux manières d'imiter les grands auteurs. L'une, qui est naturelle, vient tout simplement de la familiarité avec leurs œuvres ; elle se fait sans effort, par une sorte d'assimilation spontanée. L'autre se fait par violence, à coup de préceptes ; elle est artificielle et forcée, et ne conduit à rien de bon, car il y a dans tous les archétypes une certaine grâce, un éclat particulier (χάρις καὶ ὥρα), dont il est impossible de donner la recette. Aussi les imitations ont-elles souvent une odeur d'exercice, une absence de naturel, qui les dénoncent facilement comme telles (XII, 7, 5-6).

Pour illustrer son propos, Denys prend l'exemple de Platon, de Thucydide, ou encore, parmi les orateurs, d'Hypéride, d'Isocrate, de Démosthène. Ceux qui veulent les prendre pour modèles sans avoir leur talent n'obtiennent que de piètres résultats : «Ceux qui prétendent imiter Platon et, incapables d'emprunter le suranné, l'élévation, la grâce et la beauté de son style, se contentent d'adopter un vocabulaire dithyrambique ou familier, sont facilement pris au piège ; de même ceux qui prétendent rivaliser avec Thucydide et, n'arrivant pas à prendre chez lui la tension, la solidité, la virtuosité et autres qualités du même genre, choisissent de manier les figures proches du solécisme et de pratiquer le manque de clarté, peuvent être facilement percés à jour» (XII, 8, 1-2).

Ainsi Denys en est enfin arrivé à cette voie moyenne qui exprime mieux son opinion véritable sur Thucydide. Il lui reconnaît des qualités de vigueur, de tension, d'émotion, d'élévation qui en font un écrivain de premier plan ; il accorde à sa prose une beauté sonore de type austère qui l'apparente à celle des plus grands ; mais il ne peut éviter de dénoncer les négligences plus ou moins voulues, la recherche abusive de l'insolite, le manque de clarté, tous défauts dont un imitateur éventuel doit se garder à tout prix. Et l'on comprend aisément alors que sa hargne contre Thucydide soit dirigée en fait bien moins contre l'historien ou l'écrivain soucieux d'art que contre la race si prolifique des fanatiques qui veulent tout admirer et, ce qui est plus grave, tout imiter chez lui, et en particulier les graves défauts que sont le manque de clarté et l'incorrection grammaticale.

Dans les *Antiquités romaines*.

Denys, nous l'avons vu, craignait de se faire accuser de jalousie d'auteur s'il exprimait sur Thucydide un jugement par trop défavorable ; aussi n'est-il pas inintéressant de se demander comment il s'y est pris, lui, l'historien, pour éviter les défauts qu'il a relevés chez son illustre prédécesseur.

Denys expose sa doctrine personnelle et les principes auxquels il tente de se conformer dans une Préface qu'il n'écrit, dit-il, que pour sacrifier à l'usage. Rappelant tout d'abord les objectifs que doivent se fixer tous les historiens véritablement dignes de ce nom, il insiste sur le sérieux indispensable à la bonne exécution d'une telle entreprise ; ces considérations sont assez proches de celles qui lui servaient à justifier sa préférence pour Hérodote aux dépens de Thucydide, mais on y perçoit un écho, en forme de pastiche, du fameux préambule si souvent cité, et critiqué : « Tous ceux qui choisissent de laisser à la postérité des mémoriaux de leur intelligence destinés à survivre à leur personne physique, et plus particulièrement ceux qui rédigent des Histoires où est consignée, nous le supposons du moins, la vérité, qui est le commencement de la raison et de la sagesse, doivent choisir des sujets beaux, grands, et susceptibles d'être utiles à qui les lira ; ils doivent ensuite se doter des moyens indispensables à la rédaction du sujet choisi, sans ménager ni leur peine ni leur temps » (*Ant. Rom.* I, 1, 2). En effet, continue Denys, si des auteurs sélectionnent, pour en faire la relation détaillée, des actions peu glorieuses, vicieuses, indignes d'intérêt, par vain désir de gloriole ou par recherche d'effets rhétoriques, ils ne rencontrent qu'indifférence et mépris ; on les juge de la même trempe que les méchants qu'ils mettent en scène (I, 1, 3). Si, de même, tout en ayant choisi d'excellents sujets, ils les traitent avec négligence et ne se donnent pas la peine de rétablir la vérité, ils ne gagnent l'approbation de personne (I, 1, 4).

Denys pour sa part se vante d'avoir fait porter son étude sur un sujet beau, grand et utile : l'histoire ancienne de Rome, expliquant l'ascension fulgurante de cette ville dont l'empire est devenu beaucoup plus puissant et plus étendu que tous ceux dont on a gardé le souvenir : « La cité des Romains règne sur toute la terre, celle au moins que l'on peut parcourir et qui est habitée par les humains ; elle domine toute la mer, non seulement la Méditerranée, en deçà des Colonnes d'Hercule, mais aussi l'Océan dans l'ensemble de sa partie navigable ; elle est la première et la seule de toutes les cités connues jusqu'ici à avoir fait des levants et des couchants les limites de sa puissance. Et cet empire, loin d'être éphémère, a duré plus longtemps que celui d'aucune autre cité ou d'aucune autre nation » (I, 3, 3). Si Denys a choisi de traiter non de sa grandeur, mais de ses débuts, mesquins et difficiles, c'est pour éclairer les Grecs, ignorants du passé de Rome, et pour combattre certaines des fausses idées qu'ils entretiennent sur l'origine de la ville qui les a fait tomber sous sa coupe. Il se propose de montrer que les fondateurs de Rome sont des Grecs, et que l'hégémonie actuelle de Rome est amplement méritée par les vertus qu'ont pratiquées ses habitants dès les origines : « Aucune ville ni grecque ni barbare n'a suscité d'hommes plus pieux, plus justes, plus sagaces dans la conduite de leur vie » (I, 5, 3). Il espère ainsi réconcilier les Grecs avec leurs vainqueurs, et les amener à accepter cette souveraineté que Rome a gagnée par ses mérites.

De plus, choisissant une période généralement oubliée des historiens, il atteindra «ce résultat à la fois excellent et parfaitement équitable : les hommes qui sont morts en héros obtiendront une gloire immortelle et recevront les éloges de la postérité ; c'est ce qui permet à la nature humaine de s'approcher de la nature divine, et aux exploits des hommes de ne pas mourir en même temps que leurs corps. De plus, les descendants de héros si pareils aux dieux auront à cœur, encore et toujours, de choisir la ligne de vie non pas la plus agréable ou la plus facile, mais la plus noble et la plus ambitieuse, convaincus qu'ils seront qu'un si beau départ, pour leur race, doit les inciter à la fierté et leur interdire de rien faire d'indigne de leurs ancêtres» (I, 6, 3-4). L'intention morale est évidente chez l'historien de la Rome antique, qui poursuit : «Pour moi, qui me suis tourné vers cette entreprise non par flagornerie mais par souci de la vérité et de la justice, les deux objectifs obligés de toute histoire, c'est une façon de montrer mes bonnes dispositions envers tous les hommes vertueux et envers tous les admirateurs de beaux et grands exploits ; c'est aussi un moyen d'acquitter ma dette de reconnaissance, autant que faire se peut, envers la ville de Rome, pour les valeurs de culture et plus généralement pour tous les biens qu'elle m'a généreusement dispensés durant mon séjour ici» (I, 6, 5).

Ainsi Denys semble bien décidé à appliquer les préceptes qu'il a lui-même formulés dans les *Opuscules* et à éviter les défauts qu'il critiquait chez les uns ou les autres. Ce dont il se vante ici, choix d'un beau sujet, quête de la vérité, intention morale, bienveillance dans la relation des faits, reconnaissance envers le pays qui lui a fait du bien, c'est précisément ce sur quoi il jugeait les œuvres de ses prédécesseurs, quand il faisait office de critique littéraire. On devine qu'il se voudrait plus proche d'Hérodote que de Thucydide. Il souhaite séduire son lecteur et le convaincre, non l'épouvanter ou le rebuter.

Ces objectifs expliquent aussi le choix du style qu'il

se propose d'utiliser dans son ouvrage. Soucieux de plaire à ses auditeurs (τοῖς ἀκούουσι) et de retenir leur attention sans les fatiguer, il refuse une histoire purement événementielle qui s'en tiendrait aux seules guerres et se cantonnerait dans la narration ; il rejette tout autant une histoire uniquement constitutionnelle (à la manière de Polybe?), qui décrirait les divers régimes politiques dans un style dépourvu de tout mérite littéraire, comme aussi une sèche chronologie des événements, qui souffrirait du même défaut ; il reproche à des exposés de ce genre leur monotonie, génératrice d'ennui. Fervent adepte de la variété, il se doit d'opter pour un genre mixte, «formé par l'union de tous les genres, oratoire, spéculatif et narratif, afin de satisfaire à la fois les gens qui s'adonnent aux études littéraires, ceux qui se consacrent à la spéculation philosophique, et, plus généralement, tous ceux qui cherchent dans la lecture d'ouvrages historiques une distraction sereine» (I, 8, 3).

Ainsi Denys reconnaît à l'œuvre historique une valeur proprement littéraire, destinée à mieux faire passer la leçon contenue dans la considération du passé. Déjà, dans le traité sur la *Synthesis*, il avait dénoncé le peu d'attention prêtée par des historiens récents à la recherche de la beauté formelle ; «c'est pourquoi nous avons hérité de traités que personne n'a la patience de lire jusqu'au bout» (VI, 4, 15), celui de Polybe étant du nombre. Denys, qui prônait tant l'imitation des grands anciens pour se forger un style et se faire un nom dans la littérature, entraîné malgré lui peut-être par son passé de critique littéraire, a paré son texte de phrases entières empruntées à Démosthène, Thucydide ou Xénophon, les paraphrasant parfois ou les amplifiant. Ces emprunts sont-ils spontanés ou délibérés? Il est difficile de trancher : Denys avait de ces auteurs une connaissance si intime (beaucoup de citations reproduites dans les *Opuscules rhétoriques*, quand elles sont de faible étendue, paraissent avoir été faites de mémoire) qu'il est bien possible que certains énoncés se soient présentés à son esprit sans qu'il sache exactement s'ils étaient de lui ou d'un autre. Mais Denys est-il véritablement arrivé à cette imitation naturelle — celle qui ne se laisse pas détecter et offre au lecteur un produit original — dont il vantait les mérites dans le *Dinarque* ? Il ne le semble pas, si l'on en croit le verdict de la postérité qui n'a jamais fait grand effort pour exhumer les *Antiquités Romaines* des abîmes de l'oubli.

III. LE TEXTE

Les opuscules consacrés à Thucydide ne relèvent pas d'une même tradition manuscrite. Tandis que le *Thucydide* fait partie du recueil de monographies connu par des copies tardives d'un archétype perdu *Z*, la seconde *Lettre à Ammée* figure dans l'antique et précieux *Parisinus graecus* 1741, aux côtés de divers traités de rhétorique, dont la *Poétique* et la *Rhétorique* d'Aristote.

Le *Thucydide*.

En l'absence donc de l'archétype *Z* d'où dérive toute la tradition manuscrite, le texte du *Thucydide* peut être atteint par quatre copies directes dont l'une se limite aux premiers chapitres, et par une copie indirecte, faite sur un manuscrit connu, mais amputé aujourd'hui du *Thucydide*.

Les copies directes sont :

— *A : Ambrosianus graecus* D 119 sup. (= 267), papier, 280 × 200 (écrit 190 × 120), 30 l. à la page, copié par Jean Rhosos de Crète en 1482 (*M* dans l'édition Usener-Radermacher).

Le *Thucydide* intervient en cours de folio (51 v°), succédant à la *Lettre à Pompée* qui, elle, commençait en haut d'une page. Une guirlande ornementale, un titre en onciale, Διονυσίου Ἁλικαρνασέως ἔτι περὶ Θουκυδίδου πλατύτερον, et une lettre ornée au début du texte le séparent du traité précédent ; au folio 94, une fin en dégradé artistique précède un explicit qui reprend exactement le titre. La copie, très soignée, est vraisemblablement assez fidèle à l'original : au chapitre 25, la lacune amputant deux citations de Thucydide est matérialisée par huit feuillets blancs ; au chapitre 9, un espace blanc d'une dizaine de lettres reproduit probablement une lacune de même taille dans l'original.

— *V : Marcianus app. gr.* X, 34 (= *coll.* 1449), papier, 290 × 215 (écrit 195 × 120), 30 l. à la page, copié par Thomas Didyme, dernier quart du XVe siècle.

La présentation du texte est analogue à celle du manuscrit précédent. Le *Thucydide* commence en cours de folio (87 r°), succédant à la *Lettre à Pompée* qui, elle, débutait un folio ; il est annoncé par le même titre que dans *A*, mais en simple minuscule élargie ; la fin, en dégradé artistique (119 v°), n'est pas suivie d'un explicit, mais une suscription en latin, de la main du scribe, indique le nom des copistes du manuscrit. La copie est soignée, moins élégante que celle due à Jean Rhosos, et moins fidèle à l'original ; la lacune du chapitre 25 n'est pas indiquée, ce qui donne naissance à un φύμη qui ne semble pas avoir troublé le copiste ; en revanche la courte lacune du chapitre 9 est matérialisée par un espace blanc.

— *I : Estensis* α K 5, 15 (= *gr.* 68), papier, 260 × 190 (écrit 195 × 125), 30 l. à la page ; dernier quart du XVe siècle.

Ce manuscrit, écrit par une seule main, se distingue des autres par des particularités de présentation : le *Thucydide* y commence un folio (96 r°) tandis que la *Lettre à Pompée* succède, en cours de page, à l'*Isée* des *Orateurs Antiques*. Il n'est pas annoncé par un titre, mais, dans l'espace de quatre lignes laissé blanc à son intention, une main tardive a écrit περὶ τοῦ Θουκυδίδου χαρακτῆρος ; à la fin du texte (130 v°), se trouve un explicit à l'encre rouge, de la main du copiste, τέλος τοῦ περὶ Θουκυδίδου χαρακτῆρος Διονοσίου συγγράμματος, qui est probablement à l'origine du titre rajouté postérieurement. La lacune du chapitre 25 est matérialisée par huit feuillets blancs ; le scribe, qui reprend la copie huit pages plus loin, en cours de folio, à l'endroit symétrique de celui où il s'était interrompu, semble admettre la perte d'un cahier entier ; la courte lacune du chapitre 9 est également indiquée par un espace blanc. On constate pourtant de fréquentes divergences entre le texte fourni par *I* et celui des deux copies précédentes, qui suggèrent l'intervention, souvent pertinente, du copiste.

— *K : Ambrosianus graecus* D 473 inf.(= 779), papier, 325 × 220 (écrit 215 × 110), 35 l. à la page ; dernier quart du xve siècle.

Dans ce manuscrit, arbitrairement constitué de miscellanées, un cahier contient la *Lettre à Pompée* et, sans titre, après deux lignes sautées (69 v°), le début du *Thucydide* ; la copie s'arrête à la fin du cahier, en 6, 5 ; elle est d'ailleurs d'assez mauvaise qualité, émaillée de fautes bizarres (emploi d'un θ au lieu du τ dans ἁμαρτάνω et ses dérivés, par exemple), allégée de maintes particules, et ne peut soutenir la comparaison avec les copies précédentes.

La seule copie indirecte (témoin du second degré) dont on dispose pour le *Thucydide* est le

— *T : Palatinus Vaticanus graecus* 58, papier, 278 × 200 (écrit 200 × 100), 30 l. à la page ; fin du xve siècle (= *P* chez Us. Rad.) ; apographe du *Parisinus graecus* 1743 (= *J*) du temps où il n'était pas encore mutilé de cette partie.

Ce manuscrit est le seul à commencer par le *Thucydide* ; l'opuscule est dépourvu de titre, mais un espace blanc de trois ou quatre lignes après la tresse ornementale est laissé à son intention (à noter que la *Lettre à Pompée* succède, en cours de page, à l'*Isée* des *Orateurs Antiques*) ; au folio 32 v° figure simplement la mention τέλος. L'écriture est régulière, la copie apparemment soignée, mais la suppression pure et simple des lacunes, la quantité considérable de fautes enlèvent beaucoup de crédit aux leçons fournies par ce manuscrit. De plus, le copiste ne s'étant pas aperçu d'une interversion de folios dans son modèle, on constate un déplacement de deux longs passages, dans les chapitres 3 à 6.

A travers à la fois ces analogies et ces divergences de présentation, on peut se faire une idée assez précise de ce qu'était l'archétype *Z*. L'ordre des opuscules y était probablement celui conservé par Jean Rhosos, plus ou moins conforme d'ailleurs à l'ordre chronologique de rédaction. Le *Thucydide* sans titre (avec probablement un espace blanc laissé à l'intention du rubricateur) y succédait à la *Lettre à Pompée,* mais devait commencer un folio, ce qui permettait un éventuel dépeçage du manuscrit pour en faire des copies séparées. Une annotation marginale, ajoutée par un lecteur superficiel, palliait sans doute l'absence de titre, présentant cet opuscule comme un simple élargissement de la *Lettre à Pompée* à laquelle il succédait ; cette note marginale est ensuite entrée comme titre dans *A* et *V,* où le *Thucydide* est plus ou moins présenté comme d'un seul tenant avec la *Lettre à Pompée*. Le copiste de *I,* plus astucieux, a nettement séparé les deux textes et conservé à chaque traité son individualité. C'est seulement à la fin qu'il a indiqué, de façon très neutre, le sujet de l'opuscule. L'absence de titre dans *K,* manuscrit dont la présentation matérielle est semblable à celle de *A* et de *V,* mais dont la copie est beaucoup plus négligée, suggère également que le faux titre dont se parent *A* et *V* ne pouvait se trouver dans *Z* qu'à l'état de note marginale, facilement omise par un copiste pressé.

Au reste, l'archétype *Z* lui-même était loin de livrer un texte exempt de fautes. Il avouait certaines lacunes, et en contenait d'autres bien cachées. Au chapitre 9, la dizaine de lettres manquantes dans *A, V* et *I* devait correspondre à un passage illisible dans le modèle de *Z,* du fait peut-être d'une détérioration du support, papier ou parchemin ; au chapitre 25, la lacune évaluée à un cahier entier par *A* et *I* (et probablement par *Z*, d'après son modèle) ne doit en fait concerner qu'un seul folio ; c'est la perte du folio symétrique de celui-là dans la constitution du cahier, qui a déterminé une autre lacune, qui n'est indiquée dans aucun des manuscrits et fut sans doute ignorée de *Z*, au chapitre 27. De même, au chapitre 54, dans une citation de Démosthène, une omission de trente-six lettres, non signalée, doit correspondre à l'omission, par le copiste de *Z*, d'une ligne de son modèle. Ici ou là également, on peut supposer des omissions et des corruptions dans *Z* ; certaines sont corrigées par le copiste de *I*, mais apparemment sans l'aide d'aucune source étrangère à la tradition de *Z*.

Comme c'était le cas pour le *Démosthène*, l'éditeur ne dispose, pour le *Thucydide*, que du texte de *Z*, reconstitué à l'aide de ses apographes.

La *Seconde Lettre à Ammée*.

C'est également à une source unique que l'on est forcé de remonter, pour la *Seconde Lettre à Ammée*, mais elle est à notre disposition dans un manuscrit fort ancien qui recèle bien des trésors, et qui a donné naissance à des traditions diverses.

— *P* : *Parisinus graecus* 1741, parchemin, 230 × 165 (écrit 195 × 120), 34 l. à la page ; milieu du xᵉ siècle.

Dans ce recueil de textes divers portant sur la rhétorique, on trouve deux écrits authentiques de Denys, la *Lettre à Ammée* (fol. 102 v°-106 r°), et le traité sur la *Synthesis* (fol. 200-225), mais aussi la *Techné* sans nom d'auteur (fol. 1-37) qui lui est faussement attribuée. La *Lettre à Ammée*, annoncée en cours de folio (102 v°) par le titre en petite onciale : Διονυσίου Ἀλικαρνασέως περὶ τῶν Θουκυδίδου ἰδιωμάτων, se termine au folio 106 r°, en cours de page. Le traité suivant, celui d'Alexandre, *Sur les figures de pensée et de style*, commence en haut de la page suivante (106 v°). Il est probable que l'auteur de cette collection de textes a choisi d'inclure la *Lettre à Ammée* parce que, plus courte que le *Thucydide,* elle traite de points précis de technique stylistique et fait une large place à l'étude des figures chez Thucydide.

Les traités contenus dans le *Parisinus* ont été copiés plusieurs fois, soit séparément, soit en des recueils privilégiant tel ou tel problème rhétorique. C'est ainsi que la partie ancienne du *Marcianus graecus* 508 (= coll. 844), copiée vers 1330, regroupe, à la suite du traité du Ps. Démétrios, le *D.C.V.* de Denys, le chapitre de la *Technè* qui lui est expressément attribué dans *P* et la *Lettre à Ammée* sur Thucydide. Le *Parisinus graecus* 1656, lui, copié vers 1475, commence par les trois opuscules de, ou attribués à, Denys, soit la *Techné* apocryphe, la *Lettre à Ammée,* le *D.C.V.* ; vient ensuite le traité du Ps. Démétrios.

Mais, autre avatar, la *Lettre à Ammée* a été détachée des écrits qui l'accompagnaient dans *P* pour être jointe en appendice aux *Histoires* de Thucydide, ce qui lui a valu de subir un traitement particulier. Cette branche de la tradition est illustrée par des manuscrits comme le *Parisinus suppl. gr.* 256, du XIVe siècle, le *Tolosanus* 802 copié par Jean Rhosos, à qui l'on doit aussi la copie de *A,* l'*Urbinas graecus* 91, copié par Michel Apostolis en 1461, ou encore le *Parisinus graecus* 1735, du XVIe siècle (la liste est loin d'être exhaustive).

Il semble en effet que la *Lettre à Ammée,* plus courte, avec un objectif plus précis et des exemples mieux commentés, ait eu plus de succès que le *Thucydide,* aux développements trop généraux, aux critiques acerbes, et aux jugements manquant un peu trop d'impartialité. C'est probablement la *Lettre* pourtant que vise l'auteur de la *Vita Thucydidis* quand, dans la dernière partie de son analyse, il blâme ouvertement Denys pour avoir injustement déprécié le style de Thucydide : il cite les mêmes «néologismes», et, dans sa défense de l'historien, il utilise un vocabulaire technique qui, comme le remarque avec humour P. Costil (II, 6), «offre de grandes analogies avec celui que Denys emploie dans le *Thucydide,* chap. 24, et dans la *Seconde Lettre à Ammée,* chap. 2» (qui, nous l'avons vu, est la simple reproduction du texte précédent).

IV. PRINCIPES D'ÉDITION

Il suit de l'analyse de la tradition manuscrite que l'établissement du texte se fonde, pour le *Thucydide,* sur l'archétype *Z,* représenté par le consensus des quatre copies directes *A, V, I, K* (cette dernière n'étant disponible que pour les six premiers chapitres) et de la copie indirecte *T* ; les leçons particulières à l'un ou l'autre des témoins directs ont toutes été notées dans l'apparat critique, mais non celles, très nombreuses et souvent fautives, du manuscrit *T,* dont on peut trouver le relevé dans l'édition d'Usener-Radermacher ; j'ai pourtant omis de signaler les fautes individuelles de *K* quand elles étaient par trop grossières.

Pour la *Lettre à Ammée,* seul fait autorité le manuscrit de Paris *P,* dont le texte est passablement fautif. Aussi a-t-il paru bon de collationner deux autres copies appartenant à des rameaux différents de la tradition : le *Parisinus graecus* 1656, qui rassemble les traités de Denys contenus dans *P*, et le *Tolosanus* 802 où la *Lettre à Ammée* fait suite à l'*Histoire* de Thucydide.

Comme à l'accoutumée, le texte des citations fourni par Denys est toujours comparé, dans l'apparat critique, avec celui que livrent les manuscrits des auteurs concernés. Ici le texte de Thucydide, éventuellement celui de Démosthène, ont été cités d'après les éditions publiées, pour l'un comme pour l'autre, dans la C.U.F. ; les références à la tradition manuscrite de ces auteurs sont entièrement tirées de l'apparat critique établi par les divers éditeurs. A leur exemple, dans les citations de Thucydide, j'ai omis de signaler les variantes venant de la présence ou non du ν éphelcystique, de l'élision ou non de voyelles, de graphies diverses. J'ai noté en revanche ces particularités quand elles affectaient le texte de Denys lui-même.

La traduction des *Opuscules Rhétoriques* n'est jamais chose facile ; elle se complique ici du fait que Denys dénonce ou décrit des phénomènes stylistiques spécifiques de la langue grecque. On en est alors réduit à tenter l'impossible : rendre la traduction des extraits cités aussi vulnérable à la critique que le texte original, au prix d'un démarquage strict qui exclut toute recherche d'élégance ou de clarté. Aussi, même si j'ai largement puisé dans les traductions fournies par Mme J. de Romilly ou M. R. Weil, ai-je souvent cru préférable de conserver, dans la traduction de ces extraits, les ambiguïtés et les négligences dénoncées et présentées comme telles par Denys.

Comme dans les opuscules précédents, les citations sont imprimées en italique, accompagnées de la référentiation en usage dans les éditions correspondantes, les réfections de texte par Denys étant simplement annoncées par des guillemets. Les notes jointes à la traduction ont essentiellement pour but de donner au lecteur quelques éléments lui permettant de mieux saisir la démarche critique de Denys ou le cheminement de sa pensée ; elles sont une fois de plus largement inspirées du chapitre si suggestif que P. Costil, dans sa thèse sur *L'esthétique littéraire de Denys d'Halicarnasse,* a consacré à l'étude des deux opuscules portant sur Thucydide ; elles doivent beaucoup également au riche commentaire dont W. K. Pritchett a accompagné sa traduction du *Thucydide.*

M. Jacques Bompaire s'est une fois de plus acquitté avec beaucoup de soin de la tâche ingrate de réviseur, améliorant de ses remarques, de ses objections et de ses conseils le texte, la traduction et les notes. Qu'il en soit grandement remercié.

VII

THUCYDIDE

SIGLA

Z	A	Ambrosianus D 119 sup. (= gr. 267)	a. 1482
	V	Marcianus app. gr. X 34 (coll. 1449)	saec. XV ex.
	I	Estensis α.K. 5, 15 (= gr. 68)	saec. XV ex.
	K	Ambrosianus D 473 inf. (= gr. 779) usque ad VII, 6, 5	saec. XV ex.
	T	Palatinus Vaticanus gr. 58	saec. XV ex.

VII

⟨THUCYDIDE⟩

1. 1 Dans le mémoire publié naguère sur *L'Imitation*[1], j'ai passé en revue, cher Quintus Aelius Tubéron, les poètes et les prosateurs que je tenais pour les plus fameux ; j'ai montré succinctement quelles qualités de fond ou de forme constituaient l'apport de chacun, et comment aussi, dans leurs échecs, ils devenaient notoirement inférieurs à eux-mêmes, soit que le choix littéraire ne puisse pas tout prévoir avec la dernière exactitude[2], soit que le talent ne soit pas infaillible sur tous les plans. 2 Je voulais ainsi procurer à tous ceux qui cherchent à bien écrire et à bien parler des modèles beaux et éprouvés qui leur servent dans leurs exercices sur tel ou tel point ; au lieu de tout imiter indistinctement chez ces écrivains, ils en extrairaient les qualités, tout en se gardant des échecs. 3 Aussi quand, au chapitre des prosateurs, j'ai exprimé mon avis sur Thucydide, l'ai-je condensé en un bref résumé : ce n'était pas par dédain ni paresse, ni faute d'arguments aptes à conforter mes positions, mais pour maintenir l'équilibre dans mon exposé, ce que j'ai aussi cherché en traitant des autres écrivains. Il n'était pas question en effet de faire pour chaque auteur une analyse précise et exhaustive, étant donné mon intention de concentrer la

1, 2. *Notes complémentaires*, p. 145.

VII

⟨ΠΕΡΙ ΘΟΥΚΥΔΙΔΟΥ⟩

1. 1 Ἐν τοῖς προεκδοθεῖσι περὶ τῆς μιμήσεως ὑπομνηματισμοῖς ἐπεληλυθὼς οὓς ὑπελάμβανον ἐπιφανεστάτους εἶναι ποιητάς τε καὶ συγγραφεῖς, ὦ Κόϊντε Αἴλιε Τουβέρων, καὶ δεδηλωκὼς ἐν ὀλίγοις τίνας ἕκαστος αὐτῶν εἰσφέρεται πραγματικάς τε καὶ λεκτικὰς ἀρετάς, καὶ πῇ μάλιστα χείρων ἑαυτοῦ γίνεται κατὰ τὰς ἀποτυχίας, εἴ τε τῆς προαιρέσεως οὐχ ἅπαντα κατὰ τὸν ἀκριβέστατον λογισμὸν ὁρώσης εἴ τε τῆς δυνάμεως οὐκ ἐν ἅπασι τοῖς ἔργοις κατορθούσης, 2 ἵνα τοῖς προαιρουμένοις γράφειν τε καὶ λέγειν εὖ καλοὶ καὶ δεδοκιμασμένοι κανόνες ὦσιν, ἐφ᾿ ὧν ποιήσονται τὰς κατὰ μέρος γυμνασίας μὴ πάντα μιμούμενοι τὰ παρ᾿ ἐκείνοις κείμενα τοῖς ἀνδράσιν, ἀλλὰ τὰς μὲν ἀρετὰς αὐτῶν λαμβάνοντες, τὰς δ᾿ ἀποτυχίας φυλαττόμενοι· 3 ἁψάμενός τε τῶν συγγραφέων ἐδήλωσα καὶ περὶ Θουκυδίδου τὰ δοκοῦντά μοι, συντόμῳ τε καὶ κεφαλαιώδει γραφῇ περιλαβών, οὐ δι᾿ ὀλιγωρίαν καὶ ῥᾳστώνην οὐδὲ διὰ σπάνιν τῶν δυνησομένων βεβαιῶσαι τὰς προθέσεις, ἀλλὰ τῆς εὐκαιρίας τῶν γραφομένων στοχαζόμενος, ὡς καὶ περὶ τῶν ἄλλων ἐποίησα. Οὐ γὰρ ἦν ἀκριβῆ καὶ διεξοδικὴν δήλωσιν ὑπὲρ ἑκάστου τῶν ἀνδρῶν ποιεῖσθαι, προελόμενον εἰς ἐλάχιστον ὄγκον συναγαγεῖν τὴν πραγματείαν.

Titulum ἔτι περὶ Θουκυδίδου πλατύτερον praeb. AV non hab. IKT.
2 οὓς : ὡς K || 4 τίνας Krueger : τινὰς ἃς Z || 8 ὁρώσης Z : θηρώσης Us. || 17 σπάνιν I : σπάνην AVKT || 18-19 εὐκαιρίας : ἀκαιρίας V.

matière sous un volume minimum. 4 Mais puisque ton désir à toi était que je consacre à Thucydide un traité spécial qui fasse le tour complet de la question, je me suis engagé, mettant de côté l'ouvrage sur Démosthène que j'avais en mains, à satisfaire à ta requête. Engagement tenu : voici l'objet.

***Plaidoyer* pro domo**

2. 1 Avant d'aborder le détail des développements, je voudrais donner quelques éclaircissements sur moi-même et sur ce type d'ouvrage[1]. Ce n'est pas pour toi que je le fais, bien sûr, ni pour des gens comme toi qui savez toujours juger les choses de haut et n'appréciez rien tant que la vérité, mais pour les autres, qui se complaisent dans la chicane, <soit par attachement passionné> pour l'antiquité, soit par mépris pour leur temps, soit pour les deux raisons à la fois, tant ces sentiments sont inhérents à l'humaine nature. 2 Je me doute en effet qu'il y aura des gens, parmi les lecteurs de cet écrit, qui nous blâmeront d'avoir osé montrer que Thucydide, un historien excellent entre tous, commet des erreurs dans ses choix littéraires et, au plan du talent, accuse quelques faiblesses ; ils nous reprocheront, même si un tel calcul ne nous a jamais effleuré l'esprit[2], de cultiver le paradoxe pour apparaître comme les premiers et les seuls à faire du neuf, en formulant des critiques calomnieuses envers certains passages de l'œuvre de Thucydide ; non seulement, diront-ils, nous nous opposons à l'opinion générale, inébranlablement transmise de génération en génération, mais nous mettons en doute les témoignages personnels des orateurs et des

1. Après s'être excusé sur le jugement trop bref porté sur Thucydide dans l'*Imitation*, Denys s'excuse à l'avance sur l'apparente sévérité de certaines de ses appréciations sur l'historien. Dans tout ce début, on sent Denys très gêné d'avoir à préciser sa position, défavorable à Thucydide, devant l'un de ses admirateurs. Sur la vogue de Thucydide à Rome, cf. par exemple, A. D. Leeman, « Le genre et le style historique à Rome : théorie et pratique », *R.E.L.*, 33, 1955, p. 183-208.

2. *Notes complémentaires*, p. 145.

4 **Σοῦ δὲ βουληθέντος ἰδίαν συντάξασθαί με περὶ Θουκυδίδου γραφὴν ἅπαντα περιειληφυῖαν τὰ δεόμενα λόγων, ἀναβαλόμενος τὴν περὶ Δημοσθένους πραγματείαν ἣν εἶχον ἐν χερσίν, ὑπεσχόμην τε ποιήσειν, ὡς προῃροῦ, καὶ τελέσας τὴν ὑπόσχεσιν ἀποδίδωμι.**

2. 1 **Μέλλων δὲ τῶν κατὰ μέρος ἅπτεσθαι λόγων, ὀλίγα περὶ ἐμαυτοῦ τε καὶ τοῦ γένους τῆς πραγματείας βούλομαι προειπεῖν· οὐ σοῦ μὰ Δία καὶ τῶν σοὶ παραπλησίων ἕνεκα, τῶν ἀπὸ παντὸς τοῦ βελτίστου κρινόντων τὰ πράγματα καὶ μηδὲν ἡγουμένων χρῆμα τιμιώτερον τῆς ἀληθείας, ἀλλὰ τῶν ἄλλων, ὅσοις πολὺ τὸ φιλαίτιον ἔνεστιν ⟨εἴ τε κατὰ τὸν ζῆλον⟩ τῶν ἀρχαίων γινόμενον εἴ τε κατὰ τὴν ὑπεροψίαν τῶν ἐπὶ τῆς αὐτῆς ἡλικίας εἴ τε κατ' ἀμφότερα ταῦτα τὰ πάθη κοινὰ τῆς ἀνθρωπίνης ὄντα φύσεως.** 2 **Ὑποπτεύω γὰρ ἔσεσθαί τινας τῶν ἀναγνωσομένων τὴν γραφὴν τοὺς ἐπιτιμήσοντας ἡμῖν ὅτι τολμῶμεν ἀποφαίνειν Θουκυδίδην τὸν ἁπάντων κράτιστον τῶν ἱστοριογράφων καὶ κατὰ τὴν προαίρεσίν ποτε τῶν λόγων ἁμαρτάνοντα καὶ κατὰ τὴν δύναμιν ἐξασθενοῦντα, καὶ οὐδ' ⟨εἰ⟩ οὗτος ἡμᾶς ὁ λογισμὸς εἰσῆλθεν, ὅτι παράδοξα καινοτομεῖν πράγματα πρῶτοι καὶ μόνοι δόξομεν, εἴ τι τῶν ὑπὸ Θουκυδίδου γραφέντων συκοφαντεῖν ἐπιβαλοίμεθα, οὐ ταῖς κοιναῖς μόνον ἐναντιούμενοι δόξαις ἃς ἅπαντες ἐκ τοῦ μακροῦ χρόνου παραλαβόντες ἀναφαιρέτους ἔχουσιν, ἀλλὰ καὶ ταῖς ἰδίαις τῶν ἐπιφανεστάτων φιλοσόφων τε καὶ ῥητό-**

3 ἀναβαλόμενος : -βαλλόμενος A || 8 post καὶ hab. τοῦ V || 11-12 πολὺ τὸ Rad. : τὸ αὐτὸ Z || 12 εἴ τε κατὰ τὸν ζῆλον add. Kiessling || 13 γινόμενον Us. : γινομένων Z || ἐπὶ Us. : ὑπὸ Z || αὐτῆς post ἡλικίας I || 17 τὸν AI : τῶν VKT || 18 καὶ om. I || 20 εἰ addidi : οὐδ' οὗτος Z <διὰ> τοῦθ' οὗτος Us. || 23 ἐπιβαλοίμεθα : ἐπικαλ- V || 24 μόνον Kiessling : μόναις Z.

philosophes les plus fameux qui tiennent cet auteur pour le modèle même de la narration historique et placent en lui la limite[1] de la virtuosité en matière de prose oratoire.

3 Pour désamorcer d'emblée de telles accusations qui, par leur côté spectaculaire, pourraient séduire bien des gens, il me suffira de dire, à ma défense, que durant toute ma vie jusqu'à aujourd'hui, je me suis soigneusement gardé de toute ambition jalouse, de toute querelle venimeuse, de tout aboiement inconsidéré envers qui que ce soit ; que je n'ai publié aucun réquisitoire contre quiconque, sauf une seule fois, dans l'opuscule destiné à défendre la philosophie politique contre ceux qui l'invectivaient injustement[2] : aussi n'irais-je pas aujourd'hui, pour la première fois, me mettre à manifester, contre le plus célèbre des écrivains en prose, une malveillance qui, s'accordant mal avec une vie honorable, n'est nullement dans mes habitudes.

Le but du traité

4 Sur le type d'ouvrage, j'aurais beaucoup à dire ; je me contenterai de quelques remarques ; à toi et aux autres philologues de juger si celles que j'ai choisies sont authentiques et assorties à mon caractère.

3. 1 Assurément, mon intention dans le présent traité n'est pas de mener une attaque en règle contre les options littéraires et le talent de Thucydide, ni de faire le relevé des passages fautifs, ni de le dénigrer, ni de manœuvrer d'une façon ou de l'autre pour passer sous silence ses réussites et ses qualités tout en m'acharnant sur les passages qui ne seraient pas du meilleur style ; elle est d'analyser le caractère de son

1. *Notes complémentaires*, p. 146.
2. Ce traité (perdu), l'un des premiers rédigés par Denys, était probablement dirigé contre les Épicuriens en général, et visait peut-être Philodème. Diogène Laërce (10, 4) cite un Denys d'Halicarnasse (après Poseidonios et Sotion) parmi les détracteurs d'Épicure (cf. aussi Denys, VI, 28, 8).

ρων μαρτυρίαις ἀπιστοῦντες οἳ κανόνα τῆς ἱστορικῆς πραγματείας ἐκεῖνον ὑποτίθενται τὸν ἄνδρα καὶ τῆς περὶ τοὺς πολιτικοὺς λόγους δεινότητος ὅρον.

3 Ταύτας δὴ τὰς ἐπιτιμήσεις ἀπολύσασθαι βουλόμενος ἐχούσας τι θεατρικὸν καὶ τῶν πολλῶν ἀγωγόν, περὶ μὲν ἐμαυτοῦ τοσοῦτον ἀρκεσθήσομαι μόνον εἰπὼν ὅτι τὸ φιλόνεικον τοῦτο καὶ δύσερι καὶ προσυλακτοῦν εἰκῇ τισὶν ἐν παντὶ πεφυλαγμένος τῷ βίῳ μέχρι τοῦ παρόντος καὶ οὐδεμίαν ἐκδεδωκὼς γραφὴν ἐν ᾗ κατηγορῶ τινος, ἔξω μιᾶς πραγματείας ἣν συνεταξάμην ὑπὲρ τῆς πολιτικῆς φιλοσοφίας πρὸς τοὺς κατατρέχοντας αὐτῆς ἀδίκως, οὐκ ἂν ἐπεχείρησα νῦν πρῶτον εἰς τὸν ἐπιφανέστατον τῶν συγγραφέων τὴν οὔτ' ἐλευθέροις ἤθεσι πρέπουσαν οὔτ' ἐμαυτῷ συνήθη κακοήθειαν ἐναποδείκνυσθαι.

4 Περὶ δὲ τοῦ γένους τῆς γραφῆς πλείονα μὲν εἶχον λέγειν, ἀρκεσθήσομαι δὲ ὀλίγοις. Εἰ δὲ ἀληθεῖς καὶ προσήκοντας ἐμαυτῷ προῄρημαι λόγους, σύ τε κρινεῖς καὶ τῶν ἄλλων φιλολόγων ἕκαστος.

3. 1 Ἔστι δὴ τὸ βούλημά μου τῆς πραγματείας οὐ καταδρομὴ τῆς Θουκυδίδου προαιρέσεώς τε καὶ δυνάμεως, οὐδ' ἐκλογισμὸς τῶν ἁμαρτημάτων οὐδ' ἐξευτελισμὸς οὐδ' ἄλλο τι τοιοῦτον ἔργον οὐδέν, ἐν ᾧ τὰ μὲν κατορθώματα καὶ τὰς ἀρετὰς οὐδενὸς ἠξίωκα λόγου, τοῖς δὲ μὴ κατὰ τὸ κράτιστον εἰρημένοις ἐπιφύομαι· ἐκλογισμὸς δέ τις τοῦ χαρακτῆρος τῶν λόγων, ἅπαντα περιει-

3 post ὅρον hab. ὧν οὔτε προαιρέσεις ἰσχυρὰς Z : del. Kiessling || 7 τισὶν Z : πᾶσιν Us. || 10 πολιτικῆς : πραγματικῆς I || 13 πρέπουσαν : τρέπουσαν V || 22 τι om. IK.

éloquence, en en considérant tous les traits, ceux qu'il partage avec d'autres comme ceux qui le distinguent des autres écrivains[1]. 2 Du coup, il était indispensable de parler non seulement des qualités, mais aussi des défauts qui leur sont proches. En effet nul homme digne de ce nom n'est entièrement sans défauts, dans ses paroles ou dans ses actions ; l'excellence consiste à avoir un maximum de réussites, un minimum d'échecs. Voilà donc le projet auquel mon lecteur doit se reporter ; plutôt que de condamner mes choix, qu'il se fasse le critique équitable des réalisations de ce caractère de style.

3 Au reste, je ne suis pas le premier à m'être lancé dans une telle entreprise ; beaucoup l'ont déjà fait, dans l'antiquité et de nos jours, choisissant d'écrire non par malveillance mais par quête de la vérité. Entre tant d'exemples que je pourrais citer, je me contenterai du témoignage de deux écrivains, Aristote et Platon. 4 Aristote en effet croit qu'il n'y a pas que de l'excellent dans l'enseignement de son maître Platon ; il critique par exemple sa théorie de l'Idée, du Bien, de la République. Quant à Platon, il cherche à démontrer que Parménide, Protagoras, Zénon et bien d'autres philosophes de la nature ont été dans l'erreur ; or personne ne le blâme, sur ce point-là du moins : on considère que le but de la spéculation philosophique est la connaissance de la vérité, qui permet de découvrir la finalité de l'existence. 5 Puisque donc, en cas de différends entre doctrines philosophiques, personne ne reproche à une école de ne pas tout approuver de l'enseignement des anciens, comment pourrait-on reprocher à des critiques qui ont choisi de montrer les particularités des caractères de style de ne pas trouver chez les écrivains du passé la preuve de toutes les qualités, même de celles qui n'y sont pas ?

1. *Notes complémentaires*, p. 146.

ληφὼς ὅσα συμβέβηκεν αὐτῷ κοινά τε πρὸς ἑτέρους καὶ διαφέροντα παρὰ τοὺς ἄλλους. 2 Ἐν οἷς ἀναγκαῖον ἦν μὴ τὰς ἀρετὰς λέγεσθαι μόνον, ἀλλὰ καὶ τὰς γειτνιώσας αὐταῖς κακίας. Οὐδεμία γὰρ αὐτάρκης ἀνθρώπου φύσις οὔτ᾽ ἐν λόγοις οὔτ᾽ ἐν ἔργοις ἀναμάρτητος εἶναι, κρατίστη δὲ ἡ πλεῖστα μὲν ἐπιτυγχάνουσα, ἐλάχιστα δὲ ἀστοχοῦσα. Ἐπὶ ταύτην δὴ τὴν ὑπόθεσιν ἀναφέρων ἕκαστος τὰ ῥηθησόμενα μὴ τῆς προαιρέσεώς μου γενέσθω κατήγορος, ἀλλὰ τῶν ἰδίων τοῦ χαρακτῆρος ἔργων ἐξεταστὴς δίκαιος.

3 Ὅτι δ᾽ οὐκ ἐγὼ τοῦτο πρῶτος ἐπικεχείρηκα ποιεῖν, ἀλλὰ πολλοὶ καὶ πάλαι καὶ καθ᾽ ἡμᾶς, οὐ φιλαπεχθήμονας προελόμενοι γραφὰς ἀλλὰ θεωρητικὰς τῆς ἀληθείας, μυρίους παρασχέσθαι δυνάμενος μάρτυρας, δυεῖν ἀνδράσιν ἀρκεσθήσομαι μόνοις, Ἀριστοτέλει καὶ Πλάτωνι. 4 Ἀριστοτέλης τε γὰρ οὐχ ἅπαντα κατὰ τὸ κράτιστον εἰρῆσθαι πείθεται τῷ καθηγητῇ Πλάτωνι· ὧν ἐστι τὰ περὶ τῆς ἰδέας καὶ τὰ περὶ τἀγαθοῦ καὶ τὰ περὶ τῆς πολιτείας· αὐτός τε ὁ Πλάτων Παρμενίδην καὶ Πρωταγόραν καὶ Ζήνωνα καὶ τῶν ἄλλων φυσιολόγων οὐκ ὀλίγους ἡμαρτηκότας ἀποδεικνύναι βούλεται· καὶ οὐδεὶς αὐτῷ κατ᾽ αὐτό γε τοῦτο ἐπιτιμᾷ, ἐνθυμούμενος ὅτι τῆς φιλοσόφου θεωρίας σκοπός ἐστιν ἡ τῆς ἀληθείας γνῶσις, ἀφ᾽ ἧς καὶ τὸ τοῦ βίου τέλος γίνεται φανερόν. 5 Ὅπου δὴ τοὺς περὶ δογμάτων διαφερομένους οὐδεὶς μέμφεται τῆς προαιρέσεως εἰ μὴ πάντα τὰ τῶν πρεσβυτέρων ἐπαινοῦσιν, ἦ που τούς γε προελομένους χαρακτήρων ἰδιότητα δηλῶσαι μέμψαιτ᾽ ἄν τις εἰ μὴ πάσας μαρτυροῦσι τοῖς πρὸ αὐτῶν καὶ τὰς μὴ προσούσας ἀρετάς;

4 κακίας I : κακίαις AVKT || 6 ἐπιτυγχάνουσα : ἀποτ- K || 14 δυεῖν : δυοῖν K || 17 Πλάτωνι om. I || 18 καὶ τὰ περὶ τἀγαθοῦ AIT^{mg} : om. V καὶ τὰ περὶ ἀγαθοῦ K.

4. 1 Il reste encore un chef d'accusation contre lequel je dois me défendre, celui de jalousie, si populaire, mais dont il me sera facile de démontrer l'inanité. L'infériorité de notre talent, comparé à celui de Thucydide et des autres auteurs, ne nous ôte pas le droit de les étudier. 2 Il en va de même pour Apelle, Zeuxis, Protogénès et tous les peintres renommés : pour juger de leur métier, il n'est pas obligatoire de posséder autant de qualités qu'eux ; pas plus que juger les œuvres de Phidias, de Polyclète[1] ou de Myron n'est interdit aux artistes qui n'ont pas leur génie. 3 Sans compter que, pour nombre d'œuvres, le profane se montre un critique tout aussi avisé que le spécialiste, pour celles en tout cas que l'on atteint par la sensibilité irrationnelle[2] ou par l'émotion ; or toute œuvre d'art prend ces critères-là pour objectif et en tire son origine.

Mais voilà qui suffit pour un préambule ; il ne faudrait pas que, par mégarde, j'aille gaspiller à cela mon temps de parole.

Les autres historiens

5. 1 Avant de commencer cette étude consacrée à Thucydide, je voudrais parler un peu des autres historiens, ses prédécesseurs ou ses contemporains, de façon à mettre en lumière aussi bien les choix littéraires qui expliquent la supériorité de notre homme sur ses devanciers, que son talent.

2 Dans l'Antiquité, il y eut beaucoup d'historiens, en maints endroits, avant la guerre du Péloponnèse[3]. Citons par exemple Eugéon de Samos, Déiochos <de Cyzique et Bion> de Proconnèse, Eudémos de Paros, Démoclès de Phygéla, Hécatée de Milet, et aussi

1. *Notes complémentaires*, p. 146.

2. Sur le rôle de la sensibilité irrationnelle dans l'appréciation de l'œuvre d'art, cf. le *Lysias*, II, 11,1-8 et le *Démosthène I*, V, 24,11. Ce point sera développé également (notamment pour l'appréciation des valeurs musicales) dans les traités sur la *synthesis*, VI, 15,6 et 22,12 ; V, 50,3.

3. *Notes complémentaires*, p. 146-147.

4. 1 Ἓν ἔτι λείπεταί μοι μέρος ἀπολογίας δεόμενον, ἐπίφθονον μέν τι κατηγόρημα καὶ τοῖς πολλοῖς κεχαρισμένον, ῥᾳδίως δ' ἐξελεγχθῆναι δυνησόμενον ὡς οὐκ ἔστιν ὑγιές. Οὐ γὰρ εἰ τῇ δυνάμει λειπόμεθα Θουκυδίδου τε καὶ τῶν ἄλλων ἀνδρῶν, καὶ τὸ θεωρητικὸν αὐτῶν ἀπολωλέκαμεν. 2 Οὐδὲ γὰρ τὰς Ἀπελλοῦ καὶ Ζεύξιδος καὶ Πρωτογένους καὶ τῶν ἄλλων γραφέων τῶν διωνομασμένων τέχνας οἱ μὴ τὰς αὐτὰς ἔχοντες ἐκείνοις ἀρετὰς κρίνειν κεκώλυνται, οὐδὲ τὰ Φειδίου καὶ Πολυκλείτου καὶ Μύρωνος ἔργα οἱ μὴ τηλικοῦτοι δημιουργοί. 3 Ἐῶ γὰρ λέγειν ὅτι πολλῶν ἔργων οὐχ ἥττων τοῦ τεχνίτου κριτὴς ὁ ἰδιώτης, τῶν γε δι' αἰσθήσεως ἀλόγου καὶ τοῖς πάθεσι καταλαμβανομένων, καὶ ὅτι πᾶσα τέχνη τούτων στοχάζεται τῶν κριτηρίων καὶ ἀπὸ τούτων λαμβάνει τὴν ἀρχήν.

Ἅλις ἔστω μοι προοιμίων, ἵνα μὴ λάθω περὶ ταῦτα κατατρίψας τὸν λόγον.

5. 1 Μέλλων δὲ ἄρχεσθαι τῆς περὶ Θουκυδίδου γραφῆς ὀλίγα βούλομαι ⟨περὶ⟩ τῶν ἄλλων συγγραφέων εἰπεῖν, τῶν τε πρεσβυτέρων καὶ τῶν κατὰ τοὺς αὐτοὺς ἀκμασάντων ἐκείνῳ χρόνους, ἐξ ὧν ἔσται καταφανὴς ἥ τε προαίρεσις τοῦ ἀνδρὸς ᾗ χρησάμενος διήλλαξε τοὺς πρὸ αὐτοῦ, καὶ ἡ δύναμις.

2 Ἀρχαῖοι μὲν οὖν συγγραφεῖς πολλοὶ καὶ κατὰ πολλοὺς τόπους ἐγένοντο πρὸ τοῦ Πελοποννησιακοῦ πολέμου· ἐν οἷς ἐστιν Εὐγέων τε ὁ Σάμιος καὶ Δηίοχος ⟨ὁ Κυζικηνὸς καὶ Βίων⟩ ὁ Προκοννήσιος καὶ Εὔδημος ὁ Πάριος καὶ Δημοκλῆς ὁ Φυγελεὺς καὶ Ἑκαταῖος ὁ

2 μέν τι : μέντοι I || 12 γε Reiske : τε AVIT δὲ K || post πάθεσι hiatum ind. Us. || 15 ante προοιμίων hab. τῶν K || 16 κατατρίψας : τρίψας K || λόγον : χρόνον λόγον I || 18 περὶ add. Us. || 19 τε om. K || 23 οὖν om. K || 24 ἐγένοντο : ἐγένετο I || 26 ὁ Κυζικηνὸς καὶ Βίων add. Jacoby || Προκοννήσιος : -κονήσ- I || 27 Ἑκαταῖος : Ἑκκατᾶος K.

Acousilaos d'Argos, Charon de Lampsaque, Amélésagoras de Chalcédoine ; ou encore, précédant de peu les événements du Péloponnèse jusqu'à l'époque de Thucydide, Hellanicos de Lesbos, Damastès de Sigée, Xénomédès de Céos, Xanthos de Lydie et bien d'autres. 3 Tous ces auteurs avaient des options analogues pour le choix des sujets et ne différaient guère entre eux par le talent ; les uns rédigeaient des histoires se rapportant aux Grecs, d'autres aux barbares, et cela, sans prendre aucunement le soin de les lier les unes aux autres ; ils adoptaient une division par peuples et par cités, et publiaient chacune de ces histoires séparément, poursuivant un seul et même objectif, celui de collecter tout ce qui était conservé par les naturels du pays — traditions orales par peuples et par cités, documents écrits déposés dans des lieux sacrés ou profanes[1] — afin de le porter à la connaissance de tous, tel quel, sans rien y ajouter ni rien en retrancher. Aussi ces histoires contenaient-elles des fables auxquelles on ajoutait foi depuis les temps les plus reculés, et des retournements de situation spectaculaires que nous jugeons aujourd'hui hautement fantaisistes. 4 Pour ce qui est du style, ils pratiquaient en général tous le même, tous ceux en tout cas qui avaient opté pour un même type de dialecte[2] ; ils avaient un langage clair, courant, pur, concis, adapté au sujet, qui ne laissait soupçonner aucun procédé de mise en œuvre : un certain éclat pourtant, de la grâce, transparaissent dans ces œuvres, plus sensibles ici, moindres là, et valent à ces écrits de subsister encore.

1. *Notes complémentaires*, p. 147.

2. Le terme διάλεκτος, qui signifie souvent «langage» chez Denys, peut aussi avoir le sens plus précis de dialecte (ionien ou attique), comme par exemple à propos d'Hérodote, dans VI, 3, 15 ou 4, 8. A remarquer aussi l'emploi de χαρακτήρ dans un sens très général.

Μιλήσιος, ὅ τε Ἀργεῖος Ἀκουσίλαος καὶ ὁ Λαμψακηνὸς Χάρων καὶ ὁ Χαλκηδόνιος Ἀμελησαγόρας, ὀλίγῳ δὲ πρεσβύτεροι τῶν Πελοποννησιακῶν καὶ μέχρι τῆς Θουκυδίδου παρεκτείναντες ἡλικίας Ἑλλάνικός τε ὁ Λέσβιος καὶ Δαμάστης ὁ Σιγειεὺς καὶ Ξενομήδης ὁ Κεῖος καὶ Ξάνθος ὁ Λυδὸς καὶ ἄλλοι συχνοί. 3 Οὗτοι προαιρέσει τε ὁμοίᾳ ἐχρήσαντο περὶ τὴν ἐκλογὴν τῶν ὑποθέσεων καὶ δυνάμεις οὐ πολύ τι διαφερούσας ἔσχον ἀλλήλων, οἳ μὲν τὰς Ἑλληνικὰς ἀναγράφοντες ἱστορίας, οἳ δὲ τὰς βαρβαρικάς, καὶ αὐτὰς δὲ ταύτας οὐ συνάπτοντες ἀλλήλαις, ἀλλὰ κατ' ἔθνη καὶ κατὰ πόλεις διαιροῦντες καὶ χωρὶς ἀλλήλων ἐκφέροντες, ἕνα καὶ τὸν αὐτὸν φυλάττοντες σκοπόν, ὅσαι διεσῷζοντο παρὰ τοῖς ἐπιχωρίοις μνῆμαι κατὰ ἔθνη τε καὶ κατὰ πόλεις, ⟨ἢ⟩ εἴ τ' ἐν ἱεροῖς εἴ τ' ἐν βεβήλοις ἀποκείμεναι γραφαί, ταύτας εἰς τὴν κοινὴν ἁπάντων γνῶσιν ἐξενεγκεῖν, οἵας παρέλαβον, μήτε προστιθέντες αὐταῖς τι μήτε ἀφαιροῦντες· ἐν αἷς καὶ μῦθοί τινες ἐνῆσαν ἀπὸ τοῦ πολλοῦ πεπιστευμένοι χρόνου καὶ θεατρικαί τινες περιπέτειαι πολὺ τὸ ἠλίθιον ἔχειν τοῖς νῦν δοκοῦσαι. 4 Λέξιν τε ὡς ἐπὶ τὸ πολὺ τὴν αὐτὴν ἅπαντες ἐπετήδευσαν, ὅσοι τοὺς αὐτοὺς προείλοντο τῶν διαλέκτων χαρακτῆρας, τὴν σαφῆ καὶ κοινὴν καὶ καθαρὰν καὶ σύντομον καὶ τοῖς πράγμασι προσφυῆ καὶ μηδεμίαν σκευωρίαν ἐπιφαίνουσαν τεχνικήν· ἐπιτρέχει μέντοι τις ὥρα τοῖς ἔργοις αὐτῶν καὶ χάρις, τοῖς μὲν πλείων, τοῖς δ' ἐλάττων, δι' ἣν ἔτι μένουσιν αὐτῶν αἱ γραφαί.

2 Ἀμελησαγόρας Z : Μελησ- Us. || 5 Σιγειεὺς Krueger : Σιγεὺς Z || Κεῖος Wilamowitz : Χῖος Z || 6 τε om. K || 10 καὶ del. Rad. || δὲ Sylburg : τε Z || 14 ἢ addidi || 18 ἀπὸ Us. : ὑπὸ Z || 21 ἐπετήδευσαν Z : ἐπιτηδεύσαντες Us. || 22 διαλέκτων : διαλεκτικῶν K || 25 μέντοι om. I.

Hérodote

5 Hérodote d'Halicarnasse, né peu de temps avant les guerres Persiques et qui a vécu jusqu'aux événements du Péloponnèse, accuse un net progrès dans le choix du sujet, qu'il veut plus brillant : plutôt que de rédiger l'histoire d'une seule cité ou d'un seul peuple, il a choisi de réunir quantité d'événements différents, aussi bien d'Europe que d'Asie, dans les limites d'un seul ouvrage (de fait, commençant son histoire au royaume de Lydie, il l'a poursuivie jusqu'à la guerre Persique, faisant contenir dans un seul traité tous les exploits célèbres accomplis en Grèce ou chez les Barbares durant ces deux cent quarante[1] années) ; pour ce qui est du style, il l'a doté de qualités qu'avaient négligées les historiens précédents.

Originalité de Thucydide : choix du sujet

6. 1 Survenant après eux, Thucydide a refusé aussi bien de bâtir son histoire autour d'un seul lieu, comme l'avaient fait Hellanicos et ses disciples, que de réunir en une histoire unique les exploits accomplis partout dans le monde par les Grecs et les Barbares, à l'imitation d'Hérodote : il voyait d'un mauvais œil la première formule, qu'il trouvait vulgaire, médiocre, et surtout incapable de rendre suffisamment de services au lecteur à venir ; 2 à la seconde, il reprochait une ampleur beaucoup trop grande pour pouvoir être embrassée d'un seul coup d'œil par l'intelligence humaine, dans la minutie de tous ses détails.

Jetant donc son dévolu sur une seule guerre, celle que se livraient les Athéniens et les Péloponnésiens, il entreprit d'en faire la relation, 3 et il conserva sa vigueur physique et sa santé intellectuelle pendant toute la durée de la guerre. Évitant, pour composer son récit, de se fier aux racontars du premier venu, il

1. *Notes complémentaires*, p. 148.

5 Ὁ δ' Ἁλικαρνασεὺς Ἡρόδοτος, γενόμενος ὀλίγῳ πρότερον τῶν Περσικῶν, παρεκτείνας δὲ μέχρι τῶν Πελοποννησιακῶν, τήν τε πραγματικὴν προαίρεσιν ἐπὶ τὸ μεῖζον ἐξήνεγκε καὶ λαμπρότερον, οὔτε πόλεως μιᾶς οὔτ' ἔθνους ἑνὸς ἱστορίαν προελόμενος ἀναγράψαι, πολλὰς δὲ καὶ διαφόρους πράξεις ἔκ τε τῆς Εὐρώπης ἔκ τε τῆς Ἀσίας εἰς μιᾶς περιγαφὴν πραγματείας συναγαγεῖν (ἀρξάμενος οὖν ἀπὸ τῆς τῶν Λυδῶν δυναστείας μέχρι τοῦ Περσικοῦ πολέμου κατεβίβασε τὴν ἱστορίαν, πάσας τὰς ἐν τοῖς τεσσαράκοντα καὶ διακοσίοις ἔτεσι γενομένας πράξεις ἐπιφανεῖς Ἑλλήνων τε καὶ βαρβάρων μιᾷ συντάξει περιλαβών), καὶ τῇ λέξει προσαπέδωκε τὰς παραλειφθείσας ὑπὸ τῶν πρὸ αὐτοῦ συγγραφέων ἀρετάς.

6. 1 Τούτοις ἐπιγενόμενος Θουκυδίδης οὔτ' ἐφ' ἑνὸς ἐβουλήθη τόπου καθιδρῦσαι τὴν ἱστορίαν, ὡς οἱ περὶ τὸν Ἑλλάνικον ἐποίησαν, οὔτε τὰς ἐξ ἁπάσης χώρας Ἕλλησιν ἢ βαρβάροις ἐπιτελεσθείσας πράξεις εἰς μίαν ἱστορίαν συναγαγεῖν, μιμησάμενος Ἡρόδοτον· τῆς μὲν προτέρας ὑπεριδὼν ὡς εὐτελοῦς καὶ ταπεινῆς καὶ πολλὰ οὐ δυνησομένης τοὺς ἀναγινώσκοντας ὠφελῆσαι· 2 τῆς δ' ὑστέρας ὡς μείζονος ἢ δυνατῆς πεσεῖν εἰς σύνοψιν ἀνθρωπίνου λογισμοῦ κατὰ τὸν ἀκριβέστατον τῶν τρόπων.

Ἕνα δὲ προχειρισάμενος πόλεμον, ὃν ἐπολέμησαν Ἀθηναῖοι καὶ Πελοποννήσιοι πρὸς ἀλλήλους, τοῦτον ἐσπούδασεν ἀναγράψαι· 3 ἐρρωμένος τε τὸ σῶμα καὶ τὴν διάνοιαν ὑγιαίνων καὶ μέχρι παντὸς αὐτοῦ βιώσας, καὶ οὐκ ἐκ τῶν ἐπιτυχόντων ἀκουσμάτων τὰς πράξεις συντι-

1. Ἁλικαρνασεὺς AT : -νασσεὺς VIK ‖ 7 μιᾶς Krueger : μίαν Z ‖ 7-8 συναγαγεῖν Sadée : ἀγαγεῖν Z ‖ 8 οὖν Z : γοῦν Us. ‖ 10 τεσσαράκοντα Z : μ̄ Sylburg ‖ 12 περιλαβών Sylburg : παραλαβών Z ‖ 20 δυνησομένης : -μένοις I ‖ 21 ὑστέρας T^{ante corr.} Us. : ὑστεραίας AVIKT^{e corr.} ‖ 24 προχειρισάμενος : -χειρησ- K.

faisait appel à son expérience, pour les événements auxquels il avait personnellement assisté ; s'il en avait été frustré par l'exil, il prenait ses renseignements auprès des meilleurs spécialistes[1]. 4 Sa supériorité sur les historiens précédents tient donc d'abord à cela : il a su choisir un sujet qui, sans être parfaitement monolithique, n'est pas pour autant distribué en quantité de développements sans lien entre eux.

Refus de la fable

5 Elle tient ensuite à son refus d'inclure dans son œuvre des éléments fabuleux, de faire dévier son récit pour tromper et séduire le public, comme l'avaient fait avant lui tous les auteurs qui peuplaient les forêts et les vallons de Lamies surgies de terre, qui imaginaient des Naïades amphibies, tout droit sorties du Tartare, que l'on voyait nager en haute mer, mi-femmes mi-poissons, et entrer en relations avec les hommes, qui parlaient de demi-dieux, fruit des amours entre dieux et mortels, toutes fariboles auxquelles on ne peut plus croire de nos jours, tant elles paraissent dénuées de sens[2].

7. 1 Si j'en suis venu à tenir ces propos, ce n'est pas pour critiquer ces auteurs ; ils étaient bien excusables à mon avis d'introduire les fictions de la fable dans les histoires nationales ou locales qu'ils publiaient. 2 Partout au monde, que ce soit collectivement par pays, ou individuellement par cités, la tradition conserve ces légendes (comme je l'indiquais[3] tout à l'heure) : les enfants les recevaient de leurs pères et prenaient grand soin de les transmettre à leurs descendants ; ils demandaient donc à qui se proposait de les publier de les livrer exactement comme ils les avaient reçues des anciens. Aussi ces auteurs étaient-ils bien forcés d'émailler les histoires locales d'épisodes fabuleux.

3 Thucydide, lui, qui avait choisi de traiter un sujet unique, concernant des faits auxquels il avait person-

1. Cf. Thucydide, I, 22 et V, 26.
2, 3. *Notes complémentaires*, p. 148.

θείς, ἀλλ' οἷς μὲν αὐτὸς παρῆν, ἐξ ἐμπειρίας, ὧν δ' ἀπελείφθη διὰ τὴν φυγήν, παρὰ τῶν ἄριστα γινωσκόντων πυνθανόμενος. 4 Πρῶτον μὲν δὴ κατὰ τοῦτο διήλλαξε τῶν πρὸ αὐτοῦ συγγραφέων, λέγω δὲ κατὰ τὸ λαβεῖν ὑπόθεσιν μήτε μονόκωλον παντάπασι μήτ' εἰς πολλὰ μεμερισμένην καὶ ἀσυνάρτητα κεφάλαια· 5 ἔπειτα κατὰ τὸ μηδὲν αὐτῇ μυθῶδες προσάψαι, μηδ' εἰς ἀπάτην καὶ γοητείαν τῶν πολλῶν ἐκτρέψαι τὴν γραφήν, ὡς οἱ πρὸ αὐτοῦ πάντες ἐποίησαν, Λαμίας τινὰς ἱστοροῦντες ἐν ὕλαις καὶ νάπαις ἐκ γῆς ἀνιεμένας, καὶ Ναΐδας ἀμφιβίους ἐκ Ταρτάρων ἐξιούσας καὶ διὰ πελάγους νηχομένας καὶ μιξόθηρας, καὶ ταύτας εἰς ὁμιλίαν ἀνθρώποις συνερχομένας, καὶ ἐκ θνητῶν καὶ θείων συνουσιῶν γονὰς ἡμιθέους, καὶ ἄλλας τινὰς ἀπίστους τῷ καθ' ἡμᾶς βίῳ καὶ πολὺ τὸ ἀνόητον ἔχειν δοκούσας ἱστορίας.

7. 1 Ταῦτα δ' εἰπεῖν προήχθην οὐκ ἐπιτιμῶν ἐκείνοις τοῖς ἀνδράσιν, ἀλλὰ καὶ πολλὴν ἔχων συγγνώμην εἰ καὶ τῶν μυθικῶν ἥψαντο πλασμάτων, ἐθνικὰς καὶ τοπικὰς ἐκφέροντες ἱστορίας. 2 Ἐν ἅπασι γὰρ ἀνθρώποις καὶ κοινῇ κατὰ τόπους καὶ κατὰ πόλεις ἰδίᾳ μνῆμαί τινες ἐσῴζοντο καὶ τῶν τοιούτων ἀκουσμάτων, ὥσπερ ἔφην, ἃς διαδεχόμενοι παῖδες παρὰ πατέρων ἐπιμελὲς ἐποιοῦντο παραδιδόναι τοῖς ἐκγόνοις καὶ τοὺς βουλομένους αὐτὰς εἰς τὸ κοινὸν ἐκφέρειν οὕτως ἠξίουν συγγράφειν ὡς παρὰ τῶν ἀρχαίων ἐδέξαντο. Ἐκείνοις μὲν οὖν τοῖς ἀνδράσιν ἀναγκαῖον ἦν ποικίλλειν τοῖς μυθώδεσιν ἐπεισοδίοις τὰς τοπικὰς ἀναγραφάς.

3 Θουκυδίδῃ δὲ τῷ προελομένῳ μίαν ὑπόθεσιν, ᾗ παρεγίνετο αὐτός, οὐχ ἥρμοττεν ἐγκαταμίσγειν τῇ διη-

5 μήτ' Kiessling : μηδ' Z || 7 ἀπάτην : ἀπάτειν A || 12 post εἰς des. K || 14 ἄλλας : ἄλλους I || 23 παραδιδόναι : -διδόμεναι A || 29 ἐγκαταμίσγειν Kiessling : -μίγειν Z.

nellement assisté, ne pouvait décemment pas mêler au récit ce genre d'impostures voyantes, ni les adapter pour tromper le lecteur, ce qui est l'effet naturel des traités dont je viens de parler ; il cherchait à être utile, comme il le souligne lui-même dans le préambule de son *Histoire*, écrivant textuellement :

I.22.4 Il se peut qu'à l'audition l'absence d'élément fabuleux enlève du charme au récit ; mais que tous les gens désireux d'y voir clair dans l'histoire révolue, ou dans celle qui risque fort, vu la nature humaine, de se reproduire un jour exactement ou presque exactement dans les mêmes termes, que ces gens-là, dis-je, jugent mon ouvrage utile, et je serai comblé ; c'est une acquisition pour toujours que ce traité, plutôt qu'un morceau de concours pour l'audition d'un jour.

Impartialité

8. 1 Comme en témoignent pratiquement tous les philosophes et les orateurs, ou sinon, la plupart d'entre eux[1], Thucydide s'est essentiellement préoccupé aussi de la vérité, dont nous souhaitons que l'histoire soit la prêtresse ; il n'ajoute ni ne retranche rien aux faits qui ne soit légitime ; il ne se permet aucune liberté dans la rédaction, reste impeccablement fidèle à ses choix littéraires, se gardant de toute haine et de toute complaisance, et spécialement dans ses jugements sur les grands hommes. 2 Parlant de Thémistocle[2] par exemple, dans le livre I, il passe généreusement en revue ses qualités ; traitant des mesures politiques prises par Périclès, dans le livre II, il fait de l'homme un éloge digne de la renommée qui le célébrait en tous lieux[3] ; quand il avait à parler de Démosthénès le stratège, de Nicias fils de Nicératos, d'Alcibiade fils de Clinias[4], ou de tant d'autres, généraux ou orateurs, il donnait pour chacun toutes les indications convenables.

1. *Notes complémentaires*, p. 148.
2. Cf. Thucydide, I, 138.
3, 4. *Notes complémentaires*, p. 148.

γήσει τὰς θεατρικὰς γοητείας οὐδὲ πρὸς τὴν ἀπάτην ἁρμόττεσθαι τῶν ἀναγνωσομένων, ἣν ἐκεῖναι πεφύκασι φέρειν αἱ συντάξεις, ἀλλὰ πρὸς τὴν ὠφέλειαν, ὡς αὐτὸς ἐν τῷ προοιμίῳ τῆς ἱστορίας δεδήλωκε κατὰ λέξιν οὕτως γράφων·

I.22.4 *Καὶ ἐς μὲν ἀκρόασιν τὸ μὴ μυθῶδες αὐτῶν ἀτερπέστερον φαίνεται· ὅσοι δὲ βουλήσονται τῶν τε γεγονότων τὸ σαφὲς σκοπεῖν, καὶ τῶν μελλόντων ποτὲ κατὰ τὸ ἀνθρώπειον τοιούτων καὶ παραπλησίων ἔσεσθαι, ὠφέλιμα κρίνειν αὐτὰ ἀρκούντως ἕξει· κτῆμά τ' ἐς ἀεὶ μᾶλλον ἢ ἀγώνισμα ἐς τὸ παραχρῆμα ἀκούειν ξύγκειται.*

8. 1 **Μαρτυρεῖται δὲ τῷ ἀνδρὶ τάχα μὲν ὑπὸ πάντων φιλοσόφων τε καὶ ῥητόρων, εἰ δὲ μή, τῶν γε πλείστων, ὅτι καὶ τῆς ἀληθείας, ἧς ἱέρειαν εἶναι τὴν ἱστορίαν βουλόμεθα, πλείστην ἐποιήσατο πρόνοιαν, οὔτε προστιθεὶς τοῖς πράγμασιν οὐδὲν ὃ μὴ δίκαιον οὔτε ἀφαιρῶν, οὐδὲ ἐνεξουσιάζων τῇ γραφῇ, ἀνέγκλητον δὲ καὶ καθαρὰν τὴν προαίρεσιν ἀπὸ παντὸς φθόνου καὶ πάσης κολακείας φυλάττων, μάλιστα δ' ἐν ταῖς περὶ τῶν ἀγαθῶν ἀνδρῶν γνώμαις.** 2 **Καὶ γὰρ Θεμιστοκλέους ἐν τῇ πρώτῃ βύϐλῳ μνησθεὶς τὰς ὑπαρχούσας αὐτῷ ἀρετὰς ἀφθόνως ἐπελήλυθε, καὶ τῶν Περικλέους πολιτευμάτων ἁψάμενος ἐν τῇ δευτέρᾳ βύϐλῳ τῆς διαϐεϐοημένης περὶ αὐτοῦ δόξης ἄξιον εἴρηκεν ἐγκώμιον· περί τε Δημοσθένους τοῦ στρατηγοῦ καὶ Νικίου τοῦ Νικηράτου καὶ Ἀλκιϐιάδου τοῦ Κλεινίου καὶ ἄλλων στρατηγῶν τε καὶ ῥητόρων ἀναγκασθεὶς λέγειν, ὅσα προσήκοντα ἦν ἑκάστῳ, δεδή-**

6 post ἀκρόασιν hab. ἴσως Thuc. || 7 φαίνεται Z : φανεῖται Thuc. || γεγονότων Z : γενομένων Thuc. || 8 post ποτὲ hab. αὖθις Thuc. || ἀνθρώπειον Z Thuc.[pl] : -πινον Thuc.[c] || 9 ἔσεσθαι Thuc. : ἐσομένων Z || 14 ἱέρειαν Reiske : ἱερὰν Z || 16 οὔτε Sadée : οὐδὲ Z || 18 καὶ om. T || 20 γνώμαις : γνώμας T || βύϐλῳ VT : βίϐλῳ AI || 22 ἐν τῇ : αὐτῇ A || 23 βύϐλῳ V : βίϐλῳ AIT.

3 Nul besoin de fournir des exemples à l'appui de tous ces points à des lecteurs qui ont parcouru d'un bout à l'autre ses *Histoires*.

Voilà donc ce qui, pour le fond, est réussi chez l'historien, ce que l'on pourrait qualifier de beau et de digne d'imitation[1].

Ses faiblesses : la division

9. 1 Un défaut assez sérieux, dans la construction de son ouvrage, et qui lui vaut des critiques, touche, toujours en ce qui concerne le fond, à une partie plus technique, celle qu'on appelle l'économie de la matière, qui est à considérer dans toutes les œuvres écrites, que le sujet choisi en soit philosophique ou rhétorique[2]. Elle comprend la division, l'ordonnance et la mise en forme[3].

2 Je commencerai par la division en précisant d'abord ceci : alors que les historiens antérieurs, pour découper leurs relations, faisaient référence à la topographie ou à la chronologie, qui sont faciles à suivre, Thucydide n'accepte ni l'un ni l'autre de ces modes de division. 3 Il ne prend pour fil conducteur, dans la distribution du récit, ni les pays où se sont déroulés les événements, comme l'avaient fait Hérodote, Hellanicos et quelques autres, ni l'ordre chronologique, préféré par les auteurs d'histoires locales, qui utilisaient la succession des rois, pour découper leurs récits, ou celle des prêtres, ou les Olympiades, ou les archontes annuellement désignés pour cette magistrature. 4 Désireux[4] de frayer une route nouvelle, hors des sentiers battus, il a distribué son histoire par étés et hivers, avec un résultat

1. La phrase qui suit, dans les manuscrits, est probablement une glose insérée par erreur dans le texte : « Le plus important de tout, c'est qu'il n'a jamais menti volontairement, et qu'il n'a jamais souillé sa conscience ».

2. 3. 4. *Notes complémentaires*, p. 149.

λωκε. 3 Παραδείγματα δὲ περὶ αὐτῶν φέρειν οὐ δέομαι τοῖς διεληλυθόσιν αὐτοῦ τὰς ἱστορίας.

Ταῦτα μὲν οὖν ἂν ἔχοι τις εἰπεῖν, ἃ περὶ τὸν πραγματικὸν τόπον ὁ συγγραφεὺς κατορθοῖ, καλὰ καὶ μιμήσεως ἄξια. [Κράτιστον δὲ πάντων τὸ μηδὲν ἑκουσίως ψεύδεσθαι μηδὲ μιαίνειν τὴν αὑτοῦ συνείδησιν.]

9. 1 Ἃ δ' ἐλλιπέστερον κατεσκεύασε καὶ ἐφ' οἷς ἐγκαλοῦσιν αὐτῷ τινες, περὶ τὸ τεχνικώτερον μέρος ἐστὶ τοῦ πραγματικοῦ, τὸ λεγόμενον μὲν οἰκονομικόν, ἐν ἁπάσαις δὲ γραφαῖς ἐπιζητούμενον, ἐάν τε φιλοσόφους προέληταί τις ὑποθέσεις ἐάν τε ῥητορικάς. Ταῦτα δὲ ἐστὶ τὰ περὶ τὴν διαίρεσιν καὶ τὰ περὶ τὴν τάξιν καὶ τὰ περὶ τὰς ἐξεργασίας.

2 Ἄρξομαι δ' ἀπὸ τῆς διαιρέσεως, προειπὼν ὅτι τῶν πρὸ αὐτοῦ γενομένων συγγραφέων ἢ κατὰ τόπους μεριζόντων τὰς ἀναγραφὰς ἢ κατὰ χρόνους εὐπαρακολουθήτους ἐκεῖνος οὐδετέραν τούτων τῶν διαιρέσεων ἐδοκίμασεν. 3 Οὔτε γὰρ τοῖς τόποις ἐν οἷς αἱ πράξεις ἐπετελέσθησαν ἀκολουθῶν ἐμέρισε τὰς διηγήσεις, ὡς Ἡρόδοτός τε καὶ Ἑλλάνικος καὶ ἄλλοι τινὲς τῶν πρὸ αὐτοῦ συγγραφέων ἐποίησαν, οὔτε τοῖς χρόνοις, ὡς οἱ τὴν τοπικὴν ἐκδόντες ἱστορίαν προείλοντο, ἤτοι ταῖς διαδοχαῖς τῶν βασιλέων μερίζοντες τὰς ἀναγραφὰς ἢ ταῖς τῶν ἱερέων ἢ ταῖς περιόδοις τῶν ὀλυμπιάδων ἢ τοῖς ἀποδεικνυμένοις ἄρχουσιν ἐπὶ τὰς ἐνιαυσίους ἀρχάς. 4 Καινὴν δέ τινα καὶ ἀτριβῆ τοῖς ἄλλοις πορευθῆναι βουληθεὶς ὁδὸν θερείαις καὶ χειμερίοις 〈ὥραις ἀκολουθῶν〉 ἐμέρισε τὴν ἱστορίαν· ἐκ δὲ τούτου συμβέβηκεν

5-6 κράτιστον —συνείδησιν del. Sadée || 5 μηδὲν : μηδὲ T || 6 αὑτοῦ I : αὐτοῦ AVT || 7 κατεσκεύασε : -αζε T || 14 διαιρέσεως Sylburg : προαιρέσεως Z || 22 ἤτοι : ἦτο A || 23-24 ταῖς bis I : τοῖς bis AVT || 26-27 πορευθῆναι βουληθεὶς : πορευθεὶς I || 27-28 ὥραις ἀκολουθῶν suppl. Schoell : lac. 11-12 litt. praeb. AVI.

inverse de celui qu'il escomptait ; loin de gagner en clarté, cette division chronologique par saisons est plus difficile à suivre. 5 L'étonnant, c'est que Thucydide ne se soit pas aperçu que, vu la quantité d'événements qui avaient lieu en même temps dans des lieux différents, un tel découpage en petites tranches du récit historique le rendrait impropre à recevoir cette fameuse « lumière d'une éclatante limpidité »[1], comme les faits eux-mêmes le démontrent.

6 Par exemple, dans le livre III (je m'en tiendrai à celui-là), Thucydide[2] commence par raconter les événements de Mytilène ; mais avant d'en avoir achevé le récit, il passe aux menées Lacédémoniennes ; sans attendre d'avoir fait le tour de la question, il fait mention du siège de Platées ; laissant aussi cette affaire-là inachevée, il repart vers la guerre de Mytilène ; de là, il saute au récit des troubles qui éclatèrent à Corcyre, les partis cherchant à se concilier qui les Lacédémoniens, qui les Athéniens ; abandonnant également ce récit à mi-parcours, il dit quelques mots sur la première expédition maritime des Athéniens en Sicile. 7 Puis, après avoir commencé le récit des opérations menées par la flotte athénienne contre le Péloponnèse, et celui de l'expédition des Lacédémoniens chez les Doriens, il continue par la relation des actions de Démosthénès le stratège contre Leucade et par la guerre d'Étolie. De là, il fait un saut à Naupacte. Abandonnant alors les guerres sur le continent, il revient une seconde fois en Sicile ; après quoi il purifie Délos, et parle longuement d'Argos d'Amphilochie attaquée par les Ambraciotes.

8 A quoi bon s'étendre davantage ? Le livre tout entier est débité en tranches de pareille façon : toute continuité dans le récit est abolie. Nous nous y perdons,

1. Citation d'un poète lyrique inconnu. Cf. Pindare, *Pyth.* 3. 75. L'expression, avec νοῦς au lieu de φῶς, est reprise par Denys en 30, 4.

2. *Notes complémentaires*, p. 149.

αὐτῷ τοὐναντίον ἢ προσεδόκησεν· οὐ γὰρ σαφεστέρα γέγονεν ἡ διαίρεσις τῶν χρόνων ἀλλὰ δυσπαρακολουθητοτέρα κατὰ τὰς ὥρας. 5 Ἐφ' ᾧ θαυμάζειν ἄξιον πῶς αὐτὸν ἔλαθεν ὅτι πολλῶν ἅμα πραγμάτων κατὰ πολλοὺς τόπους γινομένων εἰς μικρὰς κατακερματιζομένη τομὰς ἡ διήγησις οὐκ ἀπολήψεται τὸ «τηλαυγὲς φῶς» ἐκεῖνο «καὶ καθαρόν», ὡς ἐξ αὐτῶν γίνεται τῶν πραγμάτων φανερόν.

6 Ἐν γοῦν τῇ τρίτῃ βύϐλῳ (ταύτῃ γὰρ ἀρκεσθήσομαι μόνῃ), τὰ περὶ Μυτιληναίους ἀρξάμενος γράφειν, πρὶν ὅλην ἐκπληρῶσαι τὴν διήγησιν, ἐπὶ τὰ Λακεδαιμονίων ἄπεισιν ἔργα· καὶ οὐδὲ ταῦτα συγκορυφώσας, τῆς Πλαταιέων μέμνηται πολιορκίας· ἀφεὶς δὲ καὶ ταύτην ἀτελῆ, τοῦ Μυτιληναϊκοῦ μέμνηται πολέμου· εἶτ' ἐκεῖθεν ἄγει τὴν διήγησιν ἐπὶ τὰ περὶ Κέρκυραν, ὡς ἐστασίασαν οἳ μὲν Λακεδαιμονίους, οἳ δ' Ἀθηναίους ἐπαγόμενοι· ἀφεὶς δὲ καὶ ταῦτα ἡμιτελῆ περὶ τῆς εἰς Σικελίαν στρατείας τῆς προτέρας Ἀθηναίων ὀλίγα λέγει. 7 Εἶτα Ἀθηναίων ἔκπλουν ἐπὶ Πελοπόννησον ἀρξάμενος λέγειν καὶ Λακεδαιμονίων τὴν ἐπὶ Δωριεῖς στρατείαν, τὰ περὶ Λευκάδα πραχθέντα ὑπὸ Δημοσθένους τοῦ στρατηγοῦ καὶ τὸν πρὸς Αἰτωλοὺς πόλεμον ἐπιπορεύεται. Ἐκεῖθεν δὲ ἄπεισιν ἐπὶ Ναύπακτον. Ἀτελεῖς δὲ καὶ τοὺς ἠπειρωτικοὺς πολέμους καταλιπών, Σικελίας ἅπτεται πάλιν, καὶ μετὰ τοῦτο Δῆλον καθαίρει, καὶ τὸ Ἀμφιλοχικὸν Ἄργος πολεμούμενον ὑπὸ Ἀμπρακιωτῶν κατατείνει.

8 Καὶ τί δεῖ πλείω λέγειν; Ὅλη γὰρ ἡ βύϐλος οὕτω συγκέκοπται καὶ τὸ διηνεκὲς τῆς ἀπαγγελίας ἀπολώλεκε. Πλανώμεθα δή, καθάπερ εἰκός, καὶ δυσκόλως τοῖς

5 μικρὰς Sylburg : μακρὰς Z || 9 βύϐλῳ AV : βίϐλῳ IT || 10 Μυτιληναίους Us. : Μιτυλ- Z || 14 Μυτιληναϊκοῦ Us. : Μιτυλ- Z || 17 ἡμιτελῆ : ἀτελῆ I || 24 ἅπτεται post πάλιν V || 26 Ἀμπρακιωτῶν I : -κιατῶν AVT || κατατείνει ego : καταλείπει Z καταλήγει Usher hiatum susp. Krueger || 27 βύϐλος V : βίϐλος AIT.

comme il était prévisible, et avons toutes les peines du monde à suivre les développements : l'intelligence s'embrouille devant de tels écarts, et ne restitue ni facilement ni exactement à la mémoire ces fractions de récits. 9 Un traité d'histoire se doit d'être parfaitement lié et sans faille, surtout quand il embrasse quantité de faits difficiles à comprendre. 10 Au reste, la meilleure preuve que cette méthode n'est pas la bonne et ne convient pas à l'histoire, c'est que pas un des historiens postérieurs[1] n'a divisé son histoire par étés et hivers ; tous en sont revenus aux sentiers battus qui mènent généralement à la clarté.

L'ordonnance de la matière

10. 1 L'ordonnance de la matière aussi lui vaut des critiques ; on reproche à Thucydide[2] de n'avoir pas commencé son histoire où il fallait et de ne pas non plus lui avoir donné une fin appropriée ; l'essentiel d'une bonne économie, soutiennent ces censeurs, consiste à prendre pour début ce qui ne saurait avoir de préalable, et à donner à l'ouvrage une conclusion à laquelle on n'ait rien à ajouter ; or Thucydide n'aurait accordé ni à l'un ni à l'autre de ces points l'attention adéquate.

2 Il est vrai que l'historien leur fournit de lui-même le bâton pour se faire battre. Après avoir souligné en effet l'énorme supériorité de la guerre du Péloponnèse sur toutes les guerres antérieures, aussi bien par la durée du conflit que pour l'accumulation fortuite des malheurs, il consacre la fin de son Introduction à l'exposé des causes[3] qui sont à l'origine du conflit. 3 Il en suppose deux : l'une, la cause vraie, qu'on se garde de dire au grand jour, est la croissance de la cité d'Athènes ; l'autre, la fictive, forgée de toutes pièces par les Lacédémoniens, est le contingent expédié par Athènes à ses alliés de Corcyre contre les Corinthiens.

1, 2, 3. *Notes complémentaires*, p. 149-150.

δηλουμένοις παρακολουθοῦμεν, ταραττομένης ἐν τῷ διασπᾶσθαι τὰ πράγματα τῆς διανοίας καὶ τὰς ἡμιτελεῖς τῶν ἀκουσθέντων μνήμας οὐ ῥᾳδίως οὐδ' ἀκριβῶς ἀναφερούσης. 9 Χρὴ δὲ τὴν ἱστορικὴν πραγματείαν εἰρομένην εἶναι καὶ ἀπερίσπαστον, ἄλλως τε ἐπειδὰν περὶ πολλῶν γίνηται πραγμάτων καὶ δυσκαταμαθήτων. 10 Ὅτι δὲ οὐκ ὀρθὸς ὁ κανὼν οὗτος οὐδ' οἰκεῖος ἱστορίᾳ, δῆλον· οὐδεὶς γὰρ τῶν μεταγενεστέρων συγγραφέων θερείαις καὶ χειμῶσι διεῖλε τὴν ἱστορίαν, ἀλλὰ πάντες τὰς τετριμμένας ⟨ὁδοὺς καὶ εἰωθυίας⟩ ἄγειν ἐπὶ τὴν σαφήνειαν μετῆλθον.

10. 1 Αἰτιῶνται δὲ καὶ τὴν τάξιν αὐτοῦ τινες, ὡς οὔτε ἀρχὴν τῆς ἱστορίας εἰληφότος ἣν ἐχρῆν οὔτε τέλος ἐφηρμοκότος αὐτῇ τὸ πρέπον, οὐκ ἐλάχιστον μέρος εἶναι λέγοντες οἰκονομίας ἀγαθῆς ἀρχήν τε λαβεῖν ἧς οὐκ ἂν εἴη τι πρότερον, καὶ τέλει περιλαβεῖν τὴν πραγματείαν ᾧ δόξει μηδὲν ἐνδεῖν· ὧν οὐδετέρου πρόνοιαν αὐτὸν πεποιῆσθαι τὴν προσήκουσαν.

2 Τὴν δὲ ἀφορμὴν ⟨αὐτὸς⟩ αὐτοῖς τῆς κατηγορίας ταύτης ὁ συγγραφεὺς παρέσχηται. Προειπὼν γὰρ ὡς μέγιστος ἐγένετο τῶν πρὸ αὐτοῦ πολέμων ὁ Πελοποννησιακὸς χρόνου τε μήκει καὶ παθημάτων πολλῶν συντυχίαις, τελευτῶν τοῦ προοιμίου, τὰς αἰτίας βούλεται πρῶτον εἰπεῖν ἀφ' ὧν τὴν ἀρχὴν ἔλαβεν. 3 Διττὰς δὲ ταύτας ὑποθέμενος, τήν τε ἀληθῆ μέν, οὐκ εἰς ἅπαντας δὲ λεγομένην, τὴν αὔξησιν τῆς Ἀθηναίων πόλεως, καὶ τὴν οὐκ ἀληθῆ μέν, ὑπὸ δὲ Λακεδαιμονίων πλαττομένην, τὴν Ἀθήνηθεν ἀποσταλεῖσαν Κερκυραίοις κατὰ Κορινθίων συμμαχίαν, οὐκ ἀπὸ τῆς ἀληθοῦς καὶ αὐτῷ δοκούσης τὴν

5 ἀπερίσπαστον : περίσπαστον T || 7 ὁ κανὼν post οὗτος I || 10 ὁδοὺς καὶ εἰωθυίας add. Reiske || 16 δόξει VI : δόξῃ AT || 18 αὐτὸς add. Us. || 28 ἀληθοῦς Sylburg : ἀληθείας Z.

Or, dans la narration, il commence non par la cause vraie ou celle qu'il croit telle, mais par l'autre, écrivant textuellement :

I.23.4 Le début de la guerre entre Athéniens et Péloponnésiens se situe à la rupture du traité de trente ans conclu après la conquête de l'Eubée. 5 Pour expliquer cette rupture, j'ai indiqué dès le début les motifs et les sources de différends, afin d'éviter qu'on ne se demande un jour d'où sortit en Grèce une guerre pareille. 6 En fait, la cause la plus vraie, mais aussi la moins avouée, fut à mon sens la croissance d'Athènes qui, inspirant de la crainte aux Lacédémoniens, les contraignit à la guerre. Mais les raisons ostensiblement alléguées étaient les suivantes.

24.1 Épidamne est une cité que l'on trouve à main droite quand on entre dans le golfe d'Ionie. Elle a pour voisins les Taulantiens, peuple barbare de race illyrienne.

4 Sur ce, Thucydide décrit avec force détails les événements d'Épidamne, ceux de Corcyre, l'affaire de Potidée, la réunion des Péloponnésiens à Sparte et les discours prononcés à cette occasion contre la cité d'Athènes.

Après s'être étendu de la sorte sur près de deux mille lignes[1], il en revient à l'autre cause, la vraie, ou celle qu'il croit telle ; c'est à partir de :

I.88.1 Les Lacédémoniens votèrent donc, vu la rupture des traités, la guerre contre Athènes, moins sous l'influence des discours tenus par leurs alliés que par crainte que ne grandisse encore la puissance des Athéniens, car ils voyaient déjà la majeure partie de la Grèce entre leurs mains.

89.1 Voici en effet comment les Athéniens étaient arrivés à la situation qui fit leur grandeur.

Là-dessus, il expose tout ce qu'a fait Athènes depuis la fin des guerres Persiques jusqu'à la guerre du

1. *Notes complémentaires*, p. 150.

ἀρχὴν πεποίηται τῆς διηγήσεως, ἀλλ' ἀπὸ τῆς ἑτέρας, κατὰ λέξιν οὕτως γράφων·

I.23.4 Ἤρξαντο δὲ Ἀθηναῖοι αὐτοῦ καὶ Πελοποννήσιοι, λύσαντες τὰς τριακοντούτεις σπονδὰς αἳ αὐτοῖς ἐγένοντο μετὰ Εὐβοίας ἅλωσιν. 5 Διότι δὲ ἔλυσαν, τὰς αἰτίας προέγραψα πρῶτον καὶ τὰς διαφορὰς τοῦ μή τινας ζητῆσαί ποτε ἐξ ὅτου τοσοῦτος πόλεμος τοῖς Ἕλλησι κατέστη. 6 Τὴν μὲν γὰρ ἀληθεστάτην πρόφασιν, ἀφανεστάτην δὲ λόγῳ, τοὺς Ἀθηναίους ἡγοῦμαι μεγάλους γιγνομένους καὶ φόβον παρέχοντας τοῖς Λακεδαιμονίοις ἀναγκάσαι ἐς τὸ πολεμεῖν. Αἱ δὲ ἐς τὸ φανερὸν λεγόμεναι αἰτίαι αἵδε ἦσαν.

24.1 Ἐπίδαμνός ἐστι πόλις ἐν δεξιᾷ εἰσπλέοντι τὸν Ἰόνιον κόλπον. Προσοικοῦσι δ' αὐτὴν Ταυλάντιοι βάρβαροι, Ἰλλυρικὸν ἔθνος.

4 **Καὶ μετὰ τοῦτο διεξέρχεται τὰ περὶ Ἐπίδαμνον καὶ τὰ περὶ Κέρκυραν καὶ τὰ περὶ Ποτίδαιαν καὶ τὴν Πελοποννησίων σύνοδον εἰς Σπάρτην καὶ τοὺς ῥηθέντας ἐκεῖ κατὰ τῆς Ἀθηναίων πόλεως λόγους.**

Ταῦτα δὲ μέχρι δισχιλίων ἐκμηκύνας στίχων, τότε περὶ τῆς ἑτέρας αἰτίας τὸν λόγον ἀποδίδωσι τῆς ἀληθοῦς τε καὶ αὐτῷ δοκούσης, ἐνθένδε ἀρξάμενος·

I.88.1 Ἐψηφίσαντο δὲ οἱ Λακεδαιμόνιοι τὰς σπονδὰς λελύσθαι καὶ πολεμεῖν Ἀθηναίοις, οὐ τοσοῦτον τῶν συμμάχων πεισθέντες τοῖς λόγοις ὅσον φοβούμενοι τοὺς Ἀθηναίους μὴ ἐπὶ μεῖζον δυνηθῶσιν, ὁρῶντες αὐτοῖς τὰ πολλὰ τῆς Ἑλλάδος ὑποχείρια ἤδη ὄντα. 89.1 Οἱ γὰρ Ἀθηναῖοι τρόπῳ τοιούτῳ ἦλθον ἐπὶ τὰ πράγματα ἐν οἷς ηὐξήθησαν.

Οἷς ἐπιτίθησι τὰ ἔργα τῆς πόλεως, ὅσα μετὰ τὸν Περσικὸν πόλεμον ἕως τοῦ Πελοποννησιακοῦ διεπράξαν-

3 Ἀθηναῖοι post αὐτοῦ Thuc. ‖ 6 τινας AVT Thuc.[c] : τινα I Thuc.[AB] ‖ 11 post ἦσαν hab. ἑκατέρων, ἀφ' ὧν λύσαντες τὰς σπονδὰς ἐς τὸν πόλεμον κατέστησαν Thuc. ‖ 12 ἐν AVI Thuc. : εἰς A^2V^2T ‖ εἰσπλέοντι Z : ἐσπλέοντι Thuc. ‖ 23 πολεμεῖν Ἀθηναίοις Z : πολεμητέα εἶναι Thuc. ‖ 26 τοιούτῳ Z : τοιῷδε Thuc.

Péloponnèse, en un résumé cursif qui occupe à peine moins de cinq cents lignes[1].

5 Se souvenant alors que ces événements étaient antérieurs à l'affaire de Corcyre, et que c'était elle, et non pas eux, qui marquait le début de la guerre, il reprend (je cite textuellement) :

I.118.1 Et on arrive alors, peu d'années après, aux événements racontés plus haut : l'affaire de Corcyre, celle de Potidée, et tout ce qui servit de cause immédiate à la guerre. 2 L'ensemble de ces entreprises menées par les Grecs soit les uns contre les autres soit contre le barbare se déroula sur une cinquantaine d'années, entre la retraite de Xerxès et le début de la guerre actuelle. Au cours de cette période, les Athéniens renforcèrent leur empire et parvinrent à un haut degré de puissance. Les Lacédémoniens, qui en étaient conscients, ne faisaient rien, que sporadiquement, pour les en empêcher; la plupart du temps, ils ne bougeaient pas; outre leur répugnance, constatée aussi dans le passé, à se mettre en guerre à moins d'y être forcés, ils étaient alors empêtrés dans des guerres intestines. Mais lorsque la puissance d'Athènes prit un essor spectaculaire et se mit à mordre sur les territoires de leurs alliés, ils jugèrent la situation désormais intolérable; ils décidaient donc de passer à l'action avec grande ardeur pour tenter, si possible, d'anéantir la force d'Athènes en déclenchant la guerre en question.

11. 1 Thucydide aurait dû, en commençant cette enquête sur les causes de la guerre, présenter en premier la cause vraie, ou celle qu'il croit telle; c'est une exigence de la nature que l'antérieur précède le postérieur, et que le vrai soit énoncé avant le faux; d'ailleurs la narration aurait une bien meilleure entrée en matières, et de loin, si l'économie en avait été de ce type. 2 On ne saurait alléguer en effet, pour la défense de l'historien, qu'il ne s'agissait là que de broutilles insignifiantes, ou de ragots ordinaires colportés par les

1. *Notes complémentaires*, p. 150.

το, κεφαλαιωδῶς καὶ ἐπιτροχάδην ἐν ἐλάττοσιν ἢ πεντακοσίοις στίχοις.

5 **Ἀναμνησθεὶς δ' ὅτι πρότερα τῶν Κερκυραϊκῶν ἦν, καὶ οὐκ ἀπ' ἐκείνων ἔλαβε τὴν ἀρχὴν ὁ πόλεμος ἀλλ' ἀπὸ τούτων, ταῦτα πάλιν κατὰ λέξιν γράφει·**

I.118.1 Μετὰ ταῦτα δὲ ἤδη γίγνεται οὐ πολλοῖς ἔτεσιν ὕστερον τὰ προειρημένα, τά τε Κερκυραϊκὰ καὶ τὰ Ποτιδαιατικὰ καὶ ὅσα πρόφασις τοῦδε τοῦ πολέμου κατέστη. 2 Ταῦτα δὲ πάντα ὅσα ἔπραξαν οἱ Ἕλληνες πρός τε ἀλλήλους καὶ πρὸς τὸν βάρβαρον ἐγένοντο ἐν ἔτεσι πεντήκοντα μάλιστα μεταξὺ τῆς τε Ξέρξου ἀναχωρήσεως καὶ τῆς ἀρχῆς τοῦδε τοῦ πολέμου. Ἐν οἷς οἱ Ἀθηναῖοι τήν τε ἀρχὴν ἐγκρατεστέραν κατεστήσαντο καὶ αὐτοὶ ἐπὶ μέγα ἐχώρησαν δυνάμεως, οἱ δὲ Λακεδαιμόνιοι αἰσθόμενοι οὔτε ἐκώλυον, εἰ μὴ ἐπὶ βραχύ, ἡσύχαζόν τε τὸ πλέον τοῦ χρόνου, ὄντες μὲν καὶ πρὸ τοῦ μὴ ταχεῖς ἐς τοὺς πολέμους, ἢν μὴ ἀναγκάζωνται, τότε δέ τι καὶ πολέμοις οἰκείοις ἐξειργόμενοι· πλὴν ἡ δύναμις τῶν Ἀθηναίων σαφῶς ᾔρετο καὶ τῆς συμμαχίας αὐτῶν ἥπτετο· τότε δὲ οὐκέτι ἐποιοῦντο ἀνασχετόν, ἀλλ' ἐπιχειρητέα ἐδόκει εἶναι πάσῃ προθυμίᾳ, καὶ καθαιρετέα ἡ ἰσχύς, ἢν δύνωνται, ἀραμένοις τόνδε τὸν πόλεμον.

11. 1 **Ἐχρῆν δὲ αὐτὸν ἀρξάμενον τὰς αἰτίας τοῦ πολέμου ζητεῖν πρώτην ἀποδοῦναι τὴν ἀληθῆ καὶ ἑαυτῷ δοκοῦσαν· ἥ τε γὰρ φύσις ἀπῄτει τὰ πρότερα τῶν ὑστέρων ἄρχειν καὶ τἀληθῆ πρὸ τῶν ψευδῶν λέγεσθαι, ἥ τε τῆς διηγήσεως εἰσβολὴ κρείττων ἂν ἐγίνετο μακρῷ, τοιαύτης οἰκονομίας τυχοῦσα.** 2 **Οὐδὲ γὰρ ἐκεῖνό τις ἂν εἰπεῖν ἔχοι τῶν ἀπολογεῖσθαι περὶ αὐτοῦ βουλομένων, ὅτι μικρὰ καὶ οὐκ ἄξια λόγου τὰ πράγματα ἦν ἢ κοινὰ καὶ**

1 ἐπιτροχάδην Sylburg : ἐπὶ κεφαλαίων τροχάδην Z ‖ 6 γίγνεται AV Thuc. : γίνεται IT ‖ 7 Ποτιδαιατικὰ Z : Ποτειδεατικὰ Thuc. ‖ 8 πάντα Z : ξύμπαντα Thuc. ‖ 9 πρὸς alt. Z : non hab. Thuc. ‖ 10 ἐγένοντο Z : ἐγένετο Thuc. ‖ 15 post ταχεῖς hab. ἰέναι Thuc. ‖ 16 τότε Z : τὸ Thuc. ‖ 17 πλὴν Z : πρὶν δὴ Thuc. ‖ 18 ἥπτετο Z : ἥπτοντο Thuc. ‖ 19 ἐποιοῦντο post ἀνασχετὸν Thuc. ‖ 23 πρώτην Z : πρῶτον Us.

auteurs antérieurs, nullement capables donc de fournir un début décent, 3 car l'auteur déclare en termes exprès que le développement d'un tel sujet, négligé par les anciens, lui a paru digne de figurer dans un traité d'histoire, écrivant textuellement :

I.97.2 J'ai consacré une digression à en faire le récit car mes devanciers avaient tous négligé cette matière, pour traiter soit de la Grèce avant les guerres Médiques soit des guerres Médiques elles-mêmes. Le seul qui l'ait abordée dans son Histoire de l'Attique, *Hellanicos, n'a donné que des indications succinctes, avec des inexactitudes chronologiques. De plus, un exposé de ce type permet de voir comment s'est constitué l'empire athénien.*

12. 1 Voilà donc une preuve suffisante que l'économie du récit n'est pas chez lui du meilleur aloi : le début n'y est pas conforme à l'ordre naturel.

2 Un argument de plus, c'est que l'histoire ne reçoit pas à la fin son couronnement normal. Alors que la guerre a duré vingt-sept ans en tout et que Thucydide l'a vécue de bout en bout jusqu'à son dénouement, il n'en a poursuivi le récit que jusqu'à la vingt-deuxième année (le livre VIII s'arrête au combat naval près du cap de Kynos Sema), et ce, bien qu'il ait annoncé dans l'Introduction[1] qu'il embrasserait l'ensemble des événements survenus durant cette guerre ; 3 dans le livre V aussi, faisant un second résumé de la période s'étendant du début à la fin de la guerre, il écrit textuellement :

V.26.3 Pour les gens qui se fondent sur les oracles, on trouvera là le seul cas sûr les confirmant. 4 Je me souviens pour ma part que continument, depuis le début de la guerre jusqu'à sa fin, bien des gens affirmaient qu'elle

1. En fait, dans l'Introduction proprement dite, Thucydide annonce seulement (I, 1, 1) qu'il va raconter la guerre du Péloponnèse, sans autre précision. C'est seulement au livre V, au cours de la seconde Introduction, qu'il se montre explicite dans son projet d'aller jusqu'à l'anéantissement de la puissance athénienne, symbolisé par la prise du Pirée et des Longs Murs (V, 26, 1).

κατημαξευμένα τοῖς πρὸ αὐτοῦ, ὥστε μηδὲν δεῖν ἀπὸ τούτων ἀρχὴν ποιεῖσθαι· 3 αὐτὸς γὰρ ὡς ἐκλειφθέντα τὸν τόπον τοῦτον ὑπὸ τῶν ἀρχαίων ἄξιον ἱστορίας ὑπείληφεν, αὐταῖς λέξεσιν οὕτως γράφων·

I.97.2 Ἔγραψα δὲ αὐτὰ καὶ τὴν ἐκβολὴν τοῦ λόγου ἐποιησάμην διότι τοῖς πρὸ ἐμοῦ ἅπασιν ἐκλιπὲς τὸ χωρίον τοῦτο ἦν, καὶ ἢ τὰ πρὸ τῶν Μηδικῶν Ἑλληνικὰ ξυνετίθεσαν, ἢ αὐτὰ τὰ Μηδικά. Τούτων δὲ ὤνπερ καὶ ἥψατο ἐν τῇ Ἀττικῇ συγγραφῇ Ἑλλάνικος, βραχέως τε καὶ τοῖς χρόνοις οὐκ ἀκριβῶς ἐπεμνήσθη. Ἅμα δὲ καὶ τῆς ἀρχῆς ἀπόδειξιν ἔχει τῆς τῶν Ἀθηναίων, ἐν οἵῳ τρόπῳ κατέστη.

12. 1 **Ἱκανὸν μὲν οὖν καὶ τοῦτο τεκμήριον ἦν τοῦ μὴ κατὰ τὸν ἄριστον τρόπον ᾠκονομῆσθαι τὴν διήγησιν ὑπ᾽ αὐτοῦ, λέγω δὴ τὸ μὴ τὴν κατὰ φύσιν ἔχειν ἀρχήν.**

2. **Πρόσεστι δὲ τούτῳ καὶ τὸ μὴ εἰς ἃ ἔδει κεφάλαια τετελευτηκέναι τὴν ἱστορίαν. Ἔτη γὰρ ἑπτὰ καὶ εἴκοσιν περιειληφότος τοῦ πολέμου, πάντα τὸν χρόνον τοῦτον ἕως τῆς καταλύσεως αὐτοῦ βιώσας, μέχρι τοῦ δευτέρου καὶ εἰκοστοῦ κατεβίβασεν ἔτους τὴν ἱστορίαν, τῇ περὶ Κυνὸς σῆμα ναυμαχίᾳ τὴν ὀγδόην βύβλον παρεκτείνας, καὶ ταῦτα προειρηκὼς ἐν τῷ προοιμίῳ πάντα περιλήψεσθαι τὰ πραχθέντα κατὰ τόνδε τὸν πόλεμον· 3 καὶ ἐν τῇ πέμπτῃ βύβλῳ πάλιν συνκεφαλαιοῦται τοὺς χρόνους, ἀφ᾽ οὗ τε ἤρξατο καὶ μέχρι οὗ προελθὼν κατελύθη, ταῦτα κατὰ λέξιν γεγραφώς·**

V.26.3 Καὶ τοῖς ἀπὸ χρησμῶν τι ἰσχυρισαμένοις μόνον δὴ τοῦτο ὀχυρῶς ξυμβάν. 4 Ἀεὶ γὰρ ἐγὼ μέμνημαι, καὶ ἀρχομένου τοῦ πολέμου καὶ μέχρι οὗ ἐτελεύτησε, προφερόμενον

1 μηδὲν Z : μὴ Us. || 6 διότι Z : διὰ τόδε ὅτι Thuc. || τὸ χωρίον post ἦν Thuc. || 8 ὤνπερ Z : ὅσπερ Thuc. || 9 τοῖς χρόνοις post ἀκριβῶς I || 15 ἔδει Krueger : δεῖ Z || 16 ἔτη T^2 : ἔτι Z || 20 βύβλον Us. : βίβλον Z || 23 βύβλῳ Us. : βίβλῳ Z || συνκεφαλαιοῦται Us. : συνεκεφαλαίου τε Z || 27 ὀχυρῶς Z : ἐχυρῶς Thuc. || ἐγὼ Z : ἔγωγε Thuc. || 28 ἐτελεύτησε : τετελεύτηκε I.

durerait trois fois neuf ans. 5 J'ai vécu de bout en bout cette guerre, à un âge où l'on se rend compte, et me suis appliqué grandement à en avoir une connaissance exacte. Comme de plus j'ai eu à subir l'exil pendant vingt ans, à la suite de mon commandement à Amphipolis, j'ai été témoin des événements dans les deux camps, surtout d'ailleurs dans celui des Péloponnésiens du fait de mon exil, ce qui m'a donné tout loisir de me rendre un peu mieux compte des choses. 6 Je raconterai donc la période qui suivit les dix ans, avec ses différends, la violation des traités, et puis la guerre qui éclata par la suite.

La mise en forme

13. 1 Pour ce qui est de la mise en forme des développements, Thucydide ne s'en soucie guère, tantôt étendant outre mesure des faits secondaires, tantôt effleurant négligemment des sujets qui réclameraient une meilleure mise en forme, comme on peut le montrer sur maints exemples[1]. Je n'en donnerai que quelques-uns.

1. Les batailles

2 Les deux premières batailles navales entre Athéniens et Péloponnésiens qu'il a racontées vers la fin du livre II, où les Athéniens avec vingt navires seulement affrontèrent quarante-sept navires Péloponnésiens[2], <. ....

....

....

....> une bataille navale livrée contre des barbares bien supérieurs en nombre, où les Athéniens coulèrent des bateaux, en capturèrent d'autres avec leurs équipages, ruinant presque tout l'effectif affrêté pour la guerre. Je citerai là aussi ses propres paroles :

I.100.1 Il y eut plus tard, vers le fleuve Eurymédon en Pamphylie, une bataille sur terre et sur mer opposant les Athéniens et leurs alliés aux Mèdes : les Athéniens remportèrent la victoire le même jour sur les deux fronts, sous le commandement de Cimon fils de Miltiade : ils prirent ou détruisirent des trières phéniciennes se montant à un total de deux cents.

1, 2. *Notes complémentaires*, p. 150-151.

ὑπὸ πολλῶν ὅτι τρὶς ἐννέα ἔτη δέοι γενέσθαι αὐτόν. 5 *Ἐπεβίων δὲ διὰ παντὸς αὐτοῦ, αἰσθανόμενός τε τῇ ἡλικίᾳ καὶ προσέχων τὴν γνώμην ὅπως ἀκριβῶς τι εἴσομαι. Καὶ ξυνέβη μοι φεύγειν τὴν ἐμαυτοῦ ἔτη εἴκοσι μετὰ τὴν εἰς Ἀμφίπολιν στρατηγίαν, καὶ γενομένῳ παρ' ἀμφοτέροις τοῖς πράγμασι καὶ οὐχ ἧσσον τοῖς Πελοποννησίοις διὰ τὴν φυγήν, καθ' ἡσυχίαν τι αὐτῶν μᾶλλον αἰσθέσθαι.* 6 *Τὴν οὖν μετὰ τὰ δέκα ἔτη διαφοράν τε καὶ ξύγχυσιν τῶν σπονδῶν, καὶ τὰ ἔπειτα, ὡς ἐπολεμήθη, ἐξηγήσομαι.*

13. 1 **Ὅτι δὲ καὶ περὶ τὰς ἐξεργασίας τῶν κεφαλαίων ἧττον ἐπιμελής ἐστιν, ἢ πλείονας τοῦ δέοντος λόγους ἀποδιδοὺς τοῖς ἐλαττόνων δεομένοις ἢ ῥᾳθυμότερον ἐπιτρέχων τὰ δεόμενα πλείονος ἐξεργασίας, πολλοῖς τεκμηρίοις βεβαιῶσαι δυνάμενος, ὀλίγοις χρήσομαι.**

2 **Τὰς μὲν πρώτας Ἀθηναίων καὶ Πελοποννησίων ναυμαχίας ἀμφοτέρας περὶ τὴν τελευτὴν τῆς δευτέρας βύβλου γράφειν ἀρξάμενος, ἐν αἷς πρὸς ἑπτὰ καὶ τεσσαράκοντα ναῦς Πελοποννησίων εἴκοσι ναυσὶν Ἀθηναῖοι μόνοι 〈................................ ...〉 πρὸς πολλαπλασίους τῶν βαρβάρων ναυμαχήσαντες ἃς μὲν διέφθειρον, ἃς δ' αὐτάνδρους ἔλαβον οὐκ ἐλάττους ἢ ὅσας ἔστειλαν ἐπὶ τὸν πόλεμον. Θήσω δὲ καὶ τὴν λέξιν αὐτοῦ.**

I.100.1 Ἐγένετο μετὰ ταῦτα καὶ ἐπ' Εὐρυμέδοντι ποταμῷ ἐν Παμφυλίᾳ πεζομαχία καὶ ναυμαχία Ἀθηναίων καὶ τῶν ξυμμάχων πρὸς Μήδους, καὶ ἐνίκων τῇ αὐτῇ ἡμέρᾳ ἀμφότερα Ἀθηναῖοι, Κίμωνος τοῦ Μιλτιάδου στρατηγοῦντος, καὶ εἷλον τριήρεις Φοινίκων καὶ διέφθειρον τὰς πάσας διακοσίας.

3 ἀκριβῶς Z : ἀκριβές Thuc. || εἴσομαι Thuc. : πείσομαι Z || 5 παρ' IT : παρὰ AV || 6 Πελοποννησίοις Z Thuc.[pl] : -νησίων Thuc.[czg] || αὐτῶν : αὐτῷ V || 7 αἰσθέσθαι VT Thuc. : αἴθεσθαι AI || 17 βύβλου Us. : βίβλου Z || 19 post μόνοι lac. susp. Sylburg || 24 post ἐγένετο hab. δὲ Thuc. || post καὶ hab. ἡ Thuc. || 28 διέφθειρον Z : -ραν Thuc. || post πάσας hab. ἐς vel ἐς τὰς Thuc.

3 Il procède de même avec les batailles sur terre ; ou bien il en étire démesurément le récit, ou bien il le réduit outre mesure. Prenons l'exemple des opérations menées par les Athéniens à Pylos, ou à l'île nommée Sphactérie dans laquelle ils avaient enfermé les Lacédémoniens dont ils faisaient le blocus. Il en commence le récit au début du livre IV, l'entrelarde d'autres actions se déroulant ailleurs, puis, retournant vers la conclusion de cette affaire, il décrit tout ce qui est arrivé aux deux partis au cours des combats, avec autant de minutie que de talent, consacrant plus de trois cents lignes au récit des batailles[1], et ce, alors qu'il n'y eut ni beaucoup de morts ni beaucoup de soldats à rendre les armes. 4 D'ailleurs il récapitule lui-même les opérations en ces termes, que je cite textuellement :

IV.38.5 Le chiffre des hommes tués dans l'île ou faits prisonniers fut le suivant : il était passé dans l'île quatre cent vingt hoplites en tout; sur ce nombre, on en ramena vivants deux cent quatre-vingt-douze; le reste avait été tué; quelque cent vingt d'entre ces survivants étaient des Spartiates; les Athéniens de leur côté eurent peu de pertes.

14. 1. Quand en revanche il évoque le commandement de Nicias qui, à la tête de soixante navires et de deux mille hoplites athéniens, avait mis le cap vers le Péloponnèse, puis, une fois les Lacédémoniens claquemurés dans leurs places fortes, assiégea et prit les gens de Cythère et les Éginètes installés à Thyréa, ravagea une bonne partie du Péloponnèse et rentra à Athènes avec des prisonniers en quantité[2], il en parle à la va-vite, disant par exemple, à propos des opérations à Cythère :

IV.54.2 Dans le combat qui eut lieu, les Cythériens tinrent

1. *Notes complémentaires*, p. 151.
2. Cf. Thucydide, IV, 53-57.

3 Ὅμοια δ' ἐστὶ παρ' αὐτῷ καὶ τὰ κατὰ τὰς πεζικὰς μάχας, ἢ μηκυνόμενα πέρα τοῦ δέοντος ἢ συναγόμενα εἰς ἔλαττον τοῦ μετρίου. Τὰ μέν γε περὶ Πύλον Ἀθηναίοις πραχθέντα καὶ τὰ περὶ τὴν Σφακτηρίαν καλουμένην νῆσον, ἐν ᾗ Λακεδαιμονίους κατακλείσαντες ἐξεπολιόρκησαν, ἀρξάμενος ἐν τῇ τετάρτῃ βύβλῳ διηγεῖσθαι καὶ μεταξὺ τοῦ πολέμου τοῦδε πράξεις τινὰς ἑτέρας παραδιηγησάμενος, εἶτ' αὖθις ἐπιστρέψας ἐπὶ τὴν ἀπόδοσιν τῶν ἑξῆς, ἅπαντα τὰ γεγενημένα κατὰ τὰς μάχας ὑπ' ἀμφοτέρων διελήλυθεν ἀκριβῶς καὶ δυνατῶς, πλείους ἢ τριακοσίους στίχους αὐτὸς ἀποδεδωκὼς ταῖς μάχαις, καὶ ταῦτα οὐ πολλῶν ὄντων οὔτε τῶν ἀπολομένων οὔτε τῶν παραδόντων τὰ ὅπλα. 4 Αὐτός γέ τοι συγκεφαλαιούμενος τὰ περὶ τὴν μάχην κατὰ λέξιν οὕτως γράφει·

IV.38.5 Ἀπέθανον δὲ ἐν τῇ νήσῳ καὶ ζῶντες ἐλήφθησαν τοσοίδε· εἴκοσι μὲν ὁπλῖται διέβησαν καὶ τετρακόσιοι οἱ πάντες· τούτων ζῶντες ἐκομίσθησαν ὀκτὼ ἀποδέοντες τριακόσιοι, οἱ δ' ἄλλοι ἀπέθανον· καὶ Σπαρτιᾶται τούτων ἦσαν εἴκοσι καὶ ἑκατὸν τῶν ζώντων, Ἀθηναίων δὲ οὐ πολλοὶ διεφθάρησαν.

14. 1 Τῆς δὲ Νικίου στρατηγίας μνησθείς, ὅτε ναῦς ἑξήκοντα καὶ δισχιλίους ⟨ὁπλίτας⟩ Ἀθηναίων ἐπαγόμενος ἐπὶ Πελοπόννησον ἔπλευσε, κατακλείσας δὲ Λακεδαιμονίους εἰς τὰ φρούρια, τοὺς ἐν Κυθήροις ⟨καὶ τοὺς ἐν Θυρέᾳ⟩ κατοικοῦντας Αἰγινήτας ἐξεπολιόρκησε καὶ τῆς ἄλλης Πελοποννήσου πολλὴν ἐδῄωσεν, ἐξ ἧς αἰχμαλώτων πλῆθος ἐπαγόμενος ἀπέπλευσεν εἰς τὰς Ἀθήνας, οὕτως εἴρηκεν ἐπιτροχάδην, περὶ μὲν τῶν ἐν Κυθήροις πραγμάτων·

IV.54.2 Καὶ μάχης γενομένης ὀλίγον μέν τινα χρόνον

1 δ' IT : δὲ AV || 6 βύβλῳ VT : βίβλῳ AI || 15 ζῶντες ἐλήφθησαν τοσοίδε Thuc. : τοσοίδε ζῶντες ἐλήφθησαν AIT ἐλήφθησαν ζῶντες τοσοίδε V || 18-19 εἴκοσι — ζώντων Z : τῶν ζώντων περὶ εἴκοσι καὶ ἑκατόν Thuc. || 21 δισχιλίους ὁπλίτας Sylburg : διακοσίας Z || 23 et 27 Κυθήροις Us. : -ραις Z || 23-24 καὶ — Θυρέᾳ add. Us.

un petit moment; puis, tournant casaque, ils se réfugièrent dans la ville haute. Plus tard, ils traitèrent avec Nicias et ses collègues et remirent leur sort aux Athéniens à condition d'avoir la vie sauve.

2 Ou encore, sur la capture des Éginètes à Thyréa :

IV.57.3 Sur ce, les Athéniens abordent, font aussitôt avancer toutes leurs troupes et s'emparent de Thyréa; ils y mirent le feu, saccageant tout ce qui s'y trouvait, et emmenèrent à Athènes tous les Éginètes qui n'avaient pas été massacrés dans l'action.

2. Les ambassades

3 Autre chose : les deux cités, dès le début de la guerre, avaient eu à subir de grands malheurs qui faisaient désirer la paix aux deux partis. Or, dans un cas, quand Athènes, son territoire dévasté, la cité décimée par la peste et désespérant de trouver du secours, envoie à Sparte une ambassade pour demander la paix, Thucydide ne rend compte ni des hommes qui ont été envoyés en ambassade ni des discours qu'ils ont prononcés ni des réponses qui leur furent faites et qui persuadèrent les Lacédémoniens de repousser tout accord. C'est avec une malveillante indifférence, comme s'il s'agissait de faits minces et triviaux, qu'il en parle :

II.59.1 Après la deuxième invasion péloponnésienne, les Athéniens, dont le territoire avait été ravagé une seconde fois et que la maladie accablait en même temps que la guerre, n'avaient plus les mêmes sentiments. 2 Ils accusaient Périclès de les avoir décidés à la guerre et le tenaient pour responsable des malheurs qui fondaient sur eux. Désormais prêts à s'entendre avec les Lacédémoniens, ils leur envoyèrent une ambassade qui n'eut aucun résultat.

4 Dans l'autre cas, quand les Lacédémoniens envoient une ambassade à Athènes pour tenter de récupérer les trois cents soldats qui avaient été faits prisonniers à Pylos, Thucydide rapporte les paroles

ὑπέστησαν οἱ Κυθήριοι· ἔπειτα τραπόμενοι κατέφυγον εἰς τὴν ἄνω πόλιν καὶ ὕστερον συνέβησαν πρὸς Νικίαν καὶ τοὺς συνάρχοντας, Ἀθηναίοις ἐπιτρέψαι περὶ σφῶν αὐτῶν πλὴν θανάτου.

2 **Περὶ δὲ τῆς Αἰγινητῶν ἁλώσεως τῶν ἐν Θυρέᾳ·**

IV.57.3 Ἐν τούτῳ δ' οἱ Ἀθηναῖοι κατασχόντες καὶ χωρήσαντες εὐθὺς πάσῃ τῇ στρατιᾷ αἱροῦσι τὴν Θυρέαν, καὶ τήν τε πόλιν κατέκαυσαν καὶ τὰ ἐνόντα ἐξεπόρθησαν, τούς τε Αἰγινήτας ὅσοι μὴ ἐν χερσὶ διεφθάρησαν ἄγοντες ἀφίκοντο εἰς τὰς Ἀθήνας.

3 **Γενομένων δὲ περὶ τὰς πόλεις ἀμφοτέρας εὐθὺς ἐν ἀρχῇ τοῦ πολέμου μεγάλων συμφορῶν δι' ἃς ἐπεθύμησαν ἀμφότεραι τῆς εἰρήνης, περὶ μὲν τῆς προτέρας, ὅτε Ἀθηναῖοι τετμημένης μὲν αὐτοῖς τῆς χώρας, οἰκοφθορημένης δὲ τῆς πόλεως ὑπὸ λοιμοῦ, πᾶσαν ἀπογνόντες βοήθειαν ἄλλην ἀπέστειλαν πρεσβείαν εἰς Σπάρτην εἰρήνης τυχεῖν δεόμενοι, οὔτε τοὺς ἀποσταλέντας ἄνδρας εἴρηκεν οὔτε τοὺς ῥηθέντας ἐκεῖ λόγους ὑπ' αὐτῶν οὔτε τοὺς ἐναντιωθέντας ὑφ' ὧν πεισθέντες Λακεδαιμόνιοι τὰς διαλλαγὰς ἀπεψηφίσαντο. Φαύλως δέ πως καὶ ῥᾳθύμως ὡς περὶ μικρῶν καὶ ἀδόξων πραγμάτων ταῦτα εἴρηκε·**

II.59.1 Μετὰ δὲ τὴν δευτέραν εἰσβολὴν τῶν Πελοποννησίων οἱ Ἀθηναῖοι, ὡς ἥ τε γῆ αὐτῶν ἐτέτμητο τὸ δεύτερον καὶ ἡ νόσος ἐπέκειτο ἅμα καὶ ὁ πόλεμος, ἠλλοίωντο τὰς γνώμας, 2 καὶ τὸν Περικλέα ἐν αἰτίᾳ εἶχον ὡς πείσαντα σφᾶς πολεμεῖν καὶ δι' ἐκεῖνον ταῖς ξυμφοραῖς περιπεπτωκότες· πρὸς δὲ τοὺς Λακεδαιμονίους ὥρμηντο συγχωρεῖν, καὶ πρέσβεις τινὰς πέμψαντες πρὸς αὐτοὺς ἄπρακτοι ἐγένοντο.

4 **Περὶ δὲ τῆς ὑστέρας, ὅτε Λακεδαιμόνιοι τοὺς περὶ Πύλον ἁλόντας τριακοσίους κομίσασθαι προθέμενοι πρεσβείαν ἀπέστειλαν εἰς τὰς Ἀθήνας, καὶ τοὺς λόγους**

2 πρὸς Thuc. : εἰς Z || 4 τῶν : τῆς I || 12 ὅτε Us. : οἵ τε Z || 23 ἅμα A Thuc. : ὁμῶς ἅμα VIT || post τὸν hab. μὲν Thuc. || 27 πρὸς Z : ὡς Thuc. || 28 ὅτε Us. : οἵ τε Z || 30 πρεσβείαν Krueger : πρεσβείας Z.

prononcées alors par le Lacédémonien et examine les raisons qui ont empêché la conclusion de la convention[1].

15. 1 Si donc, pour l'ambassade athénienne, il s'est contenté d'un résumé des événements et a jugé inutile de reproduire les arguments et les prières des ambassadeurs parce que les Lacédémoniens ne se sont pas laissés attendrir et n'ont pas conclu de traité, pourquoi diable ne s'en est-il pas tenu à ce choix pour la délégation envoyée par Sparte à Athènes? Elle aussi est repartie sans avoir obtenu la paix. Si Thucydide devait décrire celle-ci par le menu, pourquoi a-t-il laissé négligemment tomber celle-là? Ce n'est certes pas une défaillance de talent qui l'a empêché d'inventer et de mettre en forme, dans l'un et l'autre cas, les discours qui s'imposaient. 2 Si donc c'est par calcul qu'il a choisi de peaufiner la seconde ambassade, je ne peux m'expliquer en vertu de quel principe il a privilégié l'ambassade lacédémonienne plutôt que l'athénienne, la postérieure chronologiquement plutôt que l'antérieure, l'étrangère plutôt que celle de son pays, celle faisant suite à de minces malheurs plutôt que celle motivée par des malheurs plus sérieux.

3. Le sort des vaincus

3 De même, pour les prises de cités, leurs destructions, les réductions en esclavage et pour tous les malheurs analogues que Thucydide a bien été forcé de relater souvent, tantôt il montre ces épreuves sous un jour si cruel, si horrible, si pathétique, qu'il ne laisse à personne, historien ou poète[2], la possibilité de le dépasser, tantôt il les fait paraître si minces et si triviales qu'aucun indice ne permet à son lecteur d'en même percevoir l'horreur.

4 S'il est question de ce qu'il a dit sur Platées, sur Mytilène ou sur les Méliens[3], je n'ai nul besoin de

1, 2, 3. *Notes complémentaires*, p. 151.

εἴρηκε τοὺς ὑπὸ τοῦ Λακεδαιμονίου ῥηθέντας τότε καὶ τὰς αἰτίας ἐπελήλυθε δι' ἃς οὐκ ἐπετελέσθησαν αἱ σπονδαί.

15. 1 **Εἰ μὲν οὖν, ἐπὶ τῆς Ἀθηναίων πρεσβείας, ἡ τὰ κεφάλαια τῶν γινομένων περιειληφυῖα δήλωσις ἤρκει, λόγων δὲ καὶ παρακλήσεων αἷς ἐχρήσαντο οἱ πρέσβεις οὐδὲν ἔδει, μήτε πεισθέντων μήτε δεξαμένων τὰς σπονδὰς Λακεδαιμονίων, τί δή ποτε οὐ τὴν αὐτὴν προαίρεσιν ἐφύλαξε καὶ ἐπὶ τῶν ἐκ τῆς Σπάρτης ἀφικομένων εἰς τὰς Ἀθήνας; Οὐδὲ γὰρ ἐκεῖνοι διαπραξάμενοι τὴν εἰρήνην ἀπῆλθον. Εἰ δ' ἀκριβῶς ἔδει ταῦτα εἰρῆσθαι, διὰ τί παρέλιπε ῥᾳθύμως ἐκεῖνα; Οὐ γὰρ δή γε ἀσθενείᾳ δυνάμεως ἐξείργετο περὶ ἀμφοτέρων τοὺς ἐνόντας εὑρεῖν τε καὶ ἐξειπεῖν λόγους.** 2 **Εἰ δὲ δὴ κατὰ λογισμόν τινα τὴν ἑτέραν προείλετο πρεσβείαν ἐξεργάσασθαι, οὐκ ἔχω συμβαλεῖν κατὰ τί τὴν Λακωνικὴν προέκρινε τῆς Ἀττικῆς μᾶλλον, τὴν ὑστέραν τοῖς χρόνοις ἀντὶ τῆς προτέρας καὶ τὴν ἀλλοτρίαν ἀντὶ τῆς ἰδίας καὶ τὴν ἐπ' ἐλάττοσι κακοῖς γενομένην ἀντὶ τῆς ἐπὶ μείζοσι.**

3 **Πόλεών τε ἁλώσεις καὶ κατασκαφὰς καὶ ἀνδραποδισμοὺς καὶ ἄλλας τοιαύτας συμφορὰς πολλάκις ἀναγκασθεὶς γράφειν, ποτὲ μὲν οὕτως ὠμὰ καὶ δεινὰ καὶ οἴκτων ἄξια φαίνεσθαι ποιεῖ τὰ πάθη ὥστε μηδεμίαν ὑπερβολὴν μήτε ἱστοριογράφοις μήτε ποιηταῖς καταλιπεῖν, ποτὲ δὲ οὕτως ταπεινὰ καὶ μικρὰ ὥστε μηδ' εἰς αἴσθησιν δεινῶν τι πεσεῖν γνώρισμα τοῖς ἀναγινώσκουσι τὸν ἄνδρα.**

4 **Λέγων τε ἃ περὶ τῆς Πλαταιέων πόλεως εἴρηκε καὶ περὶ τῆς Μυτιληναίων καὶ περὶ τῆς Μηλίων, οὐδὲν δέομαι**

1 εἴρηκε om. V || 2 ἐπελήλυθε Sylburg : ὑπελήλυθε Z || 4 ἡ transp. Krueger : post οὖν Z || 11 ἔδει Krueger : δεῖ Z || 12 παρέλιπε IT : παρέλειπε AV || 15 προείλετο Sylburg : προσείλετο Z || 18 ἐλάττοσι : ἐλάττουσι A || 19 ἀντὶ τῆς Sylburg : ἐν τοῖς Z || μείζοσι : μείζουσι A || 26 δεινῶν Us. : ἡμῶν Z || γνώρισμα : γνώριμα I || 29 Μυτιληναίων Us. : Μιτυλ- Z.

rapporter textuellement les passages fameux dans lesquels, avec un talent extrême, il traite de leurs malheurs.

Quant aux passages où il survole et minimise les épreuves des vaincus par la mise en œuvre elle-même, comme on peut le constater en maints endroits de son histoire, j'en donnerai quelques exemples :

V.32.1 Sur ces entrefaites, les Athéniens, qui avaient assiégé et pris Scioné, mirent à mort tous les hommes en âge de porter les armes, réduisirent en esclavage femmes et enfants, et donnèrent le pays à exploiter aux Platéens;

I.114.3 Les Athéniens repassèrent en Eubée sous le commandement de Périclès et soumirent entièrement l'île; ils conclurent une convention avec toutes les cités sauf avec Histiaia dont ils délogèrent les habitants pour en occuper eux-mêmes le territoire;

II.27.1 L'expulsion des Éginètes eut lieu à la même époque : les Athéniens les chassèrent d'Égine avec femmes et enfants; ils leur reprochaient d'avoir pour une très large part contribué à leur susciter la guerre; et il paraissait aussi plus sûr qu'Égine, située comme elle l'était à portée du Péloponnèse, fût, par l'installation de colons à eux, en leur possession.

4. Les discours et morceaux de rhétorique

16. 1 Entre tant d'exemples que l'on pourrait trouver, tout au long de son histoire, où des passages à la mise en œuvre parfaite, auxquels on ne saurait rien ajouter ni rien retrancher, contrastent avec d'autres rédigés à la va-vite, avec négligence, sans la moindre trace de cette virtuosité véhémente qui a fait sa réputation, on doit mentionner tout spécialement les harangues, les dialogues[1], et plus généralement tous les morceaux de rhétorique. 2 C'est peut-être parce qu'il le

1. La distinction entre harangues et dialogues sera reprise par Denys à partir du chap. 34. Il appelle dialogue, outre le célèbre dialogue des Méliens, les négociations entre les Platéens et Archidamos, avant le siège de Platées.

τὰς λέξεις ἐκείνας φέρειν ἐν αἷς ἀπὸ τῆς ἄκρας δυνάμεως ἐξείργασται τὰς συμφορὰς αὐτῶν.

Ἐν αἷς δ' ἐπιτρέχει καὶ μικρὰ ποιεῖ τὰ πάθη αὐτῇ ⟨τῇ ἐξεργασίᾳ, ὡς ἔξεστιν ἰδεῖν⟩ κατὰ πολλοὺς τόπους τῆς ἱστορίας, τούτων μνησθήσομαι·

V.32.1 Περὶ δὲ τοὺς αὐτοὺς χρόνους τούτους, Σκιωναίους Ἀθηναῖοι ἐκπολιορκήσαντες ἀπέκτειναν τοὺς ἡβῶντας, παῖδας δὲ καὶ γυναῖκας ἠνδραπόδισαν καὶ τὴν γῆν Πλαταιεῦσιν ἔδωκαν νέμεσθαι.

I.114.3 Καὶ Ἀθηναῖοι πάλιν εἰς Εὔβοιαν διαβάντες Περικλέους στρατηγοῦντος κατεστρέψαντο πᾶσαν· καὶ τὴν ἄλλην ὁμολογίᾳ κατέστησαν, Ἑστιαιεῖς δ' ἐξοικίσαντες αὐτοὶ τὴν γῆν ἔσχον.

II.27.1 Ἀνέστησαν δὲ Αἰγινήτας τῷ αὐτῷ χρόνῳ τούτῳ ἐξ Αἰγίνης Ἀθηναῖοι, αὐτούς τε καὶ γυναῖκας καὶ παῖδας, ἐπικαλέσαντες οὐχ ἥκιστα τοῦ πολέμου σφίσιν αἰτίους εἶναι· καὶ τὴν Αἴγιναν ἀσφαλέστερον ἐφαίνετο τῇ Πελοποννησίων ἐπικειμένην αὐτῶν πέμψαντες ἐποίκους ἔχειν.

16. 1 **Πολλὰ καὶ ἄλλα τις ἂν εὕροι δι' ὅλης τῆς ἱστορίας ἢ τῆς ἄκρας ἐξεργασίας τετυχηκότα καὶ μήτε πρόσθεσιν δεχόμενα μήτ' ἀφαίρεσιν, ἢ ῥαθύμως ἐπιτετροχασμένα καὶ οὐδὲ τὴν ἐλαχίστην ἔμφασιν ἔχοντα τῆς δεινότητος ἐκείνης, μάλιστα δ' ἐν ταῖς δημηγορίαις καὶ ἐν τοῖς διαλόγοις καὶ ἐν ταῖς ἄλλαις ῥητορείαις.** 2 **Ὧν**

3 ἐπιτρέχει Sylburg : ὑπο- Z || ποιεῖ τὰ Sylburg : ποιεῖται AVP ποιεῖται τὰ I || 3-4 τῇ — ἰδεῖν addidi : lac. susp. Us. τῇ βραχυλογίᾳ χρώμενος add. Usher || 4 τόπους Sylburg : τρόπους Z || 6 τούτους Z : τοῦ θέρους τούτου Thuc. || Σκιωναίους Thuc. : Σικυωνίους AVI (post Ἀθηναῖοι) T || 7 ante Ἀθηναῖοι hab. μὲν Thuc. || 8 καὶ pr. om. A || ἔδωκαν Z Thuc.[MJ] : ἔδοσαν Thuc.[pl.] || 10 εἰς Z : ἐς Thuc. || 12 Ἑστιαιεῖς Us. : Αἰστιαιεῖς Z Ἑστιαιᾶς Thuc. || ἐξοικίσαντες : -κήσ- I || 14 post δὲ hab. καὶ Thuc. || Αἰγινήτας I Thuc. : -νίτας AVT || χρόνῳ Z : θέρει Thuc. || 15 καὶ γυκαῖκας post παῖδας Thuc. || 17 Πελοποννησίων Z : -νήσῳ Thuc. || 18 πέμψαντες Z : -τας Thuc. || 24 τοῖς A[e corr.] : ταῖς VIT || ἄλλαις om. V.

pressentait que Thucydide aurait laissé son histoire inachevée, thèse soutenue par Cratippos[1], son contemporain, celui qui a réuni les passages laissés de côté par Thucydide ; pour Cratippos, ces morceaux de rhétorique ont le double défaut d'interrompre le cours de l'action et d'être fastidieux pour l'auditeur. 3 D'après lui, c'est parce que Thucydide l'aurait compris que, vers la fin de son histoire, il n'introduit plus aucun morceau de rhétorique ; et pourtant, aussi bien en Ionie qu'à Athènes, bien des choses se firent par l'entremise de dialogues ou de harangues. 4 Une simple comparaison entre le livre I et le livre VIII[2] montrerait d'ailleurs qu'ils ne relèvent ni des mêmes choix littéraires ni de la même veine d'écriture : l'un, qui embrasse peu de faits et des faits médiocres, regorge de morceaux de rhétorique, l'autre, qui relate beaucoup d'actions d'envergure, ne contient que de rares harangues.

17 1 Moi aussi d'ailleurs, j'ai bien l'impression que, pour les morceaux de rhétorique en particulier, notre homme a eu la mauvaise fortune, avec un même sujet et dans une même situation, d'en mettre qu'il ne fallait pas, et d'en omettre qu'il aurait fallu y mettre.

2 C'est le cas par exemple dans l'affaire de Mytilène au livre III. Après la prise de la ville et l'arrivée des prisonniers envoyés par le stratège Pachès, il y eut à Athènes deux assemblées[3] ; or Thucydide ne dit rien des discours prononcés par les démagogues dans la première, les trouvant non indispensables (or c'est là où le peuple vota la mise à mort des prisonniers et de tous les Mytiléniens en âge de porter les armes, ainsi que la réduction en esclavage des femmes et des enfants) ; mais

1. Sur Cratippos, dont la personnalité et les dates ont fait l'objet de nombreuses discussions, mais qui fut probablement un contemporain, plus jeune, de Thucydide, cf. A. W. Gomme, « Who was Kratippos », *C.Q.* 48, 1954, p. 53-55 et P. Pédech, « Un historien nommé Cratippe », *R.E.A.* 72, 1970, p. 31-45.

2, 3. *Notes complémentaires*, p. 152.

προνοούμενος ἔοικεν ἀτελῆ τὴν ἱστορίαν καταλιπεῖν, ὡς καὶ Κράτιππος ὁ συνακμάσας αὐτῷ καὶ τὰ παραλειφθέντα ὑπ' αὐτοῦ συναγαγὼν γέγραφεν, οὐ μόνον ταῖς πράξεσιν αὐτὰς ἐμποδὼν γεγενῆσθαι λέγων, ἀλλὰ καὶ τοῖς ἀκούουσιν ὀχληρὰς εἶναι. 3 Τοῦτό γέ τοι συνέντα αὐτὸν ἐν τοῖς τελευταίοις τῆς ἱστορίας φησὶ μηδεμίαν τάξαι ῥητορείαν, πολλῶν μὲν κατὰ τὴν Ἰωνίαν γενομένων, πολλῶν δ' ἐν ταῖς Ἀθήναις, ὅσα διὰ διαλόγων καὶ δημηγοριῶν ἐπράχθη. 4 Εἴ γέ τοι τὴν πρώτην καὶ τὴν ὀγδόην βύβλον ἀντιπαρεξετάζοι τις ἀλλήλαις, οὔτε τῆς αὐτῆς ἂν προαιρέσεως δόξειεν ἀμφοτέρας ὑπάρχειν οὔτε τῆς αὐτῆς δυνάμεως· ἡ μὲν γὰρ ὀλίγα πράγματα καὶ μικρὰ περιέχουσα πληθύει τῶν ῥητορειῶν, ἡ δὲ περὶ πολλὰς καὶ μεγάλας συνταχθεῖσα πράξεις δημηγορικῶν σπανίζει λόγων.

17. 1 Ἤδη δὲ ἔγωγε καὶ ἐν αὐταῖς ἔδοξα ταῖς ῥητορείαις τοῦτο συμβεβηκέναι τῷ ἀνδρὶ τὸ πάθος ὥστε περὶ τὴν αὐτὴν ὑπόθεσιν καὶ ἐν τῷ αὐτῷ καιρῷ τιθέναι μὲν ἃς οὐκ ἔδει, παραλιπεῖν δὲ ἃς ἔδει λέγεσθαι.

2 Οἷόν τι καὶ περὶ τῆς Μυτιληναίων πόλεως ἐν τῇ τρίτῃ βύβλῳ πεποίηκε· μετὰ γὰρ τὴν ἅλωσιν αὐτῆς καὶ τὴν τῶν αἰχμαλώτων ἄφιξιν οὓς ἀπέστειλεν ὁ στρατηγὸς Πάχης, διττῶν ἐκκλησιῶν γενομένων ἐν ταῖς Ἀθήναις, τοὺς μὲν ἐν τῇ προτέρᾳ ῥηθέντας ὑπὸ τῶν δημαγωγῶν λόγους παρέλιπεν ὡς οὐκ ἀναγκαίους, ἐν ᾗ τούς τε αἰχμαλώτους ἀποκτεῖναι ὁ δῆμος ἐψηφίσατο καὶ τοὺς ἄλλους Μυτιληναίους ἡβηδόν, γυναῖκας δὲ καὶ παῖδας ἀνδραποδίσαι, τοὺς δ' ἐν τῇ ὑστεραίᾳ πάλιν ὑπὸ τῶν

4 αὐτὰς Reiske : αὐταῖς Z || γεγενῆσθαι : εἶναι I || 8 διαλόγων Krueger : λόγων Z || 10 βύβλον VT : βίβλον AI || 20 Μυτιληναίων Us. : Μιτυλ- Z || 21 βύβλῳ Us. : βίβλῳ Z || αὐτῆς Sylburg : αὐτὴν Z || 24 τοὺς : τοῖς V || 27 Μυτιληναίους Us. : Μιτυλ- Z.

les discours prononcés par les mêmes orateurs dans la seconde assemblée, où se produisit un revirement de majorité, il les a rapportés tout du long (ils traitaient pourtant du même sujet), les trouvant indispensables !

L'Oraison funèbre : son incongruité

18. 1 Quant à la célèbre *Oraison funèbre*[1] dont Thucydide a donné l'intégralité au livre II, quel peut bien être le calcul qui la lui a fait placer à cet endroit plutôt qu'ailleurs ? Si en effet, dans les grands malheurs de la cité qui virent périr au champ d'honneur tant de valeureux citoyens, il était décent que soit célébré pour eux le rituel des lamentations funèbres, ou si, dans les grands succès qui ont valu à la cité renommée éclatante et puissance, il convenait d'honorer les morts par des éloges funèbres, n'importe quel livre était préférable à celui-là pour y placer l'Oraison funèbre. 2 Dans ce livre II en effet, les Athéniens tombés lors de la première invasion des Péloponnésiens étaient certainement peu nombreux ; ils n'avaient pas à leur actif de brillants exploits, comme l'indique Thucydide en personne. En effet, après avoir parlé de Périclès qui

II.22.1 surveillait la ville et y maintenait le calme dans toute la mesure possible, 2 mais pourtant faisait régulièrement sortir des cavaliers pour éviter que les éléments avancés de l'armée ennemie ne fondent sur les champs proches de la ville et ne les mettent à mal,

il mentionne seulement un bref engagement de cavalerie qui se produisit

à Phrygia, entre un seul escadron athénien et la cavalerie béotienne. L'avantage revenait plutôt aux Thessaliens et aux Athéniens lorsqu'un renfort d'hoplites, venu à la rescousse des Béotiens, les mit en fuite, sans grandes pertes

1. Cf. Thucydide, II, 35-46.

αὐτῶν ῥηθέντας, ἐν ᾗ μετάνοιά τις ὑπεισῆλθε τοὺς πολλούς, περὶ τὴν αὐτὴν συνταχθέντας ὑπόθεσιν, παρέλαβεν ὡς ἀναγκαίους.

18. 1 **Ὁ δὲ δὴ περιβόητος ἐπιτάφιος ὃν ἐν τῇ δευτέρᾳ βύβλῳ διελήλυθε, κατὰ τίνα δή ποτε λογισμὸν ἐν τούτῳ κεῖται τῷ τόπῳ μᾶλλον ἢ οὐκ ἐν ἑτέρῳ; Εἴ τε γὰρ ἐν ταῖς μεγάλαις συμφοραῖς τῆς πόλεως, ἐν αἷς Ἀθηναίων πολλοὶ καὶ ἀγαθοὶ μαχόμενοι διεφθάρησαν, τοὺς εἰωθότας ὀλοφυρμοὺς ἐπ' αὐτοῖς ἐχρῆν λέγεσθαι, εἴ τ' ἐπὶ ταῖς μεγάλαις εὐπραγίαις, ἐξ ὧν δόξα τις ἐπιφανὴς ἢ δύναμις ἐγένετο τῇ πόλει, τιμᾶσθαι τοῖς ἐπιταφίοις ἐπαίνοις τοὺς ἀποθανόντας, ἐν ᾗ βούλεταί τις μᾶλλον βύβλῳ ἢ ἐν ταύτῃ τὸν ἐπιτάφιον ἥρμοττεν εἰρῆσθαι.** 2 **Ἐν ταύτῃ μὲν γὰρ οἱ κατὰ τὴν πρώτην τῶν Πελοποννησίων εἰσβολὴν πεσόντες Ἀθηναῖοι κομιδῇ τινες ἦσαν ὀλίγοι, καὶ οὐδ' οὗτοι λαμπρόν τι πράξαντες ἔργον, ὡς αὐτὸς ὁ Θουκυδίδης γράφει. Προειπὼν γὰρ περὶ τοῦ Περικλέους ὅτι**

II.22.1 τὴν πόλιν ἐφύλασσε καὶ δι' ἡσυχίας μάλιστα ὅσον ἐδύνατο εἶχεν· 2 ἱππέας μέντοι τινὰς ἐξέπεμπεν ἀεὶ τοῦ μὴ προδρόμους ἀπὸ τῆς στρατιᾶς ἐσπίπτοντας εἰς τοὺς ἀγροὺς τοὺς ἐγγὺς τῆς πόλεως κακουργεῖν,

καὶ ἱππομαχίαν φησὶ γενέσθαι βραχεῖαν

ἐν Φρυγίοις τῶν τε Ἀθηναίων τέλει ἑνὶ τῶν ἱππέων καὶ Θεσσαλοῖς μετ' αὐτῶν πρὸς τοὺς Βοιωτῶν ἱππέας. Ἐν ᾗ οὐκ ἔλαττον ἔσχον οἱ Θεσσαλοὶ καὶ Ἀθηναῖοι, μέχρι οὗ προσβοηθησάντων τοῖς Βοιωτοῖς τῶν ὁπλιτῶν τροπὴ ἐγένετο αὐτῶν,

5 βύβλῳ VT : βίβλῳ AI || λογισμὸν : λόγον I || 6 μᾶλλον om. I || 12 βύβλῳ Us. : βίβλῳ Z || 16 οὐδ' οὗτοι λαμπρόν τι : οὐδέν τι λαμπρὸν I || 19 post. τὴν hab. τε Thuc. || 20 τινὰς non hab. Thuc. || 21 τοὺς ἀγροὺς om. I || 25 τοὺς om. I || 26 Θεσσαλοὶ καὶ Ἀθηναῖοι Z : Ἀθηναῖοι καὶ Θεσσαλοί Thuc. || 26-27 προσβοηθησάντων Thuc. : -θήσαντες Z || 27 ὁπλιτῶν Thuc. : πολιτῶν Z.

dans les rangs thessaliens et athéniens ; on put reprendre les morts le jour même, sans convention ; les Péloponnésiens, le lendemain, dressèrent un trophée.

3 Or, dans le livre IV, les combattants qui, à Pylos, sous les ordres de Démosthénès, s'étaient mesurés avec les forces lacédémoniennes sur terre et sur mer et avaient remporté la victoire sur les deux fronts, offrant à la ville son plein de gloire, étaient beaucoup plus nombreux et plus valeureux que ceux de l'engagement précédent[1]. 4 Pourquoi donc, pour une poignée de cavaliers qui n'avaient valu à la cité ni renommée ni puissance, l'historien fait-il célébrer[2] des funérailles publiques et va-t-il chercher Périclès, le plus fameux des hommes politiques, pour débiter cette sublime tirade de tragédie[3], alors que, pour des soldats bien plus nombreux et plus valeureux qui, pour avoir mis à la merci d'Athènes les fauteurs de guerre, auraient été tout désignés pour recevoir cet honneur, il n'a composé aucun éloge funèbre ?

5 Ne parlons pas de toutes les batailles sur terre ou sur mer au cours desquelles périrent tant de soldats qu'il eût été bien plus équitable d'honorer par des éloges funèbres que les préposés à la garde de l'Attique, une dizaine ou une quinzaine de cavaliers au total. Mais tous ces Athéniens et ces alliés qui ont trouvé la mort en Sicile, avec Nicias et Démosthénès, aussi bien dans les combats navals que dans les affrontements sur terre, et finalement au cours d'une retraite lamentable[4], quarante mille hommes au moins, qui n'ont pu être ensevelis suivant les règles, ne méritaient-ils pas bien davantage qu'on leur accorde déplorations et honneurs funèbres ? 6 Or Thucydide s'est si peu intéressé au sort de ces

1. Pour les combats à Pylos sous la direction de Démosthénès, cf. IV, 29-39. Mais Thucydide précise que « du côté athénien, il n'y avait pas eu beaucoup de morts, car ce n'avait pas été une bataille rangée » (IV, 39, 1). Denys semble confondre ici le nombre des combattants et celui des morts.

2, 3, 4. *Notes complémentaires*, p. 152.

καὶ ἀπέθανον τῶν Θεσσαλῶν καὶ Ἀθηναίων οὐ πολλοί· ἀνείλοντο μέντοι αὐτοὺς αὐθημερὸν ἀσπόνδους· καὶ οἱ Πελοποννήσιοι τρόπαιον τῇ ὑστεραίᾳ ἔστησαν.

3 **Ἐν δὲ τῇ τετάρτῃ βύβλῳ, οἱ μετὰ Δημοσθένους περὶ Πύλον ἀγωνισάμενοι πρὸς Λακεδαιμονίων δύναμιν καὶ ἐκ γῆς καὶ ἐκ θαλάττης καὶ νικήσαντες ἐν ἀμφοτέραις ταῖς μάχαις, δι᾽ οὓς ἡ πόλις αὐχήματος ἐπληρώθη, πολλῷ πλείους τε καὶ κρείττους ἦσαν ἐκείνων.** 4 **Τί δή ποτε οὖν ἐπὶ μὲν τοῖς ὀλίγοις ἱππεῦσι καὶ οὐδεμίαν οὔτε δόξαν οὔτε δύναμιν τῇ πόλει κτησαμένοις τάς τε ταφὰς ἀνάγει τὰς δημοσίας ὁ συγγραφεὺς καὶ τὸν ἐπιφανέστατον τῶν δημαγωγῶν Περικλέα τὴν ὑψηλὴν τραγῳδίαν ἐκείνην εἰσάγει διατιθέμενον, ἐπὶ δὲ τοῖς πλείοσι καὶ κρείττοσι, δι᾽ οὓς ὑπέπεσον Ἀθηναίοις οἱ τὸν πόλεμον ἐξενέγκαντες κατ᾽ αὐτῶν, ἐπιτηδειοτέροις οὖσι ταύτης τῆς τιμῆς τυγχάνειν, οὐκ ἐποίησε τὸν ἐπιτάφιον;**

5 **Ἵνα δὲ πάσας ἀφῶ τὰς ἄλλας μάχας τάς τε κατὰ γῆν καὶ κατὰ θάλατταν ἐν αἷς πολλοὶ διεφθάρησαν, οὓς πολὺ δικαιότερον ἦν κοσμεῖσθαι τοῖς ἐπιταφίοις ἐπαίνοις ἢ τοὺς περιπόλους τῆς Ἀττικῆς, ἱππεῖς δέκα ἢ πεντεκαίδεκα ὄντας, οἱ ἐν Σικελίᾳ μετὰ Νικίου καὶ Δημοσθένους ἀποθανόντες Ἀθηναίων καὶ τῶν συμμάχων ἔν τε ταῖς ναυμαχίαις ἔν τε τοῖς κατὰ γῆν ἀγῶσι καὶ τὸ τελευταῖον ἐν τῇ δυστήνῳ φυγῇ τετρακισμυρίων οὐκ ἐλάττους ὄντες καὶ οὐδὲ ταφῆς δυνηθέντες τυχεῖν τῆς νομίμου, πόσῳ μᾶλλον ἦσαν ἐπιτηδειότεροι τυγχάνειν οἴκτων τε καὶ κόσμων ἐπιταφίων ;** 6 **Ὁ δ᾽ οὕτως ἠμέληκε τῶν ἀνδρῶν**

3 τῇ ὑστεραίᾳ Thuc. : τῆς ὑστεραίας Z || 4 βύβλῳ VIT : βίβλῳ A || 10 ἀνάγει Weil : ἀνοίγει Z || 18 θάλατταν : θάλασσαν I || οὓς Sylburg : οὐ Z || 20 περιπόλους Dudith : πολλοὺς Z || 26 ἐπιτηδειότεροι VI : -τειδειότ- A -τειδεινότ- T || 27 ἐπιταφίων VIT[p. corr.] : ἐπιτάφιον AT[a. corr.].

hommes qu'il n'indique même pas que la cité ait institué un deuil public, qu'elle ait célébré les sacrifices expiatoires qui sont de règle pour les morts à l'étranger, ni qu'elle ait désigné pour parler en leur honneur le plus habile des orateurs de l'époque[1]. 7 Car il est invraisemblable que les Athéniens aient pris officiellement le deuil pour quinze cavaliers, <et que ceux qui sont tombés en Sicile> — parmi les régulièrement enrôlés, il y eut plus de cinq mille morts — n'aient mérité à leurs yeux aucun honneur. Le plus probable (je vais dire le fond de ma pensée), c'est que l'historien, voulant utiliser le masque de Périclès, a composé cet éloge funèbre en prétendant qu'il avait été prononcé par lui ; et donc, puisque Périclès est mort la deuxième année de la guerre et n'a été témoin d'aucun des malheurs survenus par la suite à la cité, l'historien a reporté sur une action si mince et de si peu d'intérêt cet éloge qui va bien au-delà de ce que méritait l'événement.

5. L'Introduction

19. 1 Le manque d'homogénéité dans la mise en forme est encore bien plus visible quand on considère le préambule de son Histoire : Thucydide, qui a omis tant de faits importants, l'étire sur cinq cents lignes[2], parce qu'il veut montrer que les événements antérieurs à la guerre du Péloponnèse étaient peu importants et ne pouvaient lui être comparés.

2 Or, premier point : ce n'était pas exact, comme on peut le démontrer sur beaucoup d'exemples[3]. Secondement, les règles de l'art interdisent d'appliquer de la sorte le procédé de l'amplification[4] (en effet, ce n'est pas parce qu'un fait dépasse en importance des faits peu importants qu'il devient par là même important ; pour l'être, il doit dépasser en importance des faits importants). Du coup, le préambule, enrichi de tant de démonstrations très élaborées de sa thèse, devient une histoire à lui tout seul. 3 Les auteurs de manuels de

1, 2, 3, 4. *Notes complémentaires*, p. 152-153.

ὥστε μηδὲ τοῦτο αὐτὸ εἰπεῖν ὅτι πένθος δημοσίᾳ προὔθετο ἡ πόλις, καὶ τοὺς εἰωθότας ἐναγισμοὺς τοῖς ἐπὶ ξένης ἀποθανοῦσιν ἐπετέλεσεν, καὶ τὸν ἐροῦντα ἐπ' αὐτοῖς ἀπέδειξεν ὃς τῶν τότε ῥητόρων λέγειν ἦν ἱκανώτατος. 7 Οὐ γὰρ δὴ εἰκὸς ἦν Ἀθηναίους ἐπὶ μὲν τοῖς πεντεκαίδεκα ἱππεῦσιν δημοσίᾳ πενθεῖν, ⟨τοὺς δ' ἐν Σικελίᾳ πεσόντας⟩ — τῶν γὰρ ἐκ καταλόγου πλείους οἱ διαφθαρέντες ἢ πεντακισχίλιοι — μηδεμιᾶς ἀξιῶσαι τιμῆς. Ἀλλ' ἔοικεν ὁ συγγραφεὺς (εἰρήσεται γὰρ ἃ φρονῶ), τῷ Περικλέους προσώπῳ βουλόμενος ἀποχρήσασθαι καὶ τὸν ἐπιτάφιον ἔπαινον ὡς ὑπ' ἐκείνου ῥηθέντα συνθεῖναι, ἐπειδὴ κατὰ τὸ δεύτερον ἔτος ἐτελεύτησεν ἁνὴρ τοῦδε τοῦ πολέμου καὶ οὐδεμιᾷ τῶν μετὰ ταῦτα γενομένων τῇ πόλει συμφορῶν παρεγένετο, εἰς ἐκεῖνο τὸ μικρὸν καὶ οὐκ ἄξιον σπουδῆς ἔργον τὸν ὑπὲρ τὴν ἀξίαν τοῦ πράγματος ἔπαινον ἀποθέσθαι.

19. 1 Ἔτι δὲ μᾶλλον ἴδοι τις ἂν τὸ περὶ τὰς ἐξεργασίας τοῦ συγγραφέως ἀνώμαλον ἐπιλογισάμενος ὅτι, πολλὰ καὶ μεγάλα πράγματα παραλιπών, τὸ προοίμιον τῆς ἱστορίας μέχρι πεντακοσίων ἐκμηκύνει στίχων, τὰ πρὸ τοῦδε τοῦ πολέμου πραχθέντα τοῖς Ἕλλησι μικρὰ βουλόμενος ἀποδεῖξαι καὶ οὐκ ἄξια τῷδε παραβάλλεσθαι.

2 Οὔτε γὰρ τἀληθὲς οὕτως εἶχεν, ὡς ἐκ πολλῶν ἔστι παραδεῖξαι πραγμάτων, οὔτε ὁ τῆς τέχνης ὑπαγορεύει λόγος οὕτω μεθοδεύειν τὰς αὐξήσεις (οὐ γὰρ εἴ τι τῶν μικρῶν μεῖζόν ἐστι, διὰ τοῦτ' ἔστιν ἤδη μέγα, ἀλλ' εἴ τι τῶν μεγάλων ὑπερέχει). Γέγονέ τε αὐτῷ τὸ προοίμιον, τοσαύτας εἰληφὸς ἀποδεικτικὰς τῆς προθέσεως ἐξεργασίας, ἱστορία τις αὐτὴ καθ' αὑτήν. 3 Οἱ δὲ τὰς ῥητορικὰς

3 ξένης AV : ξένοις IT || 6-7 τοὺς — πεσόντας add. Us. || 7 γὰρ ego : δ' Z || 12 ἐπειδὴ Krueger : ἐπεὶ δὲ Z || 19 τὸ om. T || 22 τῷδε post παραβάλλεσθαι I || 27 ἐστὶν alt. om. I.

rhétorique recommandent, eux, de faire du préambule une sorte de vitrine du discours, où l'on indique d'avance les éléments essentiels de la démonstration à venir. C'est d'ailleurs bien ce qu'a fait notre homme, vers la fin de l'Introduction, juste avant de commencer le récit, en moins de cinquante lignes[1]; du même coup tous les développements précédents, qui sont autant d'attaques contre la grandeur de la Grèce, deviennent des longueurs superflues, ceux par exemple où il est dit que, au moment de la guerre de Troie, le pays n'était pas dans son ensemble désigné par un seul nom, la Grèce[2], ou encore que les peuples côtiers, poussés par la disette, se mirent à faire des incursions par mer les uns chez les autres;

I.5.1 tombant sur des villes sans remparts, des groupes de bourgades, ils se livraient au pillage et tiraient de là le plus clair de leur subsistance[3].

4 Était-il bien nécessaire également de parler des raffinements en usage chez les Athéniens d'autrefois? de dire qu'ils tressaient leurs cheveux en toupets et portaient des cigales d'or sur la tête[4]? et que les Lacédémoniens

I.6.5 furent les premiers à se mettre nus, à se montrer en public dévêtus, à s'enduire le corps d'huile dans les compétitions sportives?

Pour ce qui est de l'armateur corinthien Améinoclès qui construisit les quatre premières trières pour les Samiens[5], de Polycratès, tyran de Samos, qui s'empara de Rhénée et la consacra à Apollon Délien[6], des Phocéens, fondateurs de Marseille, qui triomphèrent sur mer des Carthaginois[6], et de tant de détails de ce genre, était-il bien opportun de les mentionner avant que commence la narration?

1. Cf. Thucydide, I, 22-23 (= 1, 5 page C.U.F., ou 47 lignes).
2. Cf. Thucydide, I, 3, 2.
3, 4, 5, 6. *Notes complémentaires*, p. 153.

συνταξάμενοι τέχνας παραγγέλλουσι δείγματα τῶν λόγων τὰ προοίμια ποιεῖν αὐτὰ τὰ κεφάλαια τῶν μελλόντων δηλοῦσθαι προλαμβάνοντας. Ὃ δὴ καὶ πεποίηκεν ὁ ἀνὴρ ἐπὶ τῷ τέλει τοῦ προοιμίου, μέλλων ἄρχεσθαι τῆς διηγήσεως, ἐν ἐλάττοσιν ἢ πεντήκοντα στίχοις· ὥστε τὰ πολλὰ ἐκεῖνα καὶ καταβλητικὰ τοῦ μεγέθους τῆς Ἑλλάδος οὐκ ἀναγκαίως αὐτῷ παρέλκεσθαι, ὅτι κατὰ τὸν Τρωϊκὸν πόλεμον οὔπω σύμπασα ἐκαλεῖτο ἑνὶ ὀνόματι ἡ Ἑλλάς, καὶ ὅτι περαιοῦσθαι ναυσὶν ἐπ' ἀλλήλους οἱ τροφῆς ἀπορούμενοι ἤρξαντο καὶ

I.5.1 προσπίπτοντες πόλεσιν ἀτειχίστοις καὶ κατὰ κώμας οἰκουμέναις ἥρπαζον καὶ τὸ πλεῖστον τοῦ βίου ἐντεῦθεν ἐποιοῦντο.

4 **Τί δ' ἦν ἀναγκαῖον περὶ τῆς Ἀθηναίων τρυφῆς ἣ τὸ παλαιὸν ἐχρῶντο λέγειν, ὅτι κρωβύλους τε ἀνεπλέκοντο καὶ χρυσοῦς τέττιγας εἶχον ἐπὶ ταῖς κεφαλαῖς; καὶ ὅτι Λακεδαιμόνιοι**

I.6.5 ἐγυμνώθησάν τε πρῶτοι καὶ εἰς τὸ φανερὸν ἀποδύντες λίπα μετὰ τοῦ γυμνάζεσθαι ἠλείψαντο;

Ὁ δὲ δὴ ναυπηγὸς ὁ Κορίνθιος Ἀμεινοκλῆς ὁ κατασκευάσας Σαμίοις πρῶτος τέτταρας τριήρεις, καὶ ὁ Σάμου τύραννος Πολυκράτης ὁ Ῥήνειαν ἑλὼν καὶ ἀναθεὶς τῷ Ἀπόλλωνι τῷ Δηλίῳ, καὶ οἱ Φωκαεῖς οἱ Μασσαλίαν οἰκίσαντες ὅτι ναυμαχίᾳ Καρχηδονίους ἐνίκων, καὶ τὰ ἄλλα ὅσα τούτοις ἐστὶν ὅμοια, τίνα καιρὸν εἶχε πρὸ τῆς διηγήσεως λέγεσθαι;

3 προλαμβάνοντας Reiske : προσλαμβ- Z ‖ 12 τὸ Z Thuc.[ac] : τὸν Thuc.[pl] ‖ 20 Ἀμεινοκλῆς I : Ἀμινοκλῆς AV Ἀμινοκλεῖς T ‖ 22 ἑλὼν : ἀνελὼν I ‖ 24 οἰκίσαντες Sylburg : οἰκησ- Z ‖ Καρχηδονίους Us. : χαλκηδ- Z.

20. 1 S'il m'est permis par les dieux et par les hommes d'exprimer le fond de ma pensée, je suis d'avis que le préambule aurait eu plus de vigueur si Thucydide avait tout simplement soudé la partie finale à l'exposition, en négligeant tout ce qui est au centre, et s'il l'avait construit de la façon suivante :

I.1.1 «C'est Thucydide d'Athènes qui a composé cette histoire de la guerre entre les Péloponnésiens et les Athéniens ; il a commencé son travail dès le début des hostilités, car il s'attendait à ce que ce soit une grande guerre, dont la renommée passerait de loin celle des conflits antérieurs. Il le déduisait de ce que les deux partis, alors à l'apogée de leur puissance, s'y préparaient activement, et d'autre part il voyait le reste du monde grec se rallier à l'un ou l'autre camp, soit effectivement soit même virtuellement. *2* Ce fut en effet la crise la plus grave qui ait ébranlé la Grèce et une partie du monde barbare ; elle atteignit pratiquement la majeure partie de l'humanité.

De fait, pour la période antérieure et les époques plus anciennes encore, on ne pouvait guère, en raison du temps écoulé, arriver à une connaissance précise, mais, à en juger par les indices qui, lors de recherches très étendues, permettent de se faire une conviction, j'estime que rien n'y fut grand, les guerres pas plus que le reste ; *21.1* je me fie peu aux poètes[1] qui, dans leurs chants, ont amplifié et embelli ces événements ou aux logographes qui, dans leurs écrits, ont cherché l'agrément de l'auditeur plus que la vérité — car il s'agit de faits incontrôlables et qui, pour la plupart, sont au cours des temps passés à l'état de légendes peu fiables ; j'ai donc considéré que ma conviction est fondée sur les indices les plus évidents, eu égard à leur ancienneté, et cela suffit.

1. *Notes complémentaires*, p. 153.

20. 1 Εἰ δ' ἐστὶν ὅσιόν μοι καὶ θεμιτὸν εἰπεῖν ἃ φρονῶ, δοκεῖ μοι κράτιστον ἂν γενέσθαι ⟨τὸ⟩ προοίμιον εἰ τὸ τελευταῖον αὐτοῦ μέρος τῇ προθέσει προσήρμοσε, πάντα τὰ ἐν μέσῳ παραλιπών, καὶ τοῦτον τὸν τρόπον αὐτὸ κατεσκεύασε·

1.1.1 «Θουκυδίδης Ἀθηναῖος συνέγραψε τὸν πόλεμον τῶν Πελοποννησίων καὶ Ἀθηναίων, ὃν ἐπολέμησαν πρὸς ἀλλήλους, ἀρξάμενος εὐθὺς καθισταμένου καὶ ἐλπίσας μέγαν τε ἔσεσθαι καὶ ἀξιολογώτατον τῶν προγεγενημένων, τεκμαιρόμενος ὅτι ἀκμάζοντές τε ἦσαν ἐς αὐτὸν ἀμφότεροι παρασκευῇ τῇ πάσῃ, καὶ τὸ ἄλλο Ἑλληνικὸν ὁρῶν ξυνιστάμενον πρὸς ἑκατέρους, τὸ μὲν εὐθύς, τὸ δὲ καὶ διανοούμενον. *2* Κίνησις γὰρ αὕτη δὴ μεγίστη τοῖς Ἕλλησιν ἐγένετο καὶ μέρει τινὶ τῶν βαρβάρων, ὡς δ' εἰπεῖν καὶ ἐπὶ πλεῖστον ἀνθρώπων.

Τὰ γὰρ πρὸ αὐτῶν καὶ ἔτι παλαιότερα σαφῶς μὲν εὑρεῖν διὰ χρόνου πλῆθος ἀδύνατον ἦν· ἐκ δὲ τεκμηρίων ὧν ἐπὶ μακρότατον σκοποῦντι πιστεύειν ξυμβαίνει, οὐ μεγάλα νομίζω γεγενῆσθαι οὔτε κατὰ τοὺς πολέμους οὔτε ἐς τὰ ἄλλα· *21.1* οὔτε ὡς ποιηταὶ ὑμνήκασι περὶ αὐτῶν ἐπὶ τὸ μεῖζον κοσμοῦντες μᾶλλον πιστεύων, οὔτε ὡς λογογράφοι συνέθεσαν ἐπὶ τὸ προσαγωγότερον τῇ ἀκροάσει ἢ ἀληθέστερον, ὄντα ἀνεξέλεγκτα καὶ τὰ πολλὰ ὑπὸ χρόνου αὐτῶν ἀπίστως ἐπὶ τὸ μυθῶδες ἐκνενικηκότα· εὑρῆσθαι δὲ ἡγησάμενος ἐκ τῶν ἐπιφανεστάτων ὡς παλαιὰ εἶναι ἀποχρώντως.

2 τὸ add. Krueger || 7 τῶν : τὸν V || ὃν Z : ὡς Thuc. || 13 καὶ om. A || 16 post καὶ hab. τὰ Thuc. || 18 πιστεύειν Z : μοι πιστεῦσαι Thuc. || 19 γεγενῆσθαι Z : γενέσθαι Thuc. || 25 εὑρῆσθαι Z : ηὑρῆσθαι Thuc. || ante ὡς hab. σημείων Thuc.

2 En ce qui concerne la guerre actuelle, il est bien vrai que, de tout temps, quand les hommes se battent, ils s'imaginent être engagés dans la plus grande des guerres et que, la paix revenue, ils admirent davantage les guerres d'autrefois; pourtant les faits eux-mêmes montreront à l'évidence qu'il s'agit bien ici d'une guerre plus importante que les précédentes.

22.1 En ce qui concerne les discours prononcés par les uns ou les autres, soit à la veille de la guerre, soit une fois l'action engagée, il était difficile d'en retrouver le texte exact, aussi bien pour moi quand je les avais personnellement entendus, que pour mes informateurs qui les tenaient de sources diverses. Je les ai donc restitués tels qu'ils auraient pu, me semblait-il, être prononcés pour satisfaire aux exigences de chaque situation, en tâchant de respecter le plus possible l'esprit des discours effectivement prononcés.

2 En ce qui concerne les actions accomplies pendant la guerre, j'ai estimé qu'il ne fallait pas me fier au premier venu, ni à mon avis personnel, pour les raconter. Aussi bien les faits auxquels j'ai assisté moi-même que ceux tenus d'autrui, je les ai scrutés un par un aussi minutieusement que possible. *3* Cela s'est révélé une tâche difficile, parce que les gens présents aux événements en donnaient des relations discordantes, variant avec leur bienveillance envers l'un ou l'autre parti, avec aussi leur niveau de mémoire.

4 Il se peut qu'à l'audition l'absence d'élément fabuleux enlève du charme au récit; mais que tous les gens désireux d'y voir clair dans l'histoire révolue, ou dans celle qui risque fort, vu la nature humaine, de se reproduire un jour exactement ou presque exactement dans les mêmes termes, que ces gens-là, dis-je, jugent mon ouvrage utile, et je serai comblé. C'est une acquisition pour toujours que ce traité, plutôt qu'un morceau de concours pour l'audition d'un jour.

23.1 Parmi les faits antérieurs, l'action la plus importante fut la guerre contre le Mède; et pourtant

2 **Καὶ ὁ πόλεμος οὗτος, καίπερ τῶν ἀνθρώπων, ἐν ᾧ μὲν ἂν πολεμῶσι, τὸν παρόντα ἀεὶ μέγιστον κρινόντων, παυσαμένων δὲ τἀρχαῖα μᾶλλον θαυμαζόντων, ἀπ' αὐτῶν τῶν ἔργων σκοποῦσι δηλώσει ὅμως μείζων γεγενημένος αὐτῶν.**

22.1 **Καὶ ὅσα μὲν λόγῳ εἶπον ἕκαστοι, ἢ μέλλοντες πολεμήσειν ἢ ἐν αὐτῷ ἤδη ὄντες, χαλεπὸν τὴν ἀκρίβειαν αὐτὴν τῶν λεχθέντων διαμνημονεῦσαι ἦν, ἐμοί τε ὧν αὐτὸς ἤκουσα καὶ τοῖς ἄλλοθέν ποθεν ἐμοὶ ἀπαγγέλλουσιν. Ὡς δ' ἂν ἐδόκουν μοι ἕκαστοι περὶ τῶν ἀεὶ παρόντων τὰ δέοντα μάλιστα εἰπεῖν, ἐχομένῳ ὅ τι ἐγγύτατα τῆς ξυμπάσης γνώμης τῶν ἀληθῶς λεχθέντων, οὕτως εἴρηται.**

2 **Τὰ δὲ ἔργα τῶν πραχθέντων ἐν τῷ πολέμῳ, οὐκ ἐκ τοῦ παρατυχόντος ἠξίωσα γράφειν οὐδ' ὡς ἐμοὶ δοκεῖ, ἀλλ' οἷς τε αὐτὸς παρῆν καὶ ⟨τὰ⟩ παρὰ τῶν ἄλλων ὅσον δυνατὸν ἀκριβείᾳ περὶ ἑκάστου ἐπεξελθών.** *3* **Ἐπιπόνως δὲ εὑρίσκετο, διότι οἱ παρόντες τοῖς ἔργοις οὐ τὰ αὐτὰ περὶ τῶν αὐτῶν ἔλεγον, ἀλλ' ὡς ἑκατέρων τις εὐνοίας ἢ μνήμης ἔχοι.**

4 **Καὶ ἐς μὲν ἀκρόασιν ἴσως τὸ μὴ μυθῶδες αὐτῶν ἀτερπέστερον φανεῖται· ὅσοι δὲ βουλήσονται τῶν γεγονότων τὸ σαφὲς σκοπεῖν, καὶ τῶν μελλόντων ποτὲ αὖθις κατὰ τὸ ἀνθρώπινον τοιούτων καὶ παραπλησίων ἔσεσθαι, ὠφέλιμα κρίνειν αὐτά, ἀρκούντως ἕξει. Κτῆμά τε ἐς ἀεὶ μᾶλλον ἢ ἀγώνισμα εἰς τὸ παραχρῆμα ἀκούειν ξύγκειται.**

23.1 **Τῶν δὲ πρότερον ἔργων μέγιστον ἐπράχθη τὸ Μηδικόν· καὶ τοῦτο ὅμως δυεῖν ναυμαχίαιν καὶ πεζομα-**

3 τἀρχαῖα Z : τὰ ἀρχαῖα Thuc. || 15 post παρατυχόντος hab. πυνθανόμενος Thuc. || δοκεῖ Z Thuc.[pl.] : ἐδόκει Thuc.[c] || 16 τὰ add. Ulrich || 18 εὑρίσκετο Z : ηὑρίσκετο Thuc. || post ἔργοις hab. ἑκάστοις Thuc. || τὰ αὐτὰ Z : ταὐτὰ Thuc. || 22-23 τῶν γεγονότων Z : τῶν τε γενομένων Thuc. || 25 ἕξει : ἔχει I || 27 ἔργων VIT Thuc.[ABCM] : ἔργον AV[2] Thuc.[EF].

deux batailles sur mer et deux sur terre réglèrent la question. Cette guerre-ci au contraire a duré longtemps ; elle s'est accompagnée pour la Grèce d'une somme de malheurs telle qu'on n'en vit jamais autant dans un égal laps de temps. *2* Il n'y eut jamais tant de cités prises et vidées de leurs habitants, soit par les barbares soit dans des combats entre elles (il en est même qui, une fois prises, changèrent d'habitants) ; jamais non plus il n'y eut tant d'exils ou de massacres, soit liés à la guerre, soit dus aux dissensions internes. *3* Des phénomènes dont auparavant on parlait par ouï-dire mais qu'on observait rarement dans la réalité cessèrent d'être incroyables : ainsi les tremblements de terre qui se prolongèrent sur de vastes territoires et avec une violence extrême ; les éclipses de soleil, plus fréquentes que toutes celles enregistrées dans le passé ; de grandes sécheresses ici ou là et, partant, des famines ; et puis le pire des fléaux, auteur pour partie de la ruine, l'épidémie de peste. Tous ces malheurs fondirent à la fois sur la Grèce avec cette guerre.

4 Le début de la guerre entre Athéniens et Péloponnésiens se situe à la rupture du traité de trente ans conclu après la conquête de l'Eubée. *5* Pour expliquer cette rupture, j'ai indiqué dès le début les motifs et les sources de différends, afin d'éviter qu'on ne se demande un jour d'où sortit en Grèce une guerre pareille. »

21. 1 Voilà donc, pour le fond[1], les défauts de l'historien et ses mérites.

Le style

2 Je vais parler maintenant de son style, où se manifeste le plus clairement le caractère de l'auteur. Mais sans doute est-

1. Denys n'avait pas annoncé cette enquête sur le fond. En analysant les historiens antérieurs et Hérodote, il avait parlé aussi bien du fond (5, 2-3 ; 5, 5) que du style (5, 4 ; 5, 5 dans la dernière phrase) ; mais Denys est coutumier de ces « oublis ». Noter le chiasme : dans son exposé, Denys avait indiqué d'abord les mérites de Thucydide (choix du sujet, refus des fables, souci de vérité), puis les défauts (manque de cohérence dans l'économie, soulignée par beaucoup d'exemples pris dans différents domaines).

χίαιν τὴν κρίσιν ἔσχεν. Τούτου δὲ τοῦ πολέμου μῆκός τε μέγα προὔβη παθήματά τε ξυνηνέχθη γενέσθαι ἐν αὐτῷ τῇ Ἑλλάδι οἷα οὐχ ἕτερα ἐν ἴσῳ χρόνῳ. *2* Οὔτε γὰρ πόλεις τοσαίδε ληφθεῖσαι ἠρημώθησαν, αἳ μὲν ὑπὸ βαρβάρων, αἳ δ' ὑπὸ σφῶν αὐτῶν ἀντιπολεμούντων (εἰσὶ δὲ αἳ καὶ οἰκήτορας μετέβαλον ἁλισκόμεναι), οὔτε φυγαὶ τοσαίδε ἀνθρώπων καὶ φόνος ὃ μὲν κατ' αὐτὸν τὸν πόλεμον, ὃ δὲ διὰ τὸ στασιάζειν. *3* Τά τε πρότερον ἀκοῇ μὲν λεγόμενα, ἔργῳ δὲ σπανιώτερον βεβαιούμενα οὐκ ἄπιστα κατέστη σεισμῶν τε πέρι, οἳ ἐπὶ πλεῖστον ἅμα μέρος γῆς καὶ ἰσχυρότατοι οἱ αὐτοὶ ἐπέσχον, ἡλίου τε ἐκλείψεις, αἳ πυκνότεραι παρὰ τὰς ἐκ τοῦ πρὶν χρόνου μνημονευομένας ξυνέβησαν, αὐχμοί τε ἔστι παρ' οἷς μεγάλοι, καὶ ἀπ' αὐτῶν καὶ λιμοί, καὶ ἡ οὐχ ἥκιστα βλάψασα καὶ μέρος τι φθείρασα, ἡ λοιμώδης νόσος. Ταῦτα γὰρ πάντα μετὰ τοῦδε τοῦ πολέμου ἅμα ξυνεπέθετο.

4 Ἤρξαντο δὲ αὐτοῦ Ἀθηναῖοι καὶ Πελοποννήσιοι λύσαντες τὰς τριακοντούτεις σπονδὰς αἳ αὐτοῖς ἐγένοντο μετ' Εὐβοίας ἅλωσιν. *5* Διότι δὲ ἔλυσαν, τὰς αἰτίας προέγραψα πρῶτον καὶ τὰς διαφοράς, τοῦ μή τινα ζητῆσαί ποτε ἐξ ὅτου τοσοῦτος πόλεμος τοῖς Ἕλλησι κατέστη. »

21. 1 Τὰ μὲν δὴ περὶ τὸ πραγματικὸν μέρος ἁμαρτήματά τε καὶ κατορθώματα τοῦ συγγραφέως ταῦτά ἐστι.

2 Τὰ δὲ περὶ τὸ λεκτικόν, ἐν ᾧ μάλιστα ὁ χαρακτὴρ αὐτοῦ διάδηλός ἐστι, μέλλω νυνὶ λέγειν. Ἀνάγκη δὲ ἴσως

1 ante τὴν hab. ταχεῖαν Thuc. || 6 αἳ : οἳ I || 12-13 τὰς ... μνημονευομένας Z : τὰ ... -όμενα Thuc. || 14 ἀπ' : ἐπ' A || 17 ξυνεπέθετο Thuc. : ξυνετίθετο Z || 19 τριακοντούτεις I Thuc. : -τούτις AV -τούτοις T || 21 προέγραψα I : προσέγραψα AVT προύγραψα Thuc.[pl.] ἔγραψα Thuc.[c] || 24 πραγματικὸν T : πρακτικὸν AVI || 27 μέλλω IT : μέλλων AV.

il indispensable de traiter d'abord de l'expression littéraire comme catégorie, d'en indiquer les divisions naturelles et les qualités ; puis il nous faudra montrer l'état dans lequel Thucydide l'a reçue des historiens antérieurs, et les innovations qu'il a pour la première fois introduites, pour le meilleur ou pour le pire, sans rien dissimuler[1].

22. 1 Dans toute expression littéraire, on distingue deux opérations principales : le choix des mots destinés à montrer les choses, la composition des divers éléments, brefs ou longs[2]. Chacun de ces secteurs peut être subdivisé à son tour : le choix des éléments de langage (noms, verbes, mots de liaison) en style direct ou style figuré ; 2 la composition en énoncés par courts fragments, par membres de phrase ou par périodes. A chaque étape (qu'il s'agisse de mots simples et indivisibles ou de séquences composées à partir d'eux), interviennent ce qu'on appelle les figures. Quant à ce qu'on appelle les qualités de style, les unes sont nécessaires et doivent obligatoirement se trouver dans tous les textes littéraires, les autres sont adventices[3] et ne prennent leur pleine force que lorsqu'elles sont solidement arrimées sur les premières. Tout cela, beaucoup l'ont dit avant moi ; 3 aussi n'ai-je nul besoin d'en parler pour le moment, pas plus que des principes et préceptes, fort nombreux, qui permettent d'acquérir chacune de ces qualités : ils ont déjà fait l'objet d'une élaboration très précise[4].

Les autres historiens

23. 1 Quels sont donc les principes et préceptes mis en œuvre par l'ensemble des historiens avant Thucydide, quels

1. Annonce du plan, pour cette partie consacrée au style :
– analyse de la « forme » et de ses composantes (= chap. 22) ;
– description de la forme avant Thucydide (= chap. 23) ;
– objectifs stylistiques de Thucydide (= chap. 24), avec illustration par des exemples (= chap. 25 à 49).

2, 3, 4. *Notes complémentaires*, p. 153.

καὶ περὶ ταύτης τῆς ἰδέας προειπεῖν, εἰς πόσα τε μέρη διαιρεῖσθαι πέφυκεν ἡ λέξις καὶ τίνας περιείληφεν ἀρετάς· ἔπειτα δηλῶσαι πῶς ἔχουσαν αὐτὴν ὁ Θουκυδίδης παρὰ τῶν πρὸ αὐτοῦ γενομένων συγγραφέων παρέλαβε, καὶ τίνα μέρη πρῶτος ἁπάντων ἐκαίνωσεν, εἴ τ' ἐπὶ τὸ κρεῖττον εἴ τ' ἐπὶ τὸ χεῖρον, μηδὲν ἀποκρυψάμενον.

22. 1 Ὅτι μὲν οὖν ἅπασα λέξις εἰς δύο μέρη διαιρεῖται τὰ πρῶτα, εἴς τε τὴν ἐκλογὴν τῶν ὀνομάτων, ὑφ' ὧν δηλοῦται τὰ πράγματα, καὶ εἰς τὴν σύνθεσιν τῶν ἐλαττόνων τε καὶ μειζόνων μορίων, καὶ ὅτι τούτων αὖθις ἑκάτερον εἰς ἕτερα μόρια διαιρεῖται, ἡ μὲν ἐκλογὴ τῶν στοιχειωδῶν μορίων (ὀνοματικῶν λέγω καὶ ῥηματικῶν καὶ συνδετικῶν) εἴς τε τὴν κυρίαν φράσιν καὶ εἰς τὴν τροπικήν, 2 ἡ δὲ σύνθεσις εἴς τε τὰ κόμματα καὶ τὰ κῶλα καὶ τὰς περιόδους, καὶ ὅτι τούτοις ἀμφοτέροις συμβέβηκε (λέγω δὴ τοῖς τε ἁπλοῖς καὶ ἀτόμοις ὀνόμασι καὶ τοῖς ἐκ τούτων συνθέτοις) τὰ καλούμενα σχήματα, καὶ ὅτι τῶν καλουμένων ἀρετῶν αἳ μέν εἰσιν ἀναγκαῖαι καὶ ἐν ἅπασιν ὀφείλουσι παρεῖναι τοῖς λόγοις, αἳ δ' ἐπίθετοι καὶ ὅταν ὑποστῶσιν αἱ πρῶται, τότε τὴν ἑαυτῶν ἰσχὺν λαμβάνουσιν, εἴρηται πολλοῖς πρότερον· 3 ὥστε οὐδὲν δεῖ περὶ αὐτῶν ἐμὲ νυνὶ λέγειν οὐδ' ἐξ ὧν θεωρημάτων τε καὶ παραγγελμάτων τούτων τῶν ἀρετῶν ἑκάστη γίνεται, πολλῶν ὄντων· καὶ γὰρ ταῦτα τῆς ἀκριβεστάτης τέτευχεν ἐξεργασίας.

23. 1 Τίσι δὲ αὐτῶν ἐχρήσαντο πάντες οἱ πρὸ Θουκυδίδου γενόμενοι συγγραφεῖς καὶ τίνων ἐπὶ μικρὸν ἥψαντο,

1 εἰς : εἰ I ‖ 6-7 ἀποκρυψάμενον Rieske : -μενος Z ‖ 24 παραγγελμάτων Us. : πραγμάτων Z ‖ 28 μικρὸν IT : μικρῶν AV.

sont ceux en revanche qu'ils n'ont fait qu'effleurer, voilà ce que, repartant du début comme je l'ai promis[1], je vais exposer brièvement; ce sera le moyen aussi de connaître plus exactement le type de style propre à notre auteur.

2 Pour les historiens de l'antiquité qui ne nous sont guère connus que par leurs noms, je n'ai aucun moyen d'imaginer le mode d'expression qu'ils utilisaient, si c'était le style simple, sans ornement, sans rien de recherché, avec seulement l'utile et le nécessaire, ou si au contraire ils préféraient un style solennel, empreint de dignité, travaillé, rehaussé d'ornements adventices. 3 C'est que les œuvres de la plupart d'entre eux ne nous sont pas parvenues, et celles que l'on a conservées ne sont pas universellement tenues pour authentiques (c'est le cas par exemple pour Cadmos de Milet, pour Aristéas de Proconnèse[2], ou pour bien d'autres du même genre).

4 Quant aux historiens qui ont précédé la guerre du Péloponnèse jusqu'à la génération de Thucydide, ils avaient tous en général des options semblables, aussi bien ceux qui avaient choisi d'écrire en dialecte ionien, le dialecte prédominant à l'époque, que ceux qui ont utilisé l'attique ancien, assez peu différent de l'ionien. 5 Tous en effet, comme je l'ai déjà indiqué[3], recherchaient l'expression courante plutôt que le tour figuré, n'admettant ce dernier que comme un agrément. Ils utilisaient tous un même genre de composition stylistique, simple et sans apprêt. Dans l'utilisation des figures de style ou de pensée[4], ils ne s'écartaient jamais beaucoup du langage usuel, courant, familier à tous.

6 Leur style, quel que soit l'auteur considéré, contient les qualités nécessaires[5] : il est pur, clair,

1. Allusion probable à 21, 2; peut-être Denys a-t-il pris conscience qu'il avait déjà parlé de la question en 5, 4, d'où la nécessité de repartir du début pour aller plus loin.

2, 3, 4, 5. *Notes complémentaires*, p. 154.

ἐξ ἀρχῆς ἀναλαβών, ὥσπερ ὑπεσχόμην, κεφαλαιωδῶς διέξειμι· ἀκριβέστερον γὰρ οὕτως γνώσεταί τις τὸν ἴδιον τοῦ ἀνδρὸς χαρακτῆρα.

2 Οἱ μὲν οὖν ἀρχαῖοι πάνυ καὶ ἀπ' αὐτῶν μόνον γινωσκόμενοι τῶν ὀνομάτων ποίαν τινὰ λέξιν ἐπετήδευσαν, οὐκ ἔχω συμβαλεῖν, πότερα τὴν λιτὴν καὶ ἀκόσμητον καὶ μηδὲν ἔχουσαν περιττόν, ἀλλ' αὐτὰ τὰ χρήσιμα καὶ ἀναγκαῖα, ἢ τὴν πομπικὴν καὶ ἀξιωματικὴν καὶ ἐγκατάσκευον καὶ τοὺς ἐπιθέτους προσειληφυῖαν κόσμους. 3 Οὔτε γὰρ διασῴζονται τῶν πλειόνων αἱ γραφαὶ μέχρι τῶν καθ' ἡμᾶς χρόνων, οὔθ' αἱ διασῳζόμεναι παρὰ πᾶσιν ὡς ἐκείνων οὖσαι τῶν ἀνδρῶν πιστεύονται· ἐν αἷς εἰσιν αἵ τε Κάδμου τοῦ Μιλησίου καὶ Ἀρισταίου τοῦ Προκοννησίου καὶ τῶν παραπλησίων τούτοις.

4 Οἱ δὲ πρὸ τοῦ Πελοποννησιακοῦ γενόμενοι πολέμου καὶ μέχρι τῆς Θουκυδίδου παρεκτείναντες ἡλικίας, ὁμοίας ἔσχον ἅπαντες ὡς ἐπὶ τὸ πολὺ προαιρέσεις, οἵ τε τὴν Ἰάδα προελόμενοι διάλεκτον τὴν ἐν τοῖς τότε χρόνοις μάλιστα ἀνθοῦσαν καὶ οἱ τὴν ἀρχαίαν Ἀτθίδα μικράς τινας ἔχουσαν διαφορὰς παρὰ τὴν Ἰάδα. 5 Πάντες γὰρ οὗτοι, καθάπερ ἔφην, περὶ τὴν κυρίαν λέξιν μᾶλλον ἐσπούδασαν ἢ περὶ τὴν τροπικήν, ταύτην δὲ ὥσπερ ἥδυσμα παρελάμβανον, σύνθεσίν τε ὀνομάτων ὁμοίαν ἅπαντες ἐπετήδευσαν τὴν ἀφελῆ καὶ ἀνεπιτήδευτον, καὶ οὐδ' ἐν τῷ σχηματίζειν τὰς λέξεις ⟨καὶ⟩ τὰς νοήσεις ἐξέβησαν ἐπὶ πολὺ τῆς τετριμμένης καὶ κοινῆς καὶ συνήθους ἅπασι διαλέκτου.

6 Τὰς μὲν οὖν ἀναγκαίας ἀρετὰς ἡ λέξις αὐτῶν πάντων ἔχει (καὶ γὰρ καθαρὰ καὶ σαφὴς καὶ σύντομός

5 τινὰ Us. : τε Z || 16 γενόμενοι post πολέμου I || 26 post τὰς λέξεις add. καὶ Krueger.

concis avec mesure, retenant le caractère propre à chaque dialecte utilisé ; quant aux qualités adventices, qui servent surtout à mettre en lumière le talent de l'auteur, elles n'y sont pas toutes, ni poussées à la perfection ; on n'en voit que quelques-unes, et médiocrement développées (par exemple, le sublime, l'élégance d'expression, la noblesse du langage, la grandeur) ; le style ne possède ni tension ni poids, ni l'émotion qui tient l'esprit en éveil, ni le souffle vigoureux du lutteur, qualités génératrices de celle qu'on appelle la virtuosité véhémente. Seule exception : Hérodote.

Hérodote

7 Cet auteur, pour le choix des mots, la composition stylistique, la variété des figures, les bat tous d'une bonne longueur ; il s'est arrangé pour rendre la prose semblable à la poésie la meilleure, pour la séduction, les grâces, et l'agrément qui atteint des sommets. 8 Quant aux qualités de style, il n'a jamais manqué des plus importantes et des plus brillantes, sauf peut-être de celles qui sont le propre de la joute oratoire[1], soit qu'il ait été naturellement peu doué dans ce domaine, soit que, par calcul, il les ait volontairement négligées comme mal adaptées à l'histoire : on trouve peu de harangues chez lui, et peu de plaidoyers judiciaires ; il ne tire jamais sa force du recours, dans son récit, à la pitié ou à la terreur.

Les objectifs du style chez Thucydide

24. 1 Thucydide, venant après un tel écrivain et après tous ceux que j'ai mentionnés plus haut, dressa le bilan des qualités de chacun ; c'est alors un type de style bien particulier, négligé par tous jusque-là, qu'il chercha le premier à introduire[2] dans l'œuvre historique :

1. *Notes complémentaires*, p. 154.
2. Denys insiste sur la volonté délibérée de Thucydide de prendre le contre-pied de ses prédécesseurs.

ἐστιν ἀποχρώντως, σῴζουσα τὸν ἴδιον ἑκάστης διαλέκτου χαρακτῆρα)· τὰς δ' ἐπιθέτους, ἐξ ὧν μάλιστα διάδηλος ἡ τοῦ ῥήτορος γίνεται δύναμις, οὔτε ἁπάσας οὔτε εἰς ἄκρον ἡκούσας, ἀλλ' ὀλίγας καὶ ἐπὶ βραχύ, ὕψος λέγω καὶ καλλιρρημοσύνην καὶ σεμνολογίαν καὶ μεγαλοπρέπειαν· οὐδὲ δὴ τόνον οὐδὲ βάρος οὐδὲ πάθος διεγεῖρον τὸν νοῦν οὐδὲ τὸ ἐρρωμένον καὶ ἐναγώνιον πνεῦμα, ἐξ ὧν ἡ καλουμένη γίνεται δεινότης· πλὴν ἑνὸς Ἡροδότου.

7 Οὗτος δὲ κατά ⟨τε⟩ τὴν ἐκλογὴν τῶν ὀνομάτων καὶ κατὰ τὴν σύνθεσιν καὶ κατὰ τὴν τῶν σχηματισμῶν ποικιλίαν μακρῷ δή τινι τοὺς ἄλλους ὑπερεβάλετο, καὶ παρεσκεύασε τῇ κρατίστῃ ποιήσει τὴν πεζὴν φράσιν ὁμοίαν γενέσθαι πειθοῦς τε καὶ χαρίτων καὶ τῆς εἰς ἄκρον ἡκούσης ἡδονῆς ἕνεκα. 8 Ἀρετάς τε τὰς μεγίστας καὶ λαμπροτάτας ἔξω τῶν ἐναγωνίων οὐδὲν [ἐν ταύταις] ἐνέλιπεν, εἴ τε οὐκ εὖ πεφυκὼς πρὸς αὐτὰς εἴ τε κατὰ λογισμόν τινα ἑκουσίως ὑπεριδὼν ὡς οὐχ ἁρμοττουσῶν ἱστορίαις· οὔτε γὰρ δημηγορίαις πολλαῖς ὁ ἀνὴρ οὐδ' ἐναγωνίοις κέχρηται λόγοις, οὔτ' ἐν τῷ παθαίνειν καὶ δεινοποιεῖν τὰ πράγματα τὴν ἀλκὴν ἔχει.

24. 1 Τούτῳ δὲ δὴ τῷ ἀνδρὶ Θουκυδίδης ἐπιβαλὼν καὶ τοῖς ἄλλοις ὧν πρότερον ἐμνήσθην, καὶ συνιδὼν ἃς ἕκαστος αὐτῶν ἔσχεν ἀρετάς, ἴδιόν τινα χαρακτῆρα καὶ παρεωραμένον ἅπασι πρῶτος εἰς τὴν ἱστορικὴν πραγματείαν ἐσπούδασεν ἀγαγεῖν·

Test. : Dionysius, *Ad Ammaium Epistola* (= P) 21 Τούτῳ δὲ — 25.

1 ἑκάστης Z : ἑκάστη τῆς Us. || 4 βραχύ Sylburg : βραχεῖ Z || 6 διεγεῖρον Reiske : διεγείροντα Z || 9 τε add. Sadée || 15 post οὐδὲν hiatum susp. Us. || ἐν ταύταις seclusi || 18-19 οὔτε — οὔτ' Us. : οὐδὲ — οὐδ' Z || 21 δὲ δὴ Z : γὰρ P τε δὴ Us. || 23 τινα χαρακτῆρος P || 25 ἀγαγεῖν AVT : εἰσαγαγεῖν IP.

– en matière de choix des mots, il préféra un vocabulaire figuré, rare, suranné, étranger, au lieu du vocabulaire courant, habituel à son époque ;

– 2 pour la composition des éléments brefs ou longs, il choisit la dignité, l'austérité, la massivité, une assise solide, la rudesse à l'oreille par le heurt des lettres[1], contre la limpidité, le moelleux, le poli, l'absence de rugosité ;

– pour l'utilisation des formules, où il voulait surtout l'emporter sur ses prédécesseurs, il a déployé un zèle extrême, 3 consacrant les vingt-sept années qu'a duré la guerre, du début à la fin, à tourner et retourner les seuls huit livres qu'il ait laissés, à limer et ciseler dans le moindre détail chacun des éléments de son énoncé[2] : tantôt à partir d'un mot il fait tout un développement, tantôt il réduit tout un développement à un seul mot ; 4 ici il emploie une forme verbale en guise de nom, plus loin il prend un nom et en fait un verbe ; il renverse l'usage habituel des verbes et des noms pour faire d'un nom propre un nom commun ou prendre un nom commun comme nom propre, 5 pour mettre les verbes passifs à l'actif, les verbes actifs au passif ; il intervertit les propriétés naturelles du singulier et du pluriel, et échange les nombres ; il fait accorder le féminin avec le masculin, le masculin avec le

1. Cette description, qui ici prend un sens péjoratif, servira à faire de Thucydide dans le *D.C.V.* le meilleur représentant de l'harmonie austère (VI, 22,34-45 ; cf. aussi V, 39,8).

2. Sur l'importance du travail sur le style, dans l'élaboration d'une œuvre littéraire, cf. VI, 25,31-35. C'est surtout dans le domaine des σχήματα que Thucydide veut montrer son originalité, d'où la longueur du développement qui leur est consacré (et qui sera repris et commenté dans la *Lettre à Ammée*).

— ἐπὶ μὲν τῆς ἐκλογῆς τῶν ὀνομάτων τὴν τροπικὴν καὶ γλωττηματικὴν καὶ ἀπηρχαιωμένην καὶ ξένην λέξιν προελόμενος ἀντὶ τῆς κοινῆς καὶ συνήθους τοῖς κατ' αὐτὸν ἀνθρώποις·

— 2 ἐπὶ δὲ τῆς συνθέσεως τῶν τ' ἐλαττόνων καὶ τῶν μειζόνων μορίων, τὴν ἀξιωματικὴν καὶ αὐστηρὰν καὶ στιβαρὰν καὶ βεβηκυῖαν καὶ τραχύνουσαν ταῖς τῶν γραμμάτων ἀντιτυπίαις τὰς ἀκοὰς ἀντὶ τῆς λιγυρᾶς καὶ μαλακῆς καὶ συνεξεσμένης καὶ μηδὲν ἐχούσης ἀντίτυπον·

— ἐπὶ δὲ τῶν σχηματισμῶν, ἐν οἷς μάλιστα ἐβουλήθη διενέγκαι τῶν πρὸ αὐτοῦ, πλείστην εἰσενεγκάμενος σπουδήν· 3 διετέλεσέ γέ τοι τὸν ἑπτακαιεικοσαετῆ χρόνον τοῦ πολέμου ἀπὸ τῆς ἀρχῆς ἕως τῆς τελευτῆς τὰς ὀκτὼ βύβλους ἃς μόνας κατέλιπεν, στρέφων ἄνω καὶ κάτω καὶ καθ' ἓν ἕκαστον τῶν τῆς φράσεως μορίων ῥινῶν καὶ τορεύων· καὶ τοτὲ μὲν λόγον ἐξ ὀνόματος ποιῶν, τοτὲ δ' εἰς ὄνομα συνάγων τὸν λόγον· 4 καὶ νῦν μὲν τὸ ῥηματικὸν ὀνοματικῶς ἐκφέρων, αὖθις δὲ τοὔνομα ῥῆμα ποιῶν, καὶ αὐτῶν γε τούτων ἀναστρέφων τὰς χρήσεις ἵνα τὸ μὲν ὀνοματικὸν προσηγορικὸν γένηται, τὸ δὲ προσηγορικὸν ὀνοματικῶς λέγηται, 5 καὶ τὰ μὲν παθητικὰ ῥήματα δραστήρια, τὰ δὲ δραστήρια παθητικά· πληθυντικῶν τε καὶ ἑνικῶν ἐναλλάττων τὰς φύσεις καὶ ἀντικατηγορῶν ταῦτα ἀλλήλων· θηλυκά τε ἀρρενικοῖς καὶ

Test. : P (1—4 ἀνθρώπους ; 11 ἐπὶ δὲ — 13 σπουδήν ; 17 τοτὲ μὲν — 25).

3 προελόμενος Z : παραλαμβάνων πολλάκις P ‖ τοῖς AVT : τῆς IP ‖ 4 κατ' αὐτὸν Z : καθ' ἑαυτὸν P ‖ 12 διενέγκαι Z : -κεῖν P ‖ 13 σπουδήν Z : πραγμάτων P ‖ 15 βύβλους Us. : βίβλους Z ‖ 17 τορεύων : τορνεύων I ‖ 21 ὀνοματικὸν P Us. : ὀνομαστικὸν Z ‖ 22 ὀνοματικῶς Us. : -μαστ- Z om. P ‖ 24-25 ἀντικατηγορῶν P Sylburg : ἐγκατ- Z ‖ 25 ἀρρενικοῖς I : ἀρσεν- AVT ἀρεν- P.

féminin, et le neutre avec l'un ou l'autre, au mépris de la cohérence naturelle du discours ; 6 quant aux cas des noms ou des participes, tantôt il les transfère du signifiant au signifié, tantôt du signifié au signifiant ; dans l'usage des conjonctions et des prépositions, et bien davantage encore dans celui des articles qui précisent la valeur des mots, il prend des libertés de poète. 7 On trouverait chez lui quantité de figures qui, par des transferts de personnes, par des échanges de temps, par des différences dans les indications de lieux, sortent de l'usage ordinaire et prennent des allures de solécisme[1] (chaque fois qu'une chose remplace une personne, ou qu'une personne remplace une chose, 8 ou bien quand, dans le développement des idées, la quantité des incidentes fait franchir de longues distances à la construction grammaticale ; et l'on peut ajouter à la liste les expressions tortueuses, enchevêtrées, difficiles à expliquer, et tout ce qui est à l'avenant). 9 On trouverait aussi chez lui, en quantité non négligeable, de ces figures voyantes, comme les parisoses, les paronomases, les antithèses, qui ont fait les délices de Gorgias de Léontinoi, et des Polos, Licymnios[2] ou bien d'autres de ses contemporains. 10 Mais ce qui saute le plus aux yeux chez lui, ce qui le caractérise le plus, c'est l'effort qu'il fait pour signifier beaucoup de choses en peu de mots, pour contracter beaucoup d'idées en une, et aussi pour laisser toujours l'auditeur dans l'expectative d'une explication supplémentaire, ce qui fait que la brièveté devient obscurité.

1. Le grand défaut de Thucydide aux yeux de Denys, c'est qu'il pèche contre la nature (φύσις), contre l'usage qu'il bouleverse (ἐκφέρω, ἀναστρέφω, ἐναλλάττω, ἀποστρέφω, etc.), contre la grammaire, qui est une codification du bon usage (d'où «l'allure de solécisme» que dénonce avec force Denys, ici et ailleurs). Denys utilise ici des arguments qui devaient porter, auprès d'un stoïcien comme Tubéron : puisque l'école stoïcienne se fait la championne des qualités nécessaires dans le style, comment peut-elle conseiller en même temps l'imitation de Thucydide, dont le style est à l'inverse de celui qu'elle prône ?

2. *Notes complémentaires*, p. 154.

ἀρρενικὰ θηλυκοῖς καὶ οὐδέτερα τούτων τισὶ συνάπτων, ἐξ ὧν ἡ κατὰ φύσιν ἀκολουθία πλανᾶται· 6 τὰς δὲ τῶν ὀνοματικῶν ἢ μετοχικῶν πτώσεις ποτὲ μὲν πρὸς τὸ σημαινόμενον ἀπὸ τοῦ σημαίνοντος ἀποστρέφων, ποτὲ δὲ πρὸς τὸ σημαῖνον ἀπὸ τοῦ σημαινομένου· ἐν δὲ τοῖς συνδετικοῖς καὶ τοῖς προθετικοῖς μορίοις καὶ ἔτι μᾶλλον ἐν τοῖς διαρθροῦσι τὰς τῶν ὀνομάτων δυνάμεις ποιητοῦ τρόπον ἐνεξουσιάζων. 7 Πλεῖστα δ' ἄν τις ⟨εὕροι⟩ παρ' αὐτῷ σχήματα προσώπων τε ἀποστροφαῖς καὶ χρόνων ἐναλλαγαῖς καὶ τοπικῶν σημειώσεων διαφοραῖς ἐξηλλαγμένα τῶν συνηθῶν καὶ σολοικισμῶν λαμβάνοντα φαντασίας· ὁπόσα τε γίγνεται πράγματα ἀντὶ σωμάτων ἢ σώματα ἀντὶ πραγμάτων, 8 καὶ ἐφ' ὧν ἐνθυμημάτων αἱ μεταξὺ παρεμπτώσεις πολλαὶ γινόμεναι διὰ πολλοῦ τὴν ἀκολουθίαν κομίζονται· τά τε σκολιὰ καὶ πολύπλοκα καὶ δυσεξέλικτα καὶ τὰ ἄλλα τὰ συγγενῆ τούτοις. 9 Εὕροι δ' ἄν τις οὐκ ὀλίγα καὶ τῶν θεατρικῶν σχημάτων κείμενα παρ' αὐτῷ, τὰς παρισώσεις λέγω καὶ παρονομασίας καὶ ἀντιθέσεις, ἐν αἷς ἐπλεόνασε Γοργίας ὁ Λεοντῖνος καὶ οἱ περὶ Πῶλον καὶ Λικύμνιον καὶ πολλοὶ ἄλλοι τῶν κατ' αὐτὸν ἀκμασάντων. 10 Ἐκδηλότατα δὲ αὐτοῦ καὶ χαρακτηρικώτατά ἐστι τό τε πειρᾶσθαι δι' ἐλαχίστων ὀνομάτων πλεῖστα σημαίνειν πράγματα καὶ πολλὰ συντιθέναι νοήματα εἰς ἕν, καὶ ⟨τὸ⟩ ἔτι προσδεχόμενόν τι τὸν ἀκροατὴν ἀκούσεσθαι καταλιπεῖν· ὑφ' ὧν ἀσαφὲς γίνεται τὸ βραχύ.

Test. : P (1—26).

---

3 et 4 ποτὲ Z : τότε P || 7 ὀνομάτων Z : νοημάτων P || 9 εὕροι P add. Sylb. || 10 τοπικῶν Z P : τροπικῶν Krueger || 10-11 διαφοραῖς Z : μεταφοραῖς P || 14 post ἐνθυμημάτων hab. τε καὶ νοημάτων P || 15 πολλοῦ Z : μακροῦ P || 18 post λέγω hab. καὶ παρομοιώσεις P || 20 Λικύμνιον AVT P : Λυκήμνιον I || 24 ἕν Z : ἃ P || τὸ add. Us. || 25 ἀκούσεσθαι Z : ἀκούεσθαι P || καταλιπεῖν Z P : -λείπειν Reiske Us.

11 En résumé, il y a quatre «instruments» (pourrait-on dire) du style de Thucydide : la fabrication des mots, la diversité des formules, l'âpreté de l'harmonie, la rapidité de l'énoncé signifiant ; les colorations en sont la rudesse, la densité, l'acidité, l'austérité, la gravité, la véhémence, la terreur, et par-dessus tout le pathétique[1].

12 Tel est donc Thucydide, du point de vue du caractère de style, trait qui l'a fait se distinguer entre tous. Chaque fois que son option littéraire et son talent vont de pair, il obtient des succès complets, divins ; mais quand il y a défaillance de talent, et que la tension ne se maintient pas jusqu'au bout, le style, du fait de la rapidité de l'énoncé, devient obscur et se charge de bien d'autres vices, fort malséants.

13 Qu'il s'agisse du mode d'utilisation des mots étrangers ou fabriqués, ou bien de la limite à ne pas dépasser, qui relèvent de beaux principes, indispensables dans toute œuvre d'art, Thucydide nulle part dans son histoire n'en respecte les règles.

Exemples à l'appui

25 1 Après cette analyse à grands traits, il est temps de se tourner vers ce qui doit en être la démonstration. Mais, au lieu de considérer chaque point un par un, en l'illustrant par des citations textuelles de Thucydide, je procéderai par passages et par sujets ; prenant de larges pans de narrations ou de morceaux de rhétorique[2], je présenterai au fur et à mesure, pour chaque réussite et pour chaque échec, de fond ou de forme, les raisons qui les expliquent. 2 A nouveau[3] je vous prie, toi et tous les

1. *Notes complémentaires*, p. 154.

2. Annonce de plan : narrations d'abord (= chap. 25 à 33), dialogues et harangues ensuite (= chap. 34 à 48). Mais, la plupart du temps, Denys, à son habitude, citera, sans commentaires précis, les passages réussis ou manqués (ceux du moins qu'il juge tels).

3. Renvoi à l'introduction (2-4), avec accent mis sur l'imitation : celle de Thucydide peut être dangereuse (cf. aussi Cicéron, *Brutus*, 287-288, ou *Orator*, 30-32).

11 Ἵνα δὲ συνελὼν εἴπω, τέτταρα μέν ἐστιν ὥσπερ ὄργανα τῆς Θουκυδίδου λέξεως· τὸ ποιητικὸν τῶν ὀνομάτων, τὸ πολυειδὲς τῶν σχημάτων, τὸ τραχὺ τῆς ἁρμονίας, τὸ τάχος τῆς σημασίας· χρώματα δὲ αὐτῆς τό τε στριφνὸν καὶ τὸ πυκνόν, καὶ τὸ πικρὸν καὶ τὸ αὐστηρόν, καὶ τὸ ἐμβριθὲς καὶ τὸ δεινὸν καὶ τὸ φοβερόν, ὑπὲρ ἅπαντα δὲ ταῦτα τὸ παθητικόν.

12 Τοιοῦτος μὲν δή τίς ἐστιν ὁ Θουκυδίδης κατὰ τὸν τῆς λέξεως χαρακτῆρα, ᾧ παρὰ τοὺς ἄλλους διήνεγκεν. Ὅταν μὲν οὖν ἥ τε προαίρεσις αὐτοῦ καὶ ἡ δύναμις συνεκδράμῃ, τέλεια γίνεται κατορθώματα καὶ δαιμόνια· ὅταν δὲ ἐλλείπῃ τὸ τῆς δυνάμεως, οὐ παραμείναντος μέχρι πάντων τοῦ τόνου, διὰ τὸ τάχος τῆς ἀπαγγελίας ἀσαφής τε ἡ λέξις γίνεται καὶ ἄλλας τινὰς ἐπιφέρει κῆρας οὐκ εὐπρεπεῖς.

13 Τὸ γὰρ ἐν ᾧ δεῖ τρόπῳ τὰ ξένα καὶ πεποιημένα λέγεσθαι καὶ μέχρι πόσου προελθόντα πεπαῦσθαι, καλὰ καὶ ἀναγκαῖα θεωρήματα ἐν πᾶσιν ὄντα τοῖς ἔργοις, οὐ διὰ πάσης τῆς ἱστορίας φυλάττει.

25. 2 Προειρημένων δὲ τούτων κεφαλαιωδῶς ἐπὶ τὰς ἀποδείξεις αὐτῶν ὥρα τρέπεσθαι. Ποιήσομαι δὲ οὐ χωρὶς ὑπὲρ ἑκάστης ἰδέας τὸν λόγον, ὑποτάττων αὐταῖς τὴν Θουκυδίδου λέξιν, ἀλλὰ κατὰ περιοχάς τινας καὶ τόπους, μέρη λαμβάνων τῆς τε διηγήσεως καὶ τῶν ῥητορειῶν καὶ παρατιθεὶς τοῖς τε πραγματικοῖς καὶ τοῖς λεκτικοῖς κατορθώμασιν ἢ ἁμαρτήμασι τὰς αἰτίας δι' ἃς τοιαῦτά ἐστι· 2 δεηθεὶς σοῦ πάλιν, καὶ τῶν ἄλλων φιλολόγων

Test. : P (1 — 9 διήνεγκεν).

4 τῆς σημασίας P : τῶν σχημάτων Z τῶν σημασιῶν Us. || 6 τὸ ante φοβερόν non hab. P || 7 ταῦτα AVT : ταῦτα καὶ I αὐτοῦ ταῦτα P || 13 ἀπαγγελίας Sylburg : ἐπαγ- Z || 15 εὐπρεπεῖς : -πής A || 22 τὸν λόγον Sylburg : τῶν λόγων Z.

philologues qui liront cet ouvrage, de considérer mon intention, dans le choix de ce sujet : c'est une description d'un type de style, avec inventaire de tous les traits caractéristiques et de tout ce qui mérite explication, qui a pour objectif d'être utile à qui voudra imiter l'historien.

L'Introduction

3 Dès le début de son Introduction[1], Thucydide, partant de la proposition que la guerre du Péloponnèse fut, comparée aux précédentes, la plus grande de toutes, écrit textuellement :

I.1.2 De fait, pour la période antérieure et les époques plus anciennes encore, on ne pouvait guère, en raison du temps écoulé, arriver à une connaissance précise, mais, à en juger par les indices qui, lors de recherches très étendues, permettent de se faire une conviction, j'estime que rien n'y fut grand, les guerres pas plus que le reste. 2.1 On voit en effet que la Grèce actuelle n'était pas anciennement habitée de façon stable; on émigrait, dans les premiers temps, et tous quittaient facilement leurs résidences sous la pression, chaque fois, d'éléments plus nombreux. 2 Le commerce n'existait pas; il n'y avait pas de relations sûres entre les peuples, par terre ou par mer : chacun tirait de son pays juste de quoi vivre; ils n'avaient pas de réserves d'argent et ne cultivaient pas la terre,[2] ....
. . . .

Un passage mal venu : derniers combats à Pylos

IV.34.1 <Comme les Lacédémoniens n'étaient plus capables de riposter avec vigueur aux attaques, les troupes légères, constatant qu'ils étaient maintenant plus lents à se défendre et tirant elles-mêmes le plus clair de leur audace de la vue directe de leur supériorité numérique, prenant aussi davantage l'habitude de ne plus les considérer désormais comme aussi redoutables, parce qu'elles n'avaient pas d'emblée subi des désastres propor-

1, 2. *Notes complémentaires*, p. 154-155.

τῶν ἐντευξομένων τῇ γραφῇ, τὸ βούλημά μου τῆς ὑποθέσεως ἧς προῄρημαι σκοπεῖν, ὅτι χαρακτῆρός ἐστι δήλωσις ἅπαντα περιειληφυῖα τὰ συμβεβηκότα αὐτῷ καὶ δεόμενα λόγου, σκοπὸν ἔχουσα τὴν ὠφέλειαν τῶν βουλησομένων μιμεῖσθαι τὸν ἄνδρα.

3 **Ἐν ἀρχῇ μὲν οὖν τοῦ προοιμίου, προθέσει χρησάμενος ὅτι μέγιστος ἐγένετο τῶν πρὸ αὐτοῦ πολέμων ὁ Πελοποννησιακός, κατὰ λέξιν οὕτω γράφει·**

I.1.2 Τὰ γὰρ πρὸ αὐτῶν καὶ τὰ ἔτι παλαιότερα σαφῶς μὲν εὑρεῖν διὰ χρόνου πλῆθος ἀδύνατον ἦν· ἐκ δὲ τεκμηρίων ὧν ἐπὶ μακρότατον σκοποῦντί μοι ξυνέβη πιστεῦσαι, οὐ μεγάλα νομίζω γενέσθαι οὔτε κατὰ τοὺς πολέμους οὔτε εἰς τὰ ἄλλα. 2.1 Φαίνεται γὰρ ἡ νῦν Ἑλλὰς καλουμένη οὐ πάλαι βεβαίως οἰκουμένη, ἀλλὰ μεταναστάσεις τε οὖσαι τὰ πρότερα καὶ ῥᾳδίως ἕκαστοι τὴν ἑαυτῶν ἀπολείποντες, βιαζόμενοι ὑπό τινων αἰεὶ πλειόνων. 2 Τῆς γὰρ ἐμπορίας οὐκ οὔσης, οὐδ' ἐπιμιγνύντες ἀδεῶς ἀλλήλοις οὔτε κατὰ γῆν οὔτε διὰ θαλάσσης, νεμόμενοί τε τὰ αὑτῶν ἕκαστοι ὅσον ἀποζῆν, καὶ περιουσίαν χρημάτων οὐκ ἔχοντες οὐδὲ γῆν φυ<τεύοντες>........

....

<IV.34.1 Τῶν δὲ Λακεδαιμονίων οὐκέτι ὀξέως ἐπεκθεῖν ᾗ προσπίπτοιεν δυναμένων, γνόντες αὐτοὺς οἱ ψιλοὶ βραδυτέρους ἤδη ὄντας τῷ ἀμύνασθαι, καὶ αὐτοὶ τῇ τε ὄψει τοῦ θαρσεῖν τὸ πλεῖστον εἰληφότες πολλαπλάσιοι φαινόμενοι καὶ ξυνειθισμένοι μᾶλλον μηκέτι δεινοὺς αὐτοὺς ὁμοίως σφίσι φαίνεσθαι, ὅτι οὐκ

4 τῶν AVI : αὐτῶν T αὐτῶν τῶν Us. ‖ 8 οὕτω : αὐτῷ V ‖ 9 παλαιότερα Z : παλαίτερα Thuc. ‖ 11 ξυνέβη AVT : ξυμβαίνει I Thuc. (post πιστεῦσαι) ‖ 12 οὔτε pr. — ἄλλα om. I ‖ 18 αὑτῶν AVP : ἑαυτῶν I Thuc. ‖ 19 post φυ lac. 8 folia AI ‖ 20 - p. 79, 2 τῶν δὲ — γνώμῃ e Thuc. inserui.

tionnels à leur attente (car, aux tout premiers instants du débarquement, elles avaient été>subjuguées à l'idée d'avoir à affronter les Lacédémoniens), pleines de mépris maintenant pour eux, avec de grandes clameurs, elles s'élancèrent au combat en rangs serrés.

4 Ce passage[1] aurait dû être construit par l'auteur bien différemment, de façon beaucoup plus courante et utile, en mettant le fragment final à la suite de l'initial, et en ne faisant intervenir qu'ensuite la section centrale. De plus, l'expression, avec une telle formulation, est trop contractée et trop véhémente[2]; elle serait plus claire et aurait plus d'agrément si on adoptait la construction que voici :

«Comme les Lacédémoniens n'étaient plus capables de riposter aux attaques, les troupes légères, constatant qu'ils étaient désormais plus lents, firent bloc et, avec de grands cris, s'élancèrent au combat en rangs serrés; leur audace venait de la constatation qu'elles avaient la supériorité numérique, et, comme les ennemis ne leur paraissaient plus aussi redoutables, elles étaient pleines de mépris, vu qu'elles n'avaient pas d'emblée subi des désastres à proportion de leur attente, d'après les supputations qu'elles en faisaient quand, aux tout premiers instants du débarquement, elles avaient été subjuguées par l'idée d'avoir à affronter les Lacédémoniens.»

26. 1 Une fois ce méandre supprimé, l'ensemble du texte est libellé en des termes parfaitement appropriés, avec des formulations tout à fait adéquates; il n'y manque pratiquement aucune qualité, de forme ou de fond (point n'est besoin d'en faire à nouveau l'inventaire).

1. Ce terme de περιοχή n'est employé par Denys que dans ce chapitre (25, 1 et 4) et dans la *Lettre à Pompée* (XI, 3, 13) où il est dit qu'Hérodote procède ταῖς περιοχαῖς τῶν πραγμάτων.

2. *Notes complémentaires*, p. 155.

εὐθὺς ἄξια τῆς προσδοκίας ἐπεπόνθεσαν, ὥσπερ ὅτε πρῶτον ἀπέβαινον τῇ γνώ>μῃ δεδουλωμένοι ὡς ἐπὶ Λακεδαιμονίους, καταφρονήσαντες οὖν αὐτῶν καὶ ἐμβοήσαντες ἀθρόοι ὥρμησαν ἐπ' αὐτούς.

4 **Ἧδ' ἡ περιοχὴ ὤφελε μὲν κατεσκευάσθαι μὴ τοῦτον ὑπ' αὐτοῦ τὸν τρόπον, ἀλλὰ κοινότερον μᾶλλον καὶ ὠφελιμώτερον, τοῦ τελευταίου μορίου τῷ πρώτῳ προστεθέντος, τῶν δὲ διὰ μέσου τὴν μετὰ ταῦτα χώραν λαβόντων. Ἀγκυλωτέρα μὲν οὖν ἡ φράσις οὕτω σχηματισθεῖσα γέγονε καὶ δεινοτέρα, σαφεστέρα δὲ καὶ ἡδίων ἐκείνως ἂν κατασκευασθεῖσα·**

«Τῶν δὲ Λακεδαιμονίων οὐκέτι ἐπεκθεῖν ᾗ προσπίπτοιεν δυναμένων, γνόντες αὐτοὺς οἱ ψιλοὶ βραδυτέρους ἤδη, συστραφέντες καὶ ἐμβοήσαντες, ὥρμησαν ἐπ' αὐτοὺς ἀθρόοι· ἔκ τε τῆς ὄψεως τὸ θαρρεῖν προσειληφότες ὅτι πολλαπλάσιοι ἦσαν, καὶ ἐκ τοῦ μηκέτι δεινοὺς αὐτοὺς ὁμοίως σφίσι φαίνεσθαι καταφρονήσαντες, ἐπειδὴ οὐκ εὐθὺς ἄξια τῆς προσδοκίας ἐπεπόνθεσαν, ἣν ἔσχον ὑπόληψιν ὅτε πρῶτον ἀπέβαινον, τῇ γνώμῃ δεδουλωμένοι ὡς ἐπὶ Λακεδαιμονίους.»

26. 1 **Ὑπεξαιρουμένης δὲ τῆς περιγραφῆς πάσης, τἆλλα πάντα ὠνόμασταί τε τοῖς προσφυεστάτοις ὀνόμασι καὶ περιείληπται τοῖς ἐπιτηδειοτάτοις σχηματισμοῖς, ἀρετῆς τε οὐδεμιᾶς ὡς εἰπεῖν οὔτε λεκτικῆς οὔτε πραγματικῆς ἐνδεῶς ἔσχηκεν· ἃς οὐδὲν δέομαι πάλιν ἐξαριθμεῖσθαι.**

3 οὖν αὐτῶν non hab. Thuc. || 5 ἧδ' Us. : ἦν δ' Z || ἡ περιοχή : ὑπεροχή T || ὤφελε μὲν Us. : ὠφελίμη Z || 12 ἐπεκθεῖν Thuc. : ἐπελθεῖν AVI ἀπελθεῖν T || 12-13 προσπίπτοιεν Thuc. : -πίπτειν Z || 18 εὐθὺς om. I.

Un beau récit : dernier combat en Sicile

2 Dans le livre VII, où Thucydide raconte le dernier combat naval entre Athéniens et Syracusains[1], voici en quels termes et avec quelles formulations il décrit l'action :

VII.69.4 Démosthénès, Ménandros et Euthydémos (ce sont les stratèges qui avaient embarqué sur les vaisseaux athéniens) levèrent l'ancre et, s'éloignant immédiatement du camp, piquèrent droit vers le barrage du port et vers la passe qu'on y avait ménagée; ils voulaient en forcer la sortie.

70.1 Déjà les Syracusains et leurs alliés s'étaient portés en avant avec le même nombre de vaisseaux que précédemment, et ils montaient la garde à la fois du côté de la passe, avec une partie de l'effectif, et dans le reste du port où ils formaient cercle, afin de fondre de partout à la fois sur les Athéniens; en même temps, l'infanterie prenait place afin d'aider là où les bateaux avaient l'avantage. La flotte de Syracuse était sous les ordres de Sicanos et d'Agatharchos, chacun à une aile du dispositif; Pythène et les Corinthiens occupaient le centre.

2 Comme les Athéniens s'étaient portés tous ensemble vers le barrage, dans ce premier élan, ils dominaient les bateaux qui le gardaient, et tentaient de briser les verrous; mais, là-dessus, Syracusains et alliés fonçant de partout sur eux, la bataille, loin de se concentrer près du barrage, fit rage dans tout le port; elle était d'une violence sans comparaison avec aucune des précédentes. 3 Grande était, dans les deux camps, l'ardeur des matelots à foncer en avant, dès le signal donné; grande aussi, entre les pilotes, la rivalité de métier et l'émulation dans la lutte, cependant

1. Denys semble présenter en alternance des morceaux réussis et des morceaux ratés (à son goût). Malheureusement la lacune du chap. 25 et celle, plus loin, du chap. 27 voilent quelque peu la construction générale de cette partie consacrée aux narrations.

2 **Ἐν δὲ τῇ ἑβδόμῃ βύβλῳ, τὴν ἐσχάτην ναυμαχίαν Ἀθηναίων καὶ Συρακοσίων ἀφηγούμενος, οὕτως ὠνόμακέ τε καὶ ἐσχημάτικε τὰ πραχθέντα·**

VII.69.4 Ὁ δὲ Δημοσθένης καὶ Μένανδρος καὶ Εὐθύδημος (οὗτοι γὰρ ἐπὶ τὰς ναῦς τῶν Ἀθηναίων στρατηγοὶ ἐπέβησαν) ἄραντες ἀπὸ τοῦ ἑαυτῶν στρατοπέδου εὐθὺς ἔπλεον πρὸς τὸ ζεῦγμα τοῦ λιμένος καὶ τὸν παραλειφθέντα διέκπλουν, βουλόμενοι βιάσασθαι ἐς τὸ ἔξω.

70.1 Προεξαναγόμενοι δὲ οἱ Συρακόσιοι καὶ οἱ ξύμμαχοι ναυσὶ παραπλησίαις τὸν ἀριθμὸν καὶ πρότερον, κατά τε τὸν ἔκπλουν μέρει αὐτῶν ἐφύλασσον καὶ κατὰ τὸν ἄλλον κύκλῳ λιμένα, ὅπως πανταχόθεν ἅμα προσπίπτοιεν τοῖς Ἀθηναίοις· καὶ ὁ πεζὸς αὐτοῖς ἅμα παρεβοήθει ᾗπερ καὶ αἱ νῆες κατίσχυον. Ἦρχον δὲ τοῦ ναυτικοῦ τοῖς Συρακοσίοις Σικανὸς μὲν καὶ Ἀγάθαρχος, κέρας ἑκάτερος τοῦ παντὸς ἔχων, Πυθὴν δὲ καὶ οἱ Κορίνθιοι τὸ μέσον.

2 Ἐπειδὴ δὲ καὶ οἱ ἄλλοι Ἀθηναῖοι προσέμισγον τῷ ζεύγματι, τῇ μὲν πρώτῃ ῥύμῃ ἐπιπλέοντες ἐκράτουν τῶν τεταγμένων νεῶν πρὸς αὐτῷ καὶ ἐπειρῶντο λύειν τὰς κλείσεις· μετὰ δὲ τοῦτο, πανταχόθεν σφίσι τῶν Συρακοσίων καὶ τῶν συμμάχων ἐπιφερομένων, οὐ μόνον πρὸς τῷ ζεύγματι ἡ ναυμαχία, ἀλλὰ καὶ κατὰ τὸν λιμένα ἐγίγνετο· καὶ ἦν καρτερὰ καὶ οἵα οὐχ ἑτέρα τῶν πρότερον. 3 Πολλὴ μὲν γὰρ ἑκατέροις προθυμία ἀπὸ τῶν ναυτῶν ἐς τὸ ἐπιπλεῖν, ὁπότε κελευσθείη, ἐγίγνετο, πολλὴ δ' ἡ ἀντιτέχνησις τῶν κυβερνητῶν καὶ ἀγωνισμὸς πρὸς

1 βύβλῳ Us. : βίβλῳ Z ‖ 2 Συρακοσίων : -κουσ- I (id. l. 9, 14 et 20) ‖ 7 παραλειφθέντα Z Thuc.[pl.] : καταλ- Thuc.[EK] ‖ 9 προεξαναγόμενοι Z : προεξαγαγόμενοι Thuc. ‖ 13 αὐτοῖς ἅμα Z Thuc.[pl.] : ἅμα αὐτοῖς Thuc.[B] ‖ κατίσχυον Z : κατίσχοιεν Thuc. ‖ 17 δὲ καὶ Z Thuc.[E] : δὲ Thuc.[cett.] ‖ 19 κλείσεις Z : κλήσεις Thuc. ‖ 20 τῶν συμμάχων Z : ξυμμάχων Thuc. ‖ 21 οὐ μόνον Z : οὐ Thuc. ‖ post ζεύγματι hab. ἔτι μόνον ἦν Thuc.[B] ἔτι μόνον Thuc.[cett.] ‖ 23 πρότερον Z : προτέρων Thuc. ‖ πολλὴ IT Thuc. : πολλὴν AV ‖ 24 ἐγίνετο I.

que les soldats de marine s'évertuaient, dès qu'il y avait abordage, pour que les services du pont ne fussent pas au-dessous de ce qu'était, d'autre part, la manœuvre; tous s'empressaient, chacun voulant, au poste qui lui était assigné, se montrer le meilleur.

4 Comme il y avait beaucoup de navires qui s'affrontaient sur un petit espace (jamais en effet tant de bateaux n'avaient combattu si à l'étroit[1]*, les deux flottes réunies comptant au total pas loin de deux cents navires), les issues, faute de pouvoir ramer en arrière ou traverser la ligne ennemie, étaient rares; incessantes au contraire les collisions, quand un navire, soit en fuyant soit en voulant en attaquer un autre, en heurtait par hasard un troisième. 5 Alors, tant que le navire abordeur se portait en avant, les soldats, sur le pont de l'autre, envoyaient sur l'assaillant une grêle de javelots, de flèches et de pierres; s'était-on abordé, les soldats de marine en venaient aux mains, essayant de prendre pied chacun sur le navire adverse. 6 Il arrivait un peu partout, vu l'étroitesse du champ, qu'abordant d'un côté, on fût soi-même abordé de l'autre, et que deux navires, parfois même davantage, restent accrochés de force à un seul; il ne restait plus aux pilotes qu'à se garder des uns tout en cherchant les autres, et cela, non pas tour à tour sur un seul point, mais en mille façons de tous côtés; le vacarme de tous ces navires qui s'entrechoquaient provoquait un effet de panique et un assourdissement tels qu'on ne pouvait plus entendre les ordres donnés par les chefs.*

7 Nombreuses en effet étaient les injonctions, les vociférations des chefs dans chaque camp, tant pour la manœuvre que par émulation entre marins. Chez les Athéniens, on hurlait qu'il fallait forcer la sortie et se battre avec cœur — c'était le moment ou jamais — pour leur salut et le retour dans la patrie. Du côté des Syracusains et de leurs alliés,

1. Il est probable qu'une négligence de copiste est à l'origine de la répétition, dans deux lignes consécutives, de ἐν ὀλίγῳ; d'où la restitution de ἐν ἐλαχίστῳ, conseillée par Costil II, 55.

ἀλλήλους, οἵ τε ἐπιβάται ἐθεράπευον, ὅτε προσπέσοι ναῦς νηί, μὴ λείπεσθαι τὰ ἀπὸ τοῦ καταστρώματος τῆς ἄλλης τέχνης, πᾶς τέ τις, ἐν ᾧ προσετέτακτο αὐτὸς ἕκαστος, ἠπείγετο πρῶτος φαίνεσθαι.

4 Ξυμπεσουσῶν δ' ἐν ὀλίγῳ πολλῶν νεῶν (πλεῖσται γὰρ δὴ αὗται ἐν ἐλαχίστῳ ἐναυμάχησαν· βραχὺ γὰρ ἀπέλιπον ξυναμφότεραι διακόσιαι γενέσθαι), αἱ μὲν ἐκβολαὶ διὰ τὸ μὴ εἶναι τὰς ἀνακρούσεις καὶ διέκπλους ὀλίγαι ἐγίγνοντο· αἱ δὲ προσβολαί, ὡς τύχοι ναῦς νηὶ προσπεσοῦσα ἢ διὰ τὸ φυγεῖν ἢ ἄλλῃ ἐπιπλέουσα, πυκνότεραι ἦσαν. 5 Καὶ ὅσον μὲν χρόνον προσφέροιτο ναῦς, οἱ ἀπὸ τῶν καταστρωμάτων τοῖς ἀκοντίοις καὶ τοξεύμασι καὶ λίθοις ἀφθόνοις ἐπ' αὐτὴν ἐχρῶντο· ἐπειδὴ δὲ προσμίξειαν, οἱ ἐπιβάται εἰς χεῖρας ἰόντες ἐπειρῶντο ταῖς ἀλλήλων ναυσὶν ἐπιβαίνειν. 6 Συνετύγχανέ τε πολλαχοῦ διὰ τὴν στενοχωρίαν τὰ μὲν ἄλλοις ἐμβεβληκέναι, τὰ δὲ αὐτοὺς ἐμβεβλῆσθαι, δύο τε περὶ μίαν καὶ ἔστιν ᾗ καὶ πλείους ναῦς κατ' ἀνάγκην ξυνηρτῆσθαι· καὶ τοῖς κυβερνήταις τῶν μὲν φυλακήν, τῶν δ' ἐπιβουλὴν μὴ καθ' ἓν ἕκαστον, κατὰ πολλὰ δὲ πανταχόθεν περιεστάναι, καὶ τὸν κτύπον μέγαν ἀπὸ πολλῶν νεῶν συμπιπτουσῶν, ἔκπληξίν τε ἅμα καὶ ἀποστέρησιν τῆς ἀκοῆς ὧν οἱ κελευσταὶ ἐφθέγγοντο παρέχειν.

7 Πολλὴ γὰρ ἑτέρα ἡ παρακέλευσις καὶ ἡ βοὴ ἀφ' ἑκατέρων τοῖς κελευσταῖς κατά τε τὴν τέχνην καὶ πρὸς τὴν ναυτικὴν φιλονεικίαν ἐγίγνετο· τοῖς μὲν Ἀθηναίοις βιάζεσθαί τε τὸν ἔκπλουν ἐπιβοῶντες, καὶ περὶ τῆς ἐς τὴν πατρίδα σωτηρίας νῦν, εἴ ποτε, προθύμως ἀντιλαμβάνεσθαι· τοῖς δὲ Συρακοσίοις καὶ

1 ὅτε Z Thuc.$^{\mathrm{pl.}}$: ὁπότε Thuc.^{BM} || 6 ἐλαχίστῳ Thuc. : ὀλίγῳ Z || 7 ἐκβολαὶ Z Thuc.$^{\mathrm{pl.}}$: ἐμβολαὶ Thuc.^{CE} || 8 ἐγίνοντο I || 9 φυγεῖν Z Thuc.^{AEFM} : φεύγειν Thuc.$^{\mathrm{cett.}}$ || 12 ἀφθόνοις Z : -νως Thuc. || 16 post τε add. καὶ I || 21 ἐφθέγγοντο Z : φθέγγοιντο Thuc.^{ACEF} φθέγγοντο Thuc.^{B} || 22 ἑτέρα Z : δὴ Thuc. || ἡ pr. Z Thuc.^{B} : om. Thuc.$^{\mathrm{cett.}}$ || ἡ alt. Z : non hab. Thuc. || 23 ναυτικὴν Z : αὐτίκα Thuc. || 24 ἐγίνετο I || 25-26 νῦν εἰ A Thuc. : νυνὶ VIT || 26 post ποτε hab. καὶ αὖθις Thuc. || ἀντιλαμβάνεσθαι Z : ἀντιλαβέσθαι Thuc. || Συρακουσίοις I.

on criait qu'il était beau d'interdire à l'ennemi d'échapper, et de faire eux-mêmes plus grande, par la victoire, chacun sa patrie propre. 8 Plus encore, les stratèges, dans les deux camps, s'ils voyaient quelque bateau faire marche arrière sans nécessité absolue, interpellaient le triérarque par son nom et lui demandaient, les Athéniens, si cette terre, hostile entre toutes, leur paraissait plus familière désormais que la mer conquise à grand peine, pour s'y replier ainsi; les Syracusains, si, devant des Athéniens dont, ils le savaient bien, la seule envie était de s'échapper à tout prix, ils allaient eux-mêmes, quand ils fuyaient, les fuir.

71.1 L'infanterie sur la terre ferme, des deux côtés, comme la lutte sur mer maintenant balançait, éprouvait au moral beaucoup de conflits et d'agitation, les gens du pays ambitionnant toujours plus de succès qu'ils n'en avaient déjà, les envahisseurs craignant des échecs encore plus cuisants que dans le présent. 2 Tout pour les Athéniens reposait sur les navires; aussi la crainte qu'ils avaient de l'avenir passait-elle toute comparaison, et la dénivellation faisait que, de la terre, ils avaient forcément vue sur la bataille navale. 3 Comme la scène était à faible distance et que tous ne portaient pas les yeux sur le même point, ceux qui voyaient les leurs l'emporter quelque part reprenaient courage et se mettaient à supplier les dieux de ne pas leur ôter cet espoir de salut; d'autres, observant un repli, se répandaient en plaintes mêlées de cris et, à simplement voir l'action, ils étaient plus démoralisés que les combattants eux-mêmes; d'autres encore, les yeux fixés sur un point où les forces navales s'équilibraient, devant l'indécision persistante de la lutte, chancelaient d'effroi, au physique comme au moral, et vivaient la pire agonie : ils étaient à longueur de temps tout près d'échapper, tout près d'être perdus. 4 Dans le camp athénien, tant que sur mer le combat restait incertain, on pouvait tout entendre à la fois : lamentations, clameurs de joie, «c'est la victoire»,

ξυμμάχοις καλὸν εἶναι κωλῦσαί τε αὐτοὺς διαφυγεῖν, καὶ τὴν οἰκείαν ἑκάστους πατρίδα νικήσαντας ἐπαυξῆσαι. 8 Καὶ οἱ στρατηγοὶ προσέτι ἑκατέρων, εἴ τινά που ὁρῷεν μὴ κατ᾽ ἀνάγκην πρύμναν κρουόμενον, ἀνακαλοῦντες ὀνομαστὶ τὸν τριήραρχον ἠρώτων, οἱ μὲν Ἀθηναῖοι, εἰ τὴν πολεμιωτάτην γῆν οἰκειοτέραν ἤδη τῆς οὐ δι᾽ ὀλίγου πόνου ἐκτημένης θαλάσσης ἡγούμενοι ἀποχωροῦσιν, οἱ δὲ Συρακόσιοι, εἰ οὓς σαφῶς ἴσασι προθυμουμένους Ἀθηναίους παντὶ τρόπῳ διαφυγεῖν, τούτους αὐτοὶ φεύγοντας φεύγουσιν.

71.1 Ὅ τ᾽ ἐκ τῆς γῆς πεζὸς ἀμφοτέρων, ἰσορρόπου τῆς ναυμαχίας καθεστηκυίας, πολὺν τὸν ἀγῶνα καὶ ξύστασιν τῆς γνώμης εἶχε, φιλονεικῶν μὲν ὁ αὐτόθεν περὶ τοῦ πλείονος ἤδη καλοῦ, δεδιότες δὲ οἱ ἐπελθόντες μὴ τῶν παρόντων ἔτι χείρω πράξωσι. 2 Πάντων γὰρ δὴ ἀνακειμένων τοῖς Ἀθηναίοις ἐς τὰς ναῦς, ὅ τε φόβος ἦν ὑπὲρ τοῦ μέλλοντος οὐδενὶ ἐοικὼς καὶ διὰ τὸ ἀνώμαλον καὶ τὴν ἔποψιν τῆς ναυμαχίας ἐκ τῆς γῆς ἠναγκάζοντο ἔχειν. 3 Δι᾽ ὀλίγου γὰρ οὔσης τῆς θέας καὶ οὐ πάντων ἅμα ἐς τὸ αὐτὸ σκοπούντων, εἰ μέν τινες ἴδοιέν πῃ τοὺς σφετέρους ἐπικρατοῦντας, ἀνεθάρσησάν τε ἂν καὶ πρὸς ἀνάκλησιν θεῶν μὴ στερῆσαι σφᾶς τῆς σωτηρίας ἐτρέποντο· οἱ δὲ ἐπὶ τὸ ἡσσώμενον βλέψαντες, ὀλοφυρμῷ τε ἅμα μετὰ βοῆς ἐχρῶντο καὶ ἀπὸ τῶν δρωμένων τῆς ὄψεως καὶ τὴν γνώμην μᾶλλον τῶν ἐν τῷ ἔργῳ ἐδουλοῦντο· ἄλλοι δὲ καὶ πρὸς ἀντίπαλόν τι τῆς ναυμαχίας ἀπιδόντες, διὰ τὸ ἀκρίτως ξυνεχὲς τῆς ἁμίλλης καὶ τοῖς σώμασιν αὐτοῖς ἴσα τῇ δόξῃ περιδεῶς ξυναπονεύοντες, ἐν τοῖς χαλεπώτατα διῆγον· ἀεὶ γὰρ παρ᾽ ὀλίγον ἢ διέφευγον ἢ ἀπώλλυντο. 4 Ἦν τε ἐν τῷ στρατεύματι τῶν Ἀθηναίων, ἕως ἀγχώμαλα ἐναυμάχουν, πάντα ὁμοῦ ἀκοῦσαι, ὀλοφυρμὸς βοή, νικῶντες κρατούμενοι, ἄλλα ὅσα

5 εἰ om. I || 6 ἐκτημένης Z : κεκτημένης Thuc. || 7 ἀποχωροῦσιν Z : ὑπο- Thuc. || Συρακούσιοι I || 16 post ἀνώμαλον add. τῶν ξυμβαινόντων ἀνώμαλον Arnold Thuc.$^{\mathrm{edd.}}$ || 21 τὸ Z Thuc.$^{\mathrm{codd.}}$: τι Hude Thuc.$^{\mathrm{edd.}}$ || 27 τῷ Z Thuc.^{AEFM} : τῷ αὐτῷ Thuc.$^{\mathrm{cett.}}$ || 29 ὅσα Z Thuc.$^{\mathrm{codd.}}$: ὅσ᾽ ἂν Herwerden Thuc.$^{\mathrm{edd.}}$.

« c'est la défaite », et tant d'autres cris de toutes sortes qu'un grand péril arrache forcément à toute grande armée. 5 Des passions du même ordre régnaient à bord des navires, jusqu'au moment du moins où les Syracusains et leurs alliés, après un long engagement sur mer, mirent en fuite les Athéniens et, par une pression décisive, à grands renforts de cris et d'ordres répétés, les chassèrent vers la terre. 6 Alors la flotte, en ordre dispersé, tous les bateaux qui n'avaient pas été pris au large, poussés à la côte, échouèrent dans le camp. L'infanterie, sans plus tergiverser, d'un seul élan, avec plaintes et gémissements, déplorant tous l'événement, se porta qui au secours des navires, qui vers ce qui restait du retranchement pour le garder ; d'autres encore, les plus nombreux, ne songeant désormais qu'à eux-mêmes, cherchaient par où sauver leur vie. 7 Ce fut d'emblée une panique qui, de toutes celles qui aient jamais eu lieu, ne fut inférieure à aucune. Leur sort était comparable à celui qu'ils avaient eux-mêmes infligé à Pylos : leur flotte détruite, les Lacédémoniens avaient du même coup perdu leurs hommes passés dans l'île ; pareillement alors, pour les Athéniens, tout espoir de salut par terre était réduit à néant, à moins d'un miracle imprévisible.

72.1 La bataille sur mer avait été rude, les pertes en navires et en hommes étaient lourdes des deux côtés ; les Syracusains et leurs alliés, vainqueurs, recueillirent les épaves et les morts, puis, regagnant la ville, ils dressèrent un trophée.

27. 1 Ce récit et ceux qui lui ressemblent méritent à mes yeux d'être admirés et imités ; la magnificence du langage, la beauté de l'expression, la virtuosité véhémente et toutes les autres qualités de style sont présentes dans de pareils passages — c'est ma conviction profonde — à leur plus haut niveau ; preuve en est que personne ne reste l'âme impassible devant ce type de style et que ni la part irrationnelle de notre intelligence, notre critère naturel pour distinguer

ἐν μεγάλῳ κινδύνῳ μέγα στρατόπεδον πολυειδῆ ἀναγκάζοιτο φθέγγεσθαι. 5 Παραπλήσια δὲ καὶ οἱ ἐπὶ τῶν νεῶν αὐτοῖς ἔπασχον, πρίν γε δὴ οἱ Συρακόσιοι καὶ οἱ ξύμμαχοι, ἐπὶ πολὺ ἀντισχούσης τῆς ναυμαχίας, ἔτρεψάν τε τοὺς Ἀθηναίους καὶ ἐπικείμενοι λαμπρῶς, πολλῇ κραυγῇ καὶ διακελευσμῷ χρώμενοι, κατεδίωκον ἐς τὴν γῆν. 6 Τότε δὴ ὁ μὲν ναυτικὸς στρατὸς ἄλλος ἄλλῃ, ὅσοι μὴ μετέωροι ἑάλωσαν, κατενεχθέντες ἐξέπεσον ἐς τὸ στρατόπεδον. Ὁ δὲ πεζὸς οὐκέτι διαφόρως, ἀλλ' ἀπὸ μιᾶς ὁρμῆς οἰμωγῇ τε καὶ στόνῳ πάντες δυσανασχετοῦντες τὰ γιγνόμενα, οἱ μὲν ἐπὶ τὰς ναῦς παρεβοήθουν, οἱ δὲ πρὸς τὸ λοιπὸν τοῦ τείχους ἐς φυλακήν· ἄλλοι δὲ καὶ οἱ πλεῖστοι ἤδη περὶ σφᾶς αὐτοὺς καὶ ὅπῃ σωθήσονται διεσκόπουν. 7 Ἦν τε ἐν τῷ παραυτίκα οὐδεμιᾶς δὴ τῶν ξυμπασῶν ἐλάσσων ἔκπληξις. Παραπλήσιά τε ἐπεπόνθεσαν καὶ ἔδρασαν αὐτοὶ ἐν Πύλῳ· διαφθαρεισῶν γὰρ τῶν νεῶν τοῖς Λακεδαιμονίοις προσαπώλλυντο αὐτοῖς καὶ οἱ ἐν τῇ νήσῳ ἄνδρες διαβεβηκότες· καὶ τότε τοῖς Ἀθηναίοις ἀνέλπιστον ἦν τὸ κατὰ γῆν σωθήσεσθαι, ἢν μή τι παρὰ λόγον γίγνηται.

72.1 Γενομένης δ' ἰσχυρᾶς τῆς ναυμαχίας καὶ πολλῶν νεῶν ἀμφοτέροις καὶ ἀνδρῶν ἀπολομένων, οἱ Συρακόσιοι καὶ οἱ ξύμμαχοι ἐπικρατήσαντες τά τε ναυάγια καὶ τοὺς νεκροὺς ἀνείλοντο, καὶ ἀποπλεύσαντες πρὸς τὴν πόλιν τρόπαιον ἔστησαν.

27. 1 **Ἐμοὶ μὲν δὴ ταῦτα καὶ τὰ παραπλήσια τούτοις ἄξια ζήλου τε καὶ μιμήσεως ἐφάνη, τήν τε μεγαληγορίαν τοῦ ἀνδρὸς καὶ τὴν καλλιλογίαν καὶ τὴν δεινότητα καὶ τὰς ἄλλας ἀρετὰς ἐν τούτοις τοῖς ἔργοις ἐπείσθην τελειοτάτας εἶναι, τεκμαιρόμενος ὅτι πᾶσα ψυχὴ τούτῳ τῷ γένει τῆς λέξεως ἄγεται, καὶ οὔτε τὸ ἄλογον τῆς διανοίας κριτήριον, ᾧ πεφύκαμεν ἀντιλαμβάνεσθαι τῶν**

3 et 20 Συρακούσιοι I || 6 δὴ Z : δὲ Thuc. || 7 ἄλλος Z Thuc.[codd.] : ἄλλοι Krueger Thuc.[edd.] || 10 γινόμενα I || 20 ἀνδρῶν Z : ἀνθρώπων Thuc.

l'agréable du détestable, n'y reste indifférente, ni non plus sa part rationnelle, qui nous permet de distinguer le beau dans chaque forme d'art. 2 En tout cas, ni le simple amateur en matière de prose littéraire ne pourrait arguer d'un mot ou d'une figure qui l'aurait choqué, ni le lecteur particulièrement raffiné et dédaigneux de l'inculture populaire ne saurait blâmer la mise en œuvre de ce passage ; le peuple et l'élite auront la même opinion. 3 Le profane en effet, qui forme la majorité, ne sera pas indisposé par des tournures vulgaires, tortueuses, énigmatiques ; le spécialiste — rare — qui a reçu une éducation soignée, ne trouvera à critiquer ni manque de noblesse, ni platitudes, ni absence d'élaboration. 4 Il y aura accord complet entre les deux critères, le rationnel et l'irrationnel, qui sont nos deux seuls moyens pour juger de tout ce qui se rapporte aux arts[1].

<. . . . .>

Récit inégal : les massacres de Corcyre

<Si l'on> néglige l'un des deux aspects du style, on ne peut amener l'autre à la beauté ni à la perfection.

28. 1 Je ne vois pas pour ma part comment je pourrais louer ces passages que certains trouvent grands et admirables, mais qui, dépourvus des qualités premières les plus courantes, en sont réduits, à force de superflu et de raffinement, à manquer totalement d'agrément et d'utilité. Je vais en fournir quelques exemples, en mettant immédiatement en regard, dans chaque cas, les raisons qui ont fait choir l'historien dans les défauts inverses des qualités qu'il cherchait.

2 Prenons le livre III où il relate les actes cruels et impies commis à Corcyre, au cours de la guerre civile, contre les puissants par le peuple. Tant que, dans le

1. *Notes complémentaires*, p. 155.

ἡδέων ἢ ἀνιαρῶν, ἀλλοτριοῦται πρὸς αὐτό, οὔτε τὸ λογικόν, ἐφ' οὗ διαγιγνώσκεται τὸ ἐν ἑκάστῃ τέχνῃ καλόν. 2 Οὐδ' ἂν ἔχοιεν οὔθ' οἱ μὴ πάνυ λόγων ἔμπειροι πολιτικῶν εἰπεῖν ἐφ' ὅτῳ δυσχεραίνουσιν ὀνόματι ἢ σχήματι, οὔθ' οἱ πάνυ περιττοὶ καὶ τῆς τῶν πολλῶν ὑπερορῶντες ἀμαθίας μέμψασθαι τὴν κατασκευὴν ταύτης τῆς λέξεως, ἀλλὰ καὶ τὸ τῶν πολλῶν καὶ ⟨τὸ⟩ τῶν ὀλίγων τὴν αὐτὴν ὑπόληψιν ἕξει. 3 Ὁ μέν γε πολὺς ἐκεῖνος ἰδιώτης οὐ δυσχερανεῖ τὸ φορτικὸν τῆς λέξεως καὶ σκολιὸν καὶ δυσπαρακολούθητον· ὁ δὲ σπάνιος καὶ οὐδ' ἐκ τῆς ἐπιτυχούσης ἀγωγῆς γιγνόμενος τεχνίτης οὐ μέμψεται τὸ ἀγεννὲς καὶ χαμαιτυπὲς καὶ ἀκατάσκευον. 4 Ἀλλὰ συνῳδὸν ἔσται τό τε λογικὸν καὶ τὸ ἄλογον κριτήριον, ὑφ' ὧν ἀμφοτέρων ἀξιοῦμεν ἅπαντα κρίνεσθαι κατὰ τὰς τέχνας.

<. . . . . >

⟨Ὅταν γάρ τις μὴ⟩ ἐργάσηται θάτερον, οὐκέτι καλὸν οὐδὲ τέλειον ἀποδίδωσι τὸ ἕτερον.

28 1 Ἐγὼ γοῦν οὐκ ἔχω πῶς ἐκεῖνα ἐπαινέσω τὰ δοκοῦντα μεγάλα καὶ θαυμαστὰ εἶναί τισιν, ὅσα μηδὲ τὰς πρώτας ἀρετὰς ἔχει καὶ κοινοτάτας, ἀλλ' ἐκνενίκηται τῷ περιέργῳ καὶ περιττῷ μήτε ἡδέα εἶναι μήτε ὠφέλιμα· ὧν ὀλίγα παρέξομαι δείγματα, παρατιθεὶς εὐθὺς ἑκάστοις τὰς αἰτίας δι' ἃς περιέστηκεν εἰς τὰς ἐναντίας ταῖς ἀρεταῖς κακίας.

2 Ἐν μὲν οὖν τῇ τρίτῃ βύβλῳ, τὰ περὶ Κέρκυραν ὠμὰ καὶ ἀνόσια ἔργα διὰ τὴν στάσιν εἰς τοὺς δυνατωτάτους ἐκ τοῦ δήμου γενόμενα διεξιών, ἕως μὲν ἐν τῷ κοινῷ καὶ

2 διαγιγνώσκεται T : -γινώσκ- AVI || 5 πάνυ A : μὴ πάνυ VIT || 7-8 τὸ τῶν ὀλίγων Reiske : τῶν ἀλόγων Z || 9 δυσχερανεῖ Reiske : -ραίνει Z || 11 ἐπιτυχούσης Us. : ὑπο- Z || γινόμενος I || 12 ἀγεννὲς AV : ἀγενὲς IT || 15 post τέχνας lac. susp. Sylburg || 17 ὅταν — μὴ add. Costil || 21 καὶ add. Us. || 25 κακίας VIT : κακίαις A || 26 βύβλῳ Us. : βίβλῳ Z.

récit, il use d'un mode d'expression courant et habituel, il dit tout avec clarté, concision et vigueur ; mais quand il commence à dramatiser[1] sur les malheurs communs de la Grèce, et qu'il fait prendre à l'idée exprimée une direction inhabituelle, il devient grandement inférieur à lui-même.

Début réussi

Voici le début du passage ; on n'y saurait rien trouver à redire.

III.81.2 Les Corcyréens, constatant que la flotte athénienne approchait et que les bateaux ennemis s'éloignaient, prirent avec eux et firent entrer dans la ville les Messéniens restés jusque-là au dehors ; puis ils donnèrent aux navires qu'ils avaient équipés l'ordre de faire le tour pour pénétrer dans le port Hyllaïcos et profitèrent de ce circuit pour massacrer tous les adversaires qu'ils prenaient ; de plus, tous ceux qu'ils avaient persuadés de s'embarquer durent descendre des navires et furent exécutés ; enfin, entrant dans l'Héraion, ils persuadèrent une cinquantaine de suppliants de se présenter à la justice et les condamnèrent tous à mort. 3 Les suppliants qui ne s'étaient pas laissés persuader (c'était la majorité), en voyant ce qui se passait, se donnaient mutuellement la mort dans le sanctuaire ; certains se pendaient aux arbres ; d'autres se supprimaient chacun comme il pouvait.

4 Pendant les sept jours qu'Eurymédon resta là avec ses soixante navires, les Corcyréens massacrèrent ceux des leurs qui passaient pour des opposants, les accusant de vouloir renverser la démocratie ; mais certains aussi périrent victimes de vengeances personnelles, et d'autres, qui avaient prêté de l'argent, de la main de leurs débiteurs. 5 La mort revêtit toutes les formes, et, comme il se produit en pareil cas, on ne recula devant rien — et pis encore : le père tuait son fils, on arrachait les gens des sanctuaires ou bien on les tuait sur place, certains même périrent emmurés dans le temple de Dionysos.

1. Seule occurrence de ce verbe dans les *Opuscules* ; à rapprocher de τραγῳδία en VII, 18, 4. Les termes empruntés au théâtre ont souvent une nuance péjorative.

συνήθει τῆς διαλέκτου τρόπῳ τὰ πραχθέντα δηλοῖ, σαφῶς τε καὶ συντόμως καὶ δυνατῶς ἅπαντα εἴρηκεν· ἀρξάμενος δὲ ἐπιτραγῳδεῖν τὰς κοινὰς τῶν Ἑλλήνων συμφορὰς καὶ τὴν διάνοιαν ἐξαλλάττειν ἐκ τῶν ἐν ἔθει, μακρῷ τινι γίγνεται χείρων αὐτὸς ἑαυτοῦ.

Ἔστι δὲ τὰ μὲν πρῶτα, ὧν οὐδεὶς ἂν ὡς ἡμαρτημένων ἐπιλάβοιτο, ταῦτα·

III.81.2 Κερκυραῖοι δὲ αἰσθόμενοι τάς τε Ἀττικὰς ναῦς προσπλεούσας τάς τε τῶν πολεμίων οἰχομένας, λαβόντες τοὺς Μεσσηνίους εἰς τὴν πόλιν ἤγαγον πρότερον ἔξω ὄντας, καὶ τὰς ναῦς περιπλεῦσαι κελεύσαντες ἃς ἐπλήρωσαν ἐς τὸν Ὑλαϊκὸν λιμένα, ἐν ὅσῳ περιεκομίζοντο, τῶν ἐχθρῶν εἴ τινα λάβοιεν ἀπέκτεινον, καὶ ἐκ τῶν νεῶν ὅσους ἔπεισαν εἰσβῆναι ἐκβιβάζοντες ἀνεχρῶντο· εἰς τὸ Ἥραιόν τε ἐλθόντες, τῶν ἱκετῶν ὡς πεντήκοντα ἄνδρας δίκην ὑποσχεῖν ἔπεισαν καὶ κατέγνωσαν ἁπάντων θάνατον. 3 Οἱ δὲ πολλοὶ τῶν ἱκετῶν ὅσοι οὐκ ἐπείσθησαν, ὡς ἑώρων τὰ γιγνόμενα, διέφθειρον ἐν τῷ ἱερῷ ἀλλήλους, καὶ ἐκ τῶν δένδρων τινὲς ἀπήγχοντο, οἱ δ' ὡς ἕκαστοι ἐδύναντο ἀνηλοῦντο.

4 Ἡμέρας τε ἑπτὰ ἃς ἀφικόμενος ὁ Εὐρυμέδων ταῖς ἑξήκοντα ναυσὶ παρέμεινε, Κερκυραῖοι σφῶν αὐτῶν τοὺς ἐχθροὺς δοκοῦντας εἶναι ἐφόνευον, τὴν μὲν αἰτίαν ἐπιφέροντες τοῖς τὸν δῆμον καταλύουσιν, ἀπέθανον δέ τινες καὶ ἰδίας ἔχθρας ἕνεκα, καὶ ἄλλοι χρημάτων σφίσιν ὀφειλομένων ὑπὸ τῶν λαβόντων. 5 Πᾶσά τε ἰδέα κατέστη θανάτου, καὶ οἷον φιλεῖ ἐν τῷ τοιούτῳ γίγνεσθαι, οὐδὲν ὅ τι οὐ ξυνέβη, καὶ ἔτι περαιτέρω· καὶ γὰρ πατὴρ παῖδα ἀπέκτεινε, καὶ ἀπὸ τῶν ἱερῶν ἀπεσπῶντο καὶ πρὸς αὐτοῖς ἐκτείνοντο, οἱ δέ τινες καὶ περιοικοδομηθέντες ἐν τοῦ Διονύσου τῷ ἱερῷ ἀπέθανον.

5 γίνεται I || 8 αἰσθόμενοι Z Thuc. : αἰσθανόμενοι Sylburg || 9 τοὺς Z : τούς τε Thuc. || 11 Ὑλαϊκὸν IT : Ἐλαϊκὸν AV Ὑλλαϊκὸν Thuc. || 14 ἀνεχρῶντο Z : ἀπεχρῶντο Thuc.[edd.] ἀπεχώρησαν Thuc.[codd.] || 16 ἁπάντων Z : πάντων Thuc. || 17 post διέφθειρον hab. αὐτοῦ Thuc. || 19 ἀνηλοῦντο I Thuc. : ἀναλοῦντο AVT || 21 Κερκυραῖοι Thuc. : -ραίοις Z.

82.1 Tel fut le degré de cruauté qu'atteignit cette guerre civile, et il fut d'autant plus ressenti que c'était l'une des premières en date; par la suite en effet, l'ébranlement gagna pour ainsi dire le monde grec tout entier, où des différends opposaient dans chaque cité les chefs du peuple, désireux de faire appel aux Athéniens, et les oligarques, partisans des Lacédémoniens.

Amplification ratée

29 1 Mais ce qu'il ajoute ensuite est tortueux, difficile à suivre, avec des enchevêtrements de figures qui sentent le solécisme[1], étranger aussi à la pratique habituelle de ses contemporains et de ses successeurs, à une époque pourtant où l'éloquence politique brillait d'un vif éclat[2]. Et je vais le montrer.

82.3 Ainsi l'agitation régnait au cœur des cités; et les traînards ici ou là, à l'annonce des événements déjà survenus, poussaient encore plus loin les excès d'innovation dans les conceptions, tant par l'ingéniosité des entreprises que par l'extravagance des châtiments.

2 Dans cet extrait[3], le premier membre de phrase contient une périphrase nullement nécessaire : *Ainsi l'agitation régnait au cœur des cités.* Il était plus sensé de dire : «les cités s'agitaient».

3 L'expression qui suit : *et les traînards ici ou là* est difficile à comprendre. Il eût été plus clair de dire : «les cités qui étaient à la traîne». A quoi s'ajoute : *à l'annonce des événements déjà révolus, poussaient encore plus loin les excès d'innovation dans les conceptions.* Ce qu'il veut dire, c'est : «les gens qui traînaient encore, apprenant ce qui s'était passé ailleurs, se lancaient dans les excès pour concevoir du plus neuf». Outre l'enchevêtrement de l'expression, l'agencement des mots manque singulièrement d'agrément.

1, 2, 3. *Notes complémentaires*, p. 155-156.

82.1 Οὕτως ὠμὴ στάσις προὐχώρησε, καὶ ἔδοξε μᾶλλον διότι ἐν τοῖς πρώτη ἐγένετο· ἐπεὶ ὕστερόν γε καὶ πᾶν ὡς εἰπεῖν τὸ Ἑλληνικὸν ἐκινήθη, διαφορῶν <*οὐσῶν*> *ἑκασταχοῦ τοῖς τε τῶν δήμων προστάταις τοὺς Ἀθηναίους ἐπάγεσθαι καὶ τοῖς ὀλίγοις τοὺς Λακεδαιμονίους.*

29. 1 **Ἃ δὲ τούτοις ἐπιφέρει, σκολιὰ καὶ δυσπαρακολούθητα καὶ τὰς τῶν σχηματισμῶν πλοκὰς σολοικοφανεῖς ἔχοντα καὶ οὔτε τοῖς κατ' ἐκεῖνον τὸν βίον γενομένοις ἐπιτηδευθέντα οὔτε τοῖς ὕστερον, ὅτε μάλιστα ἤκμασεν ἡ πολιτικὴ δύναμις· ἃ μέλλω νυνὶ λέγειν·**

82.3 Ἐστασίαζέν τε οὖν τὰ τῶν πόλεων, καὶ τὰ ἐφυστερίζοντά που ἐπιπύστει τῶν προγενομένων πολὺ ἐπέφερε τὴν ὑπερβολὴν τοῦ καινοῦσθαι τὰς διανοίας τῶν τ' ἐπιχειρήσεων περιτεχνήσει καὶ τῶν τιμωριῶν ἀτοπίᾳ.

2 **Ἐν τούτοις τὸ μὲν πρῶτον τῶν κώλων περιπέφρασται πρὸς οὐδὲν ἀναγκαῖον·** *ἐστασίαζέ τε οὖν τὰ τῶν πόλεων.* **Ὑγιέστερον γὰρ ἦν εἰπεῖν «ἐστασίαζον αἱ πόλεις».**

3 **Τὸ δ' ἐπὶ τούτῳ λεγόμενον·** *καὶ τὰ ἐφυστερίζοντά που* **δυσείκαστόν ἐστι. Σαφέστερον δ' ἂν ἐγένετο ῥηθὲν οὕτως· «αἱ δὲ ὑστεροῦσαι πόλεις». Οἷς ἐπίκειται·** *ἐπιπύστει τῶν προγεγενημένων πολὺ ἐπέφερε τὴν ὑπερβολὴν ἐς τὸ καινοῦσθαι τὰς διανοίας.* **Βούλεται μὲν γὰρ λέγειν· «οἱ δὲ ὑστερίζοντες ἐπιπυνθανόμενοι τὰ γεγενημένα παρ' ἑτέροις ἐλάμβανον ὑπερβολὴν ἐπὶ τὸ διανοεῖσθαί τι καινότερον». Χωρὶς δὲ τῆς πλοκῆς οὐδὲ οἱ τῶν ὀνομάτων σχηματισμοὶ ταῖς ἀκοαῖς εἰσιν ἡδεῖς.**

Test. : 11 καὶ — 14 ἀτοπίᾳ Dionysius *De Demosthene* 1, 2 (= Δ).

---

1 προὐχώρησε AVT Thuc. : προὐκεχώρησε I ‖ 3 οὐσῶν add. Sylburg e Thuc. ‖ 11 ἐστασίαζέν τε Us. : ἐστασιάζοντο Z ἐστασίαζέ τε Thuc. ‖ ἐφυστερίζοντα Z Thuc. : ἀφυστ- Δ ‖ 12 et 20 ἐπιπύστει Reiske : ἐπὶ πύστει Z πύστει Thuc. Δ ‖ 13 τοῦ Z Thuc. : ἐς τὸ Δ ‖ 16 ἐστασίαζέ τε Us. Thuc. : ἐστασιάζετο AVT -ζοντο I ‖ 21 προγεγενημένων Z : προγενομένων Thuc. et supra ‖ ἐς τὸ ZΔ : τοῦ Thuc. et supra.

4 Sur ce, il introduit une idée annexe, assez proche de la mise en œuvre poétique, ou plutôt même dithyrambique[1] :

tant par l'ingéniosité des entreprises que par l'extravagance des châtiments; 4 on changeait l'acception habituelle des mots en fonction des actes, en guise de justification.

Ce qu'il veut indiquer, dans cet enchevêtrement difficile à démêler, c'est à peu près ceci : «ils se lançaient dans de grands efforts en vue de concevoir du plus neuf en ce qui concernait les tactiques d'agression et les excès dans les châtiments. Prenant les mots qui servaient habituellement à désigner ces faits, ils en changeaient le sens et réclamaient pour eux d'autres appellations.» En tout cas, *l'ingéniosité <des entreprises>* [2], *l'extravagance des châtiments, l'acception habituelle des mots* et *la justification changée en fonction des actes* ressemblent fort à des périphrases poétiques.

5 Sur ce, il ajoute les figures voyantes que voici :

Une audace irraisonnée passa pour du courage chevaleresque, une attente prudente pour de la lâcheté déguisée.

Ces deux membres de phrase contiennent des assonances et des parisoses, et l'on y trouve des additions à but purement ornemental. Une formulation qui, sans rien de voyant <ni de superflu>, contiendrait le strict nécessaire pourrait être : «on appelait l'audace courage, l'attente lâcheté».

6 Du même ordre est ce qui vient immédiatement après :

La sagesse passait pour le paravent de la couardise, la compréhension de tout pour paresse sur tout.

On aurait pu dire, de façon plus usuelle : «Les sages passaient pour des couards, les gens compréhensifs en tout pour des paresseux pour tout».

1. La mise en œuvre proche du dithyrambe, celle par exemple de Gorgias (II, 3, 4), est toujours vivement critiquée par Denys ; le dithyrambe, sous sa forme moderne du moins, était caractérisé à ses yeux par une trop grande licence (cf. VI, 19, 8).

2. *Notes complémentaires*, p. 156.

4 **Τούτοις ἐπιφέρει κεφάλαιον ἄλλο ποιητικῆς, μᾶλλον δὲ διθυραμβικῆς σκευωρίας οἰκειότερον·**

τῶν τ' ἐπιχειρήσεων ἐπιτεχνήσει καὶ τῶν τιμωριῶν ἀτοπίᾳ· 4 καὶ τὴν εἰωθυῖαν τῶν ὀνομάτων ἀξίωσιν ἐς τὰ ἔργα ἀντήλλαξαν τῇ δικαιώσει.

Ὃ γὰρ βούλεται δηλοῦν, ἐν τῇ δυσεξελίκτῳ πλοκῇ, τοιοῦτόν ἐστι· «πολλὴν τὴν ἐπίδοσιν ἐλάμβανον εἰς τὸ διανοεῖσθαί τι καινότερον περὶ τὰς τέχνας τῶν ἐγχειρημάτων καὶ περὶ τὰς ὑπερβολὰς τῶν τιμωριῶν· τά τε εἰωθότα ὀνόματα ἐπὶ τοῖς πράγμασι λέγεσθαι μετατιθέντες ἄλλως ἠξίουν αὐτὰ καλεῖν.» Ἡ δὲ *περιτέχνησις <τῶν ἐπιχειρήσεων>* **καὶ ἡ** *τῶν τιμωριῶν ἀτοπία* **καὶ ἡ** *εἰωθυῖα τῶν ὀνομάτων ἀξίωσις* **καὶ ἡ** *εἰς τὰ ἔργα ἀντηλλαγμένη δικαίωσις* **περιφράσεως ποιητικῆς ἐστιν οἰκειοτέρα.**

5 **Οἷς ἐπιτίθησι τὰ θεατρικὰ σχήματα ταυτί·**

Τόλμα μὲν γὰρ ἀλόγιστος ἀνδρία φιλέταιρος ἐνομίσθη, μέλλησις δὲ προμηθὴς δειλία εὐπρεπής.

Παρομοιώσεις γὰρ ἀμφότερα ταῦτα καὶ παρισώσεις περιέχει, καὶ τὰ ἐπίθετα καλλωπισμοῦ χάριν κεῖται. Τὸ γὰρ οὔτε θεατρικὸν ⟨οὔτε περίεργον⟩ ἀλλ' ἀναγκαῖον τῆς λέξεως σχῆμα τοιοῦτ' ἂν ἦν· «τὴν μὲν γὰρ τόλμαν ἀνδρίαν ἐκάλουν, τὴν δὲ μέλλησιν δειλίαν».

6 **Ὅμοια δὲ τούτοις ἐστὶ καὶ τὰ συναπτόμενα·**

Τὸ δὲ σῶφρον τοῦ ἀνάνδρου πρόσχημα, καὶ τὸ πρὸς ἅπαν συνετὸν ἐπὶ πᾶν ἀργόν.

Κυριώτερον δ' ἂν οὕτως ἐλέχθη· «οἱ δὲ σώφρονες ἄνανδροι, καὶ οἱ συνετοὶ πρὸς ἅπαντα ἐν ἅπασιν ἀργοί».

3 ἐπιτεχνήσει Z : περιτεχνήσει Thuc. et supra || 4 τῶν ὀνομάτων post ἀξίωσιν Thuc. || 6 δυσεξελίκτῳ Sylburg : -λέγκτῳ Z || 11-12 δὲ περιτέχνησις τῶν ἐπιχειρήσεων ego e p. 86, 13 : δ' ἐπιτέχνησις Z || 16 φιλέταιρος AV Thuc.[pl.] : φιλαίτερος IT Thuc.[B] || 20 οὔτε περίεργον addidi : hiatum susp. Reiske οὔτε κόμψον add. Pavano || 25 συνετὸν AVT : ξυνετὸν I Thuc.

30. 1 Si seulement, une fois arrivé là, il avait cessé tantôt d'ornementer son style, tantôt de le raidir[1], il serait moins fatigant. Mais le voici qui ajoute :

Former un projet devenait une sécurité, beau prétexte à dérobade. 5 Qui protestait était toujours crédible, qui lui répondait, suspect.

2 Dans ce passage, on ne voit pas clairement qui Thucydide vise quand il parle de *qui protestait,* ni quel est le motif de la protestation ; on ne voit pas davantage qui est celui *qui lui répondait,* ni dans quelles conditions il le faisait.

Il continue par :

Un comploteur, heureux, passait pour intelligent, et, soupçonneux, pour encore plus habile ; qui s'était arrangé pour n'avoir besoin de rien passait pour un briseur de parti, épouvanté par l'adversaire[2].

3 Là non plus, le *heureux* ne précise pas suffisamment la pensée de l'auteur ; de plus, un même homme ne peut être considéré tout à la fois comme *heureux* et *soupçonneux,* si tant est que *heureux* se dit de quelqu'un qui a réussi et obtenu ce qu'il espérait, et *soupçonneux* se dit de celui qui prévoit d'avance un mauvais coup, avant sa réalisation, à l'état de simple projet. 4 L'idée eût été «d'une éclatante limpidité» si elle avait été formulée ainsi : «Ceux qui complotaient contre d'autres, s'ils avaient réussi, passaient pour habiles ; ceux qui soupçonnaient des complots, s'ils s'en protégeaient, pour encore plus habiles ; celui qui avait prévu de n'avoir besoin de rien, ni de complot ni de protection, paraissait briser les partis ou avoir été épouvanté devant ses adversaires.»

31. 1 Après avoir ajouté à ce passage une seule période, contractée[3] et vigoureuse tout en restant claire :

1, 2, 3. *Notes complémentaires*, p. 156.

30. 1 **Εἰ μέχρι τούτων προελθὼν ἐπαύσατο τὰ μὲν καλλωπίζων, τὰ δὲ σκληραγωγῶν τὴν λέξιν, ἧττον ἂν ὀχληρὸς ἦν. Νῦν δ' ἐπιτίθησιν·**

Ἀσφάλεια δὲ τὸ ἐπιβουλεύσασθαι, ἀποτροπῆς πρόφασις εὔλογος. 5 *Καὶ ὁ μὲν χαλεπαίνων πιστὸς ἀεί, ὁ δ' ἀντιλέγων αὐτῷ ὕποπτος.*

2 **Καὶ γὰρ ἐν τούτοις πάλιν ἄδηλον μέν ἐστι τίνα βούλεται δηλοῦν** *τὸν χαλεπαίνοντα* **καὶ περὶ τίνος, τίνα δὲ** *τὸν ἀντιλέγοντα* **καὶ ἐφ' ὅτῳ.**

Ἐπιβουλεύσας δέ τις — **φησί** — *τυχών τε συνετός, καὶ ὑπονοήσας ἔτι δεινότερος· προβουλεύσας δὲ ὅπως μηδὲν αὐτῷ δεήσει, τῆς ἑταιρίας διαλυτὴς καὶ τοὺς ἐναντίους ἐκπεπληγμένος.*

3 **Οὔτε γὰρ ὁ** *τυχὼν* **ἐμφαίνει μᾶλλον ὃ βούλεται δηλοῦν, οὔτε ὁ αὐτὸς** *τυχών* **τε καὶ** *ὑπονοήσας* **ἅμα νοεῖσθαι δύναται, εἴ γε ὁ μὲν** *τυχὼν* **ἐπὶ τοῦ κατορθώσαντος καὶ ἐπιτυχόντος ὃ ἤλπισε λέγεται, ὁ δὲ** *ὑπονοήσας* **ἐπὶ τοῦ προαισθομένου τὸ μήπω πραχθὲν ἀλλ' ἔτι μέλλον κακόν.** 4 **«Καθαρὸς δὲ καὶ τηλαυγὴς» ὁ νοῦς οὕτως ἂν ἦν· «οἵ τ' ἐπιβουλεύοντες ἑτέροις εἰ κατορθώσειαν, δεινοί· καὶ οἱ τὰς ἐπιβουλὰς προϋπονοοῦντες εἰ φυλάξαιντο, ἔτι δεινότεροι· ὁ δὲ προϊδόμενος ὅπως μηδὲν αὐτῷ δεήσει μήτ' ἐπιβουλῆς μήτε φυλακῆς, τάς τε ἑταιρίας διαλύειν ἐδόκει καὶ τοὺς ἐναντίους ἐκπεπλῆχθαι.»**

31. 1 **Μίαν δὲ τούτοις ἐπιθεὶς περίοδον ἀγκύλως εἰρημένην καὶ δυνατῶς μετὰ τοῦ σαφῶς·**

2 ἂν : μὲν V || 7 μέν ἐστι om. I || 10 τε non hab. Thuc. || συνετός AVT : ξυνετός I Thuc. || 11 ὑπονοήσας Thuc. : ἐπινοήσας Z || αὐτῷ Us. : αὐτῷ Z Thuc.[HJ] αὐτῶν Thuc.[cett.] || 12 τῆς Z : τῆς τε Thuc. || 15 ὑπονοήσας Us. : ἐπινοήσας Z || 18 μέλλον Reiske : μᾶλλον Z || 21 προϋπονοοῦντες Reiske : προεπινοοῦντες Z || 22 προϊδόμενος Us. : προειδόμενος Z.

Bref, devancer qui allait faire un mauvais coup valait des éloges, comme aussi y pousser qui n'en avait pas l'idée,

il va user à nouveau d'une substitution poétique :

6 A vrai dire, ce qui était parent devenait plus étranger que ce qui était comparse, du fait d'être davantage prêt à jouer d'audace sans motif.

En effet, *ce qui était parent* ou *ce qui était comparse* est mis par métalepse à la place de «les parents» ou «les comparses». Et quant à *jouer d'audace sans motif,* on ne sait pas si cela s'applique ici aux amis ou aux parents ; 2 car c'est pour donner les raisons qui faisaient juger les parents plus étrangers que les amis que Thucydide exprime l'idée supplémentaire que ceux-ci autorisaient une audace sans motif. L'énoncé serait plus clair si, tout en conservant ses formules favorites, il l'avait libellé ainsi : «A vrai dire, ce qui était comparse devenait plus familier que ce qui était parent, du fait d'être davantage prêt à jouer d'audace sans motif.[1]»

3 On trouve aussi des périphrases dans ce qui suit[2] ; l'énoncé y manque tout à la fois de vigueur et de clarté :

Car ce n'était pas avec les lois existantes, pour l'entraide, que se faisaient de telles associations, mais contre les lois établies, par goût du profit.

L'idée est à peu près la suivante : «Car ce n'était pas pour des entraides selon la loi que se formaient ces associations de comparses, mais pour faire du profit contre les lois.»

4 Et il poursuit :

7 Les serments — si par hasard on en faisait — de réconciliation, pour l'immédiat, prêtés en fonction de l'embarras où se trouvaient les deux partis, étaient valables, tant qu'on n'avait pas de renfort venu d'ailleurs.

1. Par échange du sujet et du complément dans la proposition principale, Denys fait du nouveau sujet celui de l'infinitif, ce qui lui paraît plus clair et plus correct.

2. *Notes complémentaires*, p. 156-157.

Ἁπλῶς δὲ ὁ φθάσας τὸν μέλλοντα κακόν τι δρᾶν ἐπῃνεῖτο καὶ ὁ ἐπικελεύσας τὸν μὴ διανοούμενον,

ποιητικῇ πάλιν χρήσεται μεταλήψει·

6 Καὶ μὴν καὶ τὸ συγγενὲς τοῦ ἑταιρικοῦ ἀλλοτριώτερον ἐγένετο, διὰ τὸ ἑτοιμότερον εἶναι ἀπροφασίστως τολμᾶν.

Τὸ γὰρ *συγγενὲς* **καὶ τὸ** *ἑταιρικὸν* **⟨ἀντὶ συγγενῶν καὶ ἑταίρων⟩ κείμενον μετείληπται. Τό τε** *ἀπροφασίστως τολμᾶν* **ἄδηλον εἴ τε ἐπὶ τῶν φίλων κεῖται νῦν εἴ τε ἐπὶ τῶν συγγενῶν· 2 αἰτίαν γὰρ ἀποδιδοὺς δι' ἣν τοὺς συγγενεῖς ἀλλοτριωτέρους ἔκρινον τῶν φίλων, ἐπιτίθησιν ὅτι τόλμαν ἀπροφάσιστον παρείχοντο. Σαφὴς δ' ἂν ἦν ὁ λόγος εἰ τοῦτον ἐξήνεγκε τὸν τρόπον κατὰ τὴν ἑαυτοῦ βούλησιν σχηματίζων· «καὶ μὴν καὶ τὸ ἑταιρικὸν οἰκειότερον ἐγένετο τοῦ συγγενοῦς, διὰ τὸ ἑτοιμότερον εἶναι ἀπροφασίστως τολμᾶν.»**

3 **Περιπέφρασται δὲ καὶ τὰ ἐπὶ τούτοις, καὶ οὔτε ἰσχυρῶς οὔτε σαφῶς ἀπήγγελται·**

Οὐ γὰρ μετὰ τῶν κειμένων νόμων ὠφελείᾳ αἱ τοιαῦται σύνοδοι, ἀλλὰ παρὰ τοὺς καθεστῶτας πλεονεξίᾳ.

Ὁ μὲν νοῦς ἐστι τοιόσδε· «Οὐ γὰρ ἐπὶ ταῖς κατὰ νόμον ὠφελείαις αἱ τῶν ἑταιριῶν ἐγίνοντο σύνοδοι, ἀλλ' ἐπὶ τῷ παρὰ τοὺς νόμους τι πλεονεκτεῖν.»

4 *7 Καὶ ὅρκοι* — **φησίν** — *εἴ που ἄρα ἐγίγνοντο συναλλαγῆς, ἐν τῷ αὐτίκα πρὸς τὸ ἄπορον <ἑκατέρῳ> διδόμενοι ἴσχυον, οὐκ ἐχόντων ἄλλοθεν δύναμιν·*

3 χρήσεται : χρήσασθαι A || 4 καὶ alt. om. I || 6-7 ἀντὶ συγγενῶν καὶ ἑταίρων add. Krueger : ἀντὶ τῆς συγγενείας καὶ τῆς ἑταιρίας add. Us. 9 ἀποδιδοὺς Z : ἀποδοὺς Sadée || 16 περιπέφρασται : παρα- A 18 ὠφελείᾳ prop. Us. : -λείας Z Thuc. || 23 ἐγίγνοντο Z : γένοιντο Thuc. 24 ἑκατέρῳ add. Sylburg e Thuc.

On trouve là à la fois hyperbate et périphrase[1] ; car *les serments de réconciliation* signifient à peu près : «les serments scellant l'amitié, si par hasard on en faisait» ; et puis le verbe *étaient valables* est placé là par hyperbate ; il aurait dû suivre *pour l'immédiat* ; Thucydide veut dire en effet : «n'étaient valables que dans l'immédiat». 5 Quant à l'expression : *prêtés en fonction de l'embarras où se trouvaient les deux partis, tant qu'on n'avait pas de renfort venu d'ailleurs*, elle serait plus claire si on la tournait ainsi : «parce qu'on n'avait aucun autre renfort, prêtés à proportion de l'embarras où se trouvaient les deux partis». La suite des idées est quelque chose comme : «Les serments scellant l'amitié, si par hasard on en faisait, prêtés par les deux partis en l'absence de tout appui extérieur, ne valaient que dans l'instant.»

32. 1 Encore plus tortueuse est la phrase qu'il met ensuite :

En l'occurrence le premier à s'enhardir, s'il voyait l'autre sans défense, trouvait plus de plaisir à se venger grâce à la confiance qu'au grand jour : il comptait sur la sécurité, et que, triomphant par ruse, il gagnerait en sus un prix d'intelligence.

Le terme *occurrence* est mis pour «instant» ; *sans défense* est mis pour «sans protection», et *trouver plus de plaisir à se venger grâce à la confiance plutôt qu'au grand jour* est une périphrase ténébreuse ; il manque un élément pour que l'idée soit complètement exprimée. On peut imaginer qu'il veut dire : «Si par hasard une occasion s'offrait à quelqu'un et qu'il apprenne que son adversaire était sans protection, il trouvait plus de plaisir à se venger parce qu'il attaquait quelqu'un de confiant plutôt qu'un homme sur ses gardes ; et il gagnait en sus une réputation d'intelligence, parce qu'il comptait sur la sécurité, et qu'il avait triomphé de l'autre grâce à la ruse.»

1. *Notes complémentaires*, p. 157.

Ἐν τούτοις ὑπερβατόν τε καὶ περίφρασις· οἱ μὲν γὰρ *ὅρκοι τῆς συναλλαγῆς* τὸ σημαινόμενον ἔχουσι τοιοῦτον· «οἱ δὲ περὶ τῆς φιλίας ὅρκοι εἴ που ἄρα γένοιντο»· τὸ δὲ *ἴσχυον* δι' ὑπερβατοῦ κείμενον τῷ *αὐτίκα* ἕπεται, βούλεται γὰρ δηλοῦν «ἐν τῷ παραυτίκα ἴσχυον». 5 Τὸ δὲ *πρὸς τὸ ἄπορον ἑκατέρῳ διδόμενοι, οὐκ ἐχόντων ἄλλοθεν δύναμιν* σαφέστερον ἂν ἦν οὕτως ἐξενεχθέν· «διὰ τὸ μηδεμίαν ἄλλην ἔχειν δύναμιν κατὰ τὸ ἄπορον ἑκατέρῳ διδόμενοι». Τὸ δὲ κατάλληλον τῆς διανοίας ἦν ἂν τοιοῦτο· «οἱ δὲ περὶ τῆς φιλίας ὅρκοι, εἴ που ἄρα γένοιντο, ἀπορίᾳ πίστεως ἄλλης ἑκατέρῳ διδόμενοι, ἐν τῷ παραχρῆμα ἴσχυον».

32. 1 Σκολιώτερα δὲ τούτων ἐστὶ καὶ ἃ μετὰ ταῦτα τίθησιν·

Ἐν δὲ τῷ παρατυχόντι ὁ φθάσας θαρρῆσαι εἰ ἴδοι ἄφρακτον, ἥδιον διὰ τὴν πίστιν ἐτιμωρεῖτο ἢ ἀπὸ τοῦ προφανοῦς· καὶ τό τε ἀσφαλὲς ἐλογίζετο, καὶ ὅτι ἀπάτῃ περιγενόμενος συνέσεως ἀγώνισμα προσελάμβανε.

Τὸ δὲ *παρατυχὸν* ἀντὶ τοῦ «παραχρῆμα» κεῖται, τό τε *ἄφρακτον* ἀντὶ τοῦ «ἀφυλάκτου» καὶ τὸ *ἥδιον τιμωρεῖσθαι διὰ τὴν πίστιν μᾶλλον ἢ ἀπὸ τοῦ προφανοῦς* σκοτεινῶς περιπέφρασται, καὶ ἐλλείπει τι μόριον εἰς τὸ συμπληρωθῆναι τὴν νόησιν. Εἰκάζειν δὲ ἔστιν ὅτι τοῦτο βούλεται λέγειν· «εἰ δέ που παρατύχοι τινὶ καιρὸς καὶ μάθοι τὸν ἐχθρὸν ἀφύλακτον, ἥδιον ἐτιμωρεῖτο ὅτι πιστεύσαντι ἐπέθετο μᾶλλον ἢ φυλαττομένῳ· καὶ συνέσεως δόξαν προσελάμβανε, τό τε ἀσφαλὲς λογιζόμενος καὶ ὅτι διὰ τὴν ἀπάτην αὐτοῦ περιεγένετο».

6 διδόμενοι VI : διδόμενον AT ‖ 8-9 διδόμενοι Us. : δεδόμενοι Z ‖ 15 εἰ A[illegible] Thuc.[illegible] : ἢ VI ἢ T ‖ 19 δὲ Z : δὴ Us. ‖ 20 et 25 ἥδιον : ἴδιον I ‖ 22 συμπληρωθῆναι AV : παραπληρ- I συμπληρωθῆ T.

2 Thucydide poursuit :

La plupart des gens supportent plus aisément, en étant malfaisants, d'être appelés habiles, qu'ignorants, honnêtes; ils rougissent de l'un, ils tirent gloire de l'autre.

Cet énoncé est contracté et bref, mais l'obscurité en dérobe la signification[1]. Il est difficile de savoir à qui il pense quand il parle d'*ignorants* qui sont aussi des *honnêtes* ; s'il les oppose aux *malfaisants*, on ne saurait être ignorant du seul fait qu'on n'est pas méchant ; s'il place les *ignorants* dans la catégorie des sots et des niais, pourquoi diable les qualifie-t-il d'*honnêtes*? 3 Et qui sont ceux qui *rougissent de l'un*? car on ne sait s'il s'agit des deux groupes ou des seuls *ignorants*. Et on ne sait pas non plus qui sont ceux qui *tirent gloire de l'autre*. S'il met tout cela au compte des deux groupes, ça n'a pas de sens, étant donné que ni les honnêtes gens ne tirent gloire d'être pris pour des malfaisants, ni les malfaisants ne rougissent d'être pris pour des ignorants.

33. 1 Ce type de style, obscur et enchevêtré, où quelques attraits ne compensent pas la somme d'ennui qui embrume l'idée exprimée, s'étire ainsi sur une centaine de lignes[2]. Je vais citer la suite du morceau sans plus rien ajouter de mon cru[3] :

8 La cause de tout cela, c'était le pouvoir voulu par cupidité et par ambition; ces sentiments, quand on se mettait à désirer la victoire, enflammaient les cœurs. Les dirigeants dans les cités, avec pour chaque camp un nom prestigieux, selon la préférence accordée soit à l'égalité des droits politiques pour le peuple, soit à l'aristocratie éclairée, servaient en paroles l'intérêt public pour remporter le prix; mais, dans leur lutte sans merci les uns contre les autres pour triompher, ils osaient les pires méfaits, poussant toujours plus loin leurs vengeances, car, loin de rester dans les limites de la justice et de l'intérêt de la cité, ils ne se donnaient pour frein, les uns comme les autres,

1, 2, 3. *Notes complémentaires*, p. 157.

2 *Ῥᾷον δ' οἱ πολλοὶ κακοῦργοι* — **φησίν** — *ὄντες δεξιοὶ κέκληνται ἢ ἀμαθεῖς ἀγαθοί, καὶ τῷ μὲν αἰσχύνονται, ἐπὶ δὲ τῷ ἀγάλλονται·*

Ταῦτα γὰρ ἀγκύλως μὲν εἴρηται καὶ βραχέως, ἐν ἀφανεῖ δὲ κείμενον ἔχει τὸ σημαινόμενον. Χαλεπὸν γὰρ μαθεῖν τίνας δή ποτε νοεῖ τοὺς *ἀμαθεῖς* **τε καὶ** *ἀγαθούς*· **εἴ τε γὰρ ἀντιδιαστέλλεται πρὸς τοὺς** *κακούργους*, **οὐκ ἂν εἴησαν ἀμαθεῖς οἱ μὴ κακοί· εἴ τ' ἐπὶ τῶν ἀνοήτων καὶ ἀφρόνων τίθησι τοὺς** *ἀμαθεῖς*, **κατὰ τί δή ποτε τούτους** *ἀγαθοὺς* **καλεῖ;** 3 *Καὶ τῷ μὲν αἰσχύνονται* **τίνες; ἄδηλον γὰρ πότερον ἀμφότεροι ἢ οἱ** *ἀμαθεῖς. Ἐπὶ δὲ τῷ ἀγάλλονται* **κἀνταῦθα ἄδηλον τίνες; Εἰ μὲν γὰρ ἐπ' ἀμφοτέρων τίθησιν, οὐκ ἔχει νοῦν· οὔτε γὰρ ἐπὶ τοῖς κακούργοις οἱ ἀγαθοὶ ἀγάλλονται, οὔτ' ἐπὶ τοῖς ἀμαθέσιν οἱ κακοῦργοι αἰσχύνονται.**

33. 1 **Οὗτος ὁ χαρακτὴρ τῆς ἀσαφοῦς καὶ πεπλεγμένης λέξεως, ἐν ᾗ πλείων ἔνεστι τῆς θέλξεως ἡ σκοτίζουσα τὴν διάνοιαν ὄχλησις, ἕως ἑκατὸν ἐκμηκύνεται στίχων. Θήσω δὲ καὶ τὰ ἑξῆς οὐδεμίαν ἔτι λέξιν ἐμαυτοῦ προστιθείς·**

8 Πάντων δ' αὐτῶν αἴτιον ἀρχὴ ἡ διὰ πλεονεξίαν καὶ φιλοτιμίαν, ἐκ δ' αὐτῶν καὶ ἐς τὸ φιλονεικεῖν καθισταμένων τὸ πρόθυμον. Οἱ γὰρ ἐν ταῖς πόλεσι προστάντες, μετὰ ὀνόματος ἑκάτεροι εὐπρεποῦς, πλήθους τε ἰσονομίας πολιτικῆς καὶ ἀριστοκρατίας σώφρονος προτιμήσει, τὰ μὲν κοινὰ λόγῳ θεραπεύοντες ἆθλα ἐποιοῦντο· παντὶ δὲ τρόπῳ ἀγωνιζόμενοι ἀλλήλων περιγενέσθαι ἐτόλμησάν τε τὰ δεινότατα, ἐπεξῄεσάν τε τὰς τιμωρίας ἔτι μείζους, οὐ μέχρι τοῦ δικαίου καὶ τῇ πόλει ξυμφόρου προστιθέντες, ἐς δὲ τὸ ἑκατέροις που αἰεὶ ἡδονὴν

2 κέκληνται : κέκτηνται V || 12 κἀνταῦθα I : κἀνταῦθ' AT κἀνταῦτ' V || 13 post τίθησιν hab. ἄδηλον τίνες I || 16 πεπλεγμένης Us. : πεπληγμένης Z || 17 θέλξεως Us. : λέξεως Z || 28 προστιθέντες Z Thuc.[K edd.] : προτιθ- Thuc.[pl.].

que leur bon plaisir. Soit avec un vote injuste de condamnation, soit en s'emparant du pouvoir par la force, ils étaient prêts à satisfaire leurs rivalités immédiates. Ainsi, la piété n'était plus de règle dans aucun des deux camps; les paroles spécieuses, si on arrivait à réussir un coup odieux, valaient un surcroît de réputation; les citoyens de l'entre-deux, attaqués des deux côtés, soit parce qu'ils ne se battaient pas avec eux, soit par refus jaloux de les voir survivre, étaient massacrés.
83.1 Ainsi s'installa la dépravation sous toutes ses formes, du fait de la guerre civile, dans le monde grec. La simplicité, où la noblesse a tant de part, disparut sous les quolibets; l'affrontement mutuel entre esprits méfiants se faisait de plus en plus violent. 2 Rien ne pouvait l'apaiser, ni parole sûre, ni serment redoutable. Tous, s'ils étaient les plus forts, par un calcul qui leur ôtait tout espoir de stabilité, cherchaient à éviter d'en souffrir, plutôt qu'ils n'arrivaient à avoir confiance. 3 Les esprits les plus médiocres l'emportaient le plus souvent; à force de craindre leur propre insuffisance et l'intelligence de leurs adversaires, redoutant à la fois d'être inférieurs par la parole et, pris de court par les mille tours de leurs inventions, de tomber les premiers dans leurs filets, ils se lançaient hardiment dans l'action. 4 Et les autres, comptant bien, dans leur mépris, prévoir les choses, et n'avoir nul besoin d'obtenir par l'action ce qu'ils pouvaient avoir par la réflexion, restaient sans défense et se faisaient davantage massacrer.

2 Je pourrais multiplier les exemples montrant à l'évidence que, dans les narrations, Thucydide est meilleur lorsqu'il en reste à un type de langage usuel et courant, inférieur quand, sortant du langage en usage, il introduit des mots étrangers et des figures forcées dont certaines fleurent le solécisme; mais je m'en tiendrai là, pour éviter que mon traité n'excède les bornes permises.

ἔχον ὁρίζοντες. Καὶ ἢ μετὰ ψήφου ἀδίκου καταγνώσεως ἢ χειρὶ κτώμενοι τὸ κρατεῖν, ἕτοιμοι ἦσαν τὴν αὐτίκα φιλονεικίαν ἐκπιμπλάναι. Ὥστ' εὐσεβείᾳ μὲν οὐδέτεροι ἐνόμιζον, εὐπρεπείᾳ δὲ λόγου, οἷς ξυμβαίη ἐπιφθόνως τι διαπράξασθαι, ἄμεινον ἤκουον· τὰ δὲ μέσα τῶν πολιτῶν ὑπ' ἀμφοτέρων, ἢ ὅτι οὐκ ἐξηγωνίζοντο ἢ ὅτι φθόνῳ τοῦ περιεῖναι, διεφθείροντο.

83.1 Οὕτω πᾶσα ἰδέα κατέστη κακοτροπίας διὰ τὰς στάσεις τῷ Ἑλληνικῷ. Καὶ τὸ εὔηθες, οὗ τὸ γενναῖον πλεῖστον μετέχει, καταγελασθὲν ἠφανίσθη· τὸ δὲ ἀντιτετάχθαι ἀλλήλοις τῇ γνώμῃ ἀπίστως ἐπὶ πολὺ διήνεγκεν. 2 Οὐ γὰρ ἦν ὁ διαλύσων οὔτε λόγος ἐχυρὸς οὔτε ὅρκος φοβερός. Κρείττους δὲ ὄντες πάντες λογισμῷ ἐς τὸ ἀνέλπιστον τοῦ βεβαίου μὴ παθεῖν μᾶλλον προεσκόπουν ἢ πιστεῦσαι ἐδύναντο. 3 Καὶ οἱ φαυλότατοι γνώμην ὡς τὰ πλείω περιεγίγνοντο· τῷ γὰρ δεδιέναι τό τε αὐτῶν ἐνδεὲς καὶ τὸ τῶν ἐναντίων ξυνετόν, μὴ λόγοις τε ἥττους ὦσι καὶ ἐκ τοῦ πολυτρόπου αὐτῶν τῆς γνώμης φθάσωσι προεπιβουλευόμενοι, τολμηρῶς πρὸς τὰ ἔργα ἐχώρουν. 4 Οἱ δὲ καταφρονοῦντες κἂν προαισθέσθαι, καὶ ἔργῳ οὐδὲν σφᾶς δεῖν λαμβάνειν ἃ γνώμῃ ἔξεστιν, ἄφρακτοι μᾶλλον διεφθείροντο.

2 Ἐκ πολλῶν ἔτι δυνάμενος παραδειγμάτων ποιῆσαι φανερὸν ὅτι κρείττων ἐστὶν ἐν τοῖς διηγήμασιν, ὅταν ἐν τῷ συνήθει καὶ κοινῷ τῆς διαλέκτου χαρακτῆρι μένῃ, χείρων δέ, ὅταν ἐκτρέψῃ τὴν διάλεκτον ἐκ τῆς συνήθους ἐπὶ τὰ ξένα ὀνόματα καὶ βεβιασμένα σχήματα ὧν ἔνια σολοικισμῶν παρέχεται δόξαν, ἀρκεσθήσομαι τούτοις, ἵνα μὴ περαιτέρω τοῦ δέοντος ἡ γραφή μοι προβῇ.

4 ante ἐπιφθόνως hab. μὴ VI ‖ 5-6 οὐκ ἐξηγωνίζοντο Us. : οὐκ ἐξηγωνίζετο Z οὐ ξυνηγωνίζοντο Thuc. ‖ 6 ὅτι non hab. Thuc. ‖ 12 πάντες Z : ἅπαντες Thuc. ‖ 13-14 φαυλότατοι Z : φαυλότεροι Thuc. ‖ 15 αὑτῶν Us. Thuc.edd : αὐτῶν Z Thuc.codd ‖ 16 φθάσωσι IT Thuc. : φθάνωσι AV ‖ 18 δεῖν : δεῖ I ‖ 22 συνήθει καὶ κοινῷ AVT : κοινῷ καὶ συνήθει I ‖ μένῃ : μέρῃ V ‖ 23 χείρων : χεῖρον I.

Les harangues

34. 1 J'ai promis également de faire connaître mon opinion sur les harangues, que certains considèrent comme l'expression la plus haute du talent de l'historien[1]. Je diviserai cette étude aussi en deux sections, consacrées l'une au fond, l'autre à la forme, que je traiterai séparément, en commençant par le fond[2].

Le fond

2 Il comprend d'abord l'invention des idées et des conceptions, en second lieu l'utilisation du matériel ainsi trouvé ; l'invention tire sa force plutôt de la nature, l'utilisation plutôt de l'art. L'invention, où le naturel prime sur le métier, est admirable chez l'historien ; on y voit, comme d'une riche source, jaillir un flot inépuisable de conceptions et d'idées raffinées, insolites, extraordinaires. 3 L'utilisation en revanche, qui exige du métier et qui renforce l'éclat de l'invention, reste dans l'ensemble en deçà de ce qu'il faudrait.

Il s'ensuit que tous les admirateurs forcenés de Thucydide, qui en font presque un inspiré des dieux, doivent probablement à cette profusion d'idées l'impression qu'ils ressentent. 4 Mais si on veut leur montrer, en confrontant chaque discours à son cadre événementiel, que tel argument ne devrait pas décemment figurer dans un discours prononcé pour telle occasion ou par tel personnage, que tel autre ne convient pas à telle situation ou passe la mesure[3], ils sont furieux, presque aussi passionnément que les victimes d'un coup de foudre, dont l'amour confine à la folie. 5 Ces malheureux en effet, persuadés que toutes les qualités qui peuvent parer de nobles beautés s'ajoutent aux vertus qui les ont subjugués, traitent d'envieux et de calomniateurs les gens qui se risquent à critiquer le moindre vice de constitution. 6 Même

1, 2. *Notes complémentaires*, p. 157-158.

3. Denys se place du point de vue de la convenance au sujet traité, aux circonstances, à l'orateur. Le πρέπον (mais le mot ne figure pas ici) était une notion chère aux Stoïciens.

34. 1 Ἐπεὶ δὲ καὶ περὶ τῶν δημηγοριῶν αὐτοῦ τὰ δοκοῦντά μοι φανερὰ ποιήσειν ὑπεσχόμην, ἐν αἷς οἴονταί τινες τὴν ἄκραν τοῦ συγγραφέως εἶναι δύναμιν, διελόμενος καὶ ταύτην διχῇ τὴν θεωρίαν εἴς τε τὸ πραγματικὸν μέρος καὶ εἰς τὸ λεκτικὸν χωρὶς ὑπὲρ ἑκατέρου ποιήσομαι τὸν λόγον, ἀρξάμενος ἀπὸ τοῦ πραγματικοῦ.

2 Ἐν ᾧ πρώτην μὲν ἔχει μοῖραν ἡ τῶν ἐνθυμημάτων τε καὶ νοημάτων εὕρεσις, δευτέραν δὲ ἡ τῶν εὑρεθέντων χρῆσις · ἐκείνη μὲν ⟨ἐν⟩ τῇ φύσει μᾶλλον ἔχουσα τὴν ἰσχύν, αὕτη δὲ ἐν τῇ τέχνῃ. Τούτων ἡ μὲν πλέον ἔχουσα τοῦ τεχνικοῦ τὸ φυσικὸν καὶ διδαχῆς ἐλάττονος δεομένη, θαυμαστή τίς ἐστι παρὰ τῷ συγγραφεῖ · φέρει γὰρ ὥσπερ ἐκ πηγῆς πλουσίας ἄπειρόν τι χρῆμα νοημάτων τε καὶ ἐνθυμημάτων περιττῶν καὶ ξένων καὶ παραδόξων. 3 Ἡ δὲ πλεῖον ἔχουσα τὸ τεχνικὸν καὶ λαμπροτέραν ποιοῦσα φαίνεσθαι τὴν ἑτέραν, ἐνδεεστέρα τοῦ δέοντος ἐπὶ πολλῶν.

Ὅσοι μὲν οὖν ἐκτεθαυμάκασιν αὐτὸν ὑπὲρ τὸ μέτριον, ὡς μηδὲν τῶν θεοφορήτων διαφέρειν, διὰ τὸ πλῆθος ἐοίκασι τῶν ἐνθυμημάτων τοῦτ' ἐσχηκέναι τὸ πάθος. 4 Οὓς ἐὰν διδάσκῃ τις ἐφ' ἑκάστῳ πράγματι παρατιθεὶς τὸν λόγον, ὅτι ταυτὶ μὲν οὐκ ἦν ἐπιτήδεια ἐν τούτῳ τῷ καιρῷ καὶ ὑπὸ τούτων τῶν προσώπων λέγεσθαι, ταυτὶ δ' οὐκ ἐπὶ τούτοις τοῖς πράγμασιν οὐδὲ μέχρι τούτου, δυσχεραίνουσιν, ὅμοιόν τι πάσχοντες τοῖς κεκρατημένοις ὑφ' οἵας δή τινος ὄψεως ἔρωτι μὴ πολὺ ἀπέχοντι μανίας. 5 Ἐκεῖνοί τε γὰρ πάσας τὰς ἀρετὰς ὁπόσαι γίνονται περὶ μορφὰς εὐπρεπεῖς ταῖς καταδεδουλωμέναις αὐτοὺς προσεῖναι νομίζουσι, καὶ τοὺς ἐξονειδίζειν ἐπιχειροῦντας, εἴ τι περὶ αὐτὰς ὑπάρχει σίνος, ὡς βασκάνους καὶ συκοφάν-

8 δευτέραν : δευτέρα I || 9 ἐν add. Sylburg || 16 φαίνεσθαι post ἑτέραν praeb. I || 21 παρατιθεὶς Sylburg : περιτιθεὶς Z || 28 αὐτοὺς Sadée : αὑτοὺς Z || 30 τι Us. : τις Z.

chose se passe avec les admirateurs de Thucydide : mentalement hypnotisés par cette seule qualité que j'ai dite, ils attestent que l'on trouve tout chez l'historien, même ce qui n'y est pas ; ce que chacun de nous veut voir dans l'objet de son amour ou de son admiration s'y trouve effectivement, croyons-nous. 7 Tous ceux pourtant qui gardent une parfaite lucidité d'esprit, ou qui analysent le texte à la lumière de règles correctes — qu'ils aient reçu de la nature un don pour la critique, ou que l'enseignement leur ait inculqué des critères valables —, évitent de tout louer uniformément, comme de tout critiquer ; ils accordent aux passages réussis l'approbation qui convient ; s'il s'y trouve quelque défaut, ils se gardent bien de le louer.

35. 1 Et donc, moi qui, dans toutes mes analyses, adopte cette règle, je n'ai jamais hésité dans le passé à exprimer mon opinion en public, et ne me déroberai pas aujourd'hui. 2 Si, assurément, j'accorde à l'historien, comme je l'ai dit en commençant[1], l'habileté en matière d'invention, contre l'avis de certains dans le passé qui, soit par rivalité personnelle, soit par défaut de sensibilité, estiment qu'il manque le but, je ne lui accorde pas en revanche le second point, le métier en matière d'organisation du texte, sauf dans quelques rares harangues.

La forme

3 En matière de style, je vois les faiblesses dont j'ai parlé précédemment[2] s'accumuler et s'amplifier dans ces aspects-là de son œuvre : les mots rares, étrangers, fabriqués, y pullulent ; les formulations enchevêtrées, contractées, forcées, y sont légion.

4 Du bien-fondé de mon opinion, je te laisse juge, toi et quiconque voudra bien me suivre dans l'examen du texte. J'adopterai la même méthode comparative,

1. C'est-à-dire en commençant le développement sur les harangues, d'où le renvoi à 34, 2.

2. Dans l'étude des narrations.

τας προβέβληνται. 6 Οὗτοί τε ὑπὸ τῆς μιᾶς ταύτης ἀρετῆς κεκαρωμένοι τὴν διάνοιαν, ἅπαντα καὶ τὰ μὴ προσόντα τῷ συγγραφεῖ μαρτυροῦσιν· ἃ γὰρ ἕκαστος εἶναι βούλεται περὶ τὸ φιλούμενόν τε καὶ θαυμαζόμενον ὑφ' ἑαυτοῦ, ταῦτα οἴεται. 7 Ὅσοι δὲ ἀδέκαστον τὴν διάνοιαν φυλάσσουσι καὶ τὴν ἐξέτασιν τῶν λόγων ἐπὶ τοὺς ὀρθοὺς κανόνας ἀναφέρουσιν, εἴ τε φυσικῆς τινος κρίσεως μετειληφότες εἴ τε καὶ διὰ διδαχῆς ἰσχυρὰ τὰ κριτήρια κατασκευάσαντες, οὔτε ἅπαντα ἐπαινοῦσιν ἐπ' ἴσης οὔτε πρὸς ἅπαντα δυσχεραίνουσιν, ἀλλὰ τοῖς μὲν κατορθώμασι τὴν προσήκουσαν μαρτυρίαν ἀπονέμουσιν, εἰ δέ τι διημάρτηται μέρος ἐν αὐτοῖς, οὐκ ἐπαινοῦσιν. 35. 1 Τούτους οὖν ἐπὶ πάντων ἐγὼ τῶν ἐμαυτοῦ θεωρημάτων κανόνας ὑποτιθέμενος, οὔτε πρότερον ὤκνησα τὰ δοκοῦντά μοι φέρειν εἰς μέσον οὔτε νῦν ἀποτρέψομαι. 2 Διδοὺς δὴ τὸ πρῶτον, ὥσπερ καὶ κατ' ἀρχὰς ἔφην, τὸ περὶ τὴν εὕρεσιν τοῦ συγγραφέως εὔστοχον, καὶ εἴ τις ἄλλως προϋπείληφεν εἴ τε διὰ φιλονεικίαν εἴ τε δι' ἀναισθησίαν, ἁμαρτάνειν αὐτὸν οἰόμενος, θάτερον οὐκέτι δίδωμι, τὸ περὶ τὰς οἰκονομίας αὐτοῦ τεχνικόν, πλὴν ἐπ' ὀλίγων πάνυ δημηγοριῶν.

3 Ὁρῶ δὲ καὶ ⟨τὰ⟩ περὶ τὴν λέξιν ἐλαττώματα περὶ ὧν ἤδη προείρηκα, πλεῖστα καὶ μέγιστα ταύταις συμβεβηκότα ταῖς ἰδέαις· καὶ γὰρ αἱ γλωττηματικαὶ καὶ ξέναι καὶ πεποιημέναι λέξεις ἐν ταύταις μάλιστα ἐπιπολάζουσι, καὶ τὰ πολύπλοκα καὶ ἀγκύλα καὶ βεβιασμένα σχήματα πλεῖστα περὶ ταύτας ἐστίν.

4 Εἰ δὲ τὰ εἰκότα ἔγνωκα, σύ τε κρινεῖς καὶ τῶν ἄλλων ἕκαστος ἐπὶ τὴν ἐξέτασιν ἀγόμενος τῶν ἔργων. Ἔσται δὲ κατὰ ταὐτὰ ἡ παράθεσις αὐτῶν, ἀντιπαρεξεταζομένων

13 τούτους οὖν Pavano : οὔτ' οὖν Z ὁ γοῦν Us. οὕτως οὖν Reiske οὐκοῦν Krueger || 18 ἄλλως Sylburg : ἄλλος Z || προϋπείληφεν Krueger : προσυπείληφεν Z || 20 αὐτοῦ Sadée : αὐτῷ Z || 22 τὰ add. Sadée || 26 καὶ ἀγκύλα post βεβιασμένα I || 27 ταύτας Reiske : ταῦτα Z || 30 ταὐτὰ Reiske : ταῦτα Z.

analysant côte à côte des passages qui me semblent excellents et des morceaux manqués au plan de l'organisation ou défectueux quant au style[1].

Les Platéens et Archidamos

36 1 Dans le livre II, où commence le récit de l'expédition menée contre Platées par les Lacédémoniens et leurs alliés, Thucydide suppose que le roi de Lacédémone, Archidamos, à la veille de mettre le pays à feu et à sang, reçoit la visite des ambassadeurs envoyés par les Platéens, et il reproduit des discours que les deux partis auraient pu normalement prononcer, convenant aux personnages, appropriés à la situation, parfaitement mesurés sans excès ni défaut ; il les pare d'un style pur, clair, concis, doué de toutes les qualités ; il y met une harmonie si mélodieuse[2] qu'ils soutiennent la comparaison avec <les discours> qui ont le plus d'agrément.

II.71.1 L'été suivant, les Péloponnésiens et leurs alliés, au lieu d'envahir l'Attique, firent une expédition contre Platées. Ils avaient à leur tête Archidamos, fils de Zeuxidamos, roi de Lacédémone. L'armée à peine installée, il se préparait à mettre le pays à feu et à sang lorsque les Platéens lui dépêchèrent une délégation pour lui dire à peu près ceci : 2 « Archidamos et vous, Lacédémoniens, il n'est pas juste de votre part, il n'est digne ni de vous ni des pères dont vous êtes nés de marcher ainsi contre la terre des Platéens. Pausanias en effet, le fils de Cléombrotos, un Lacédémonien, lorsqu'il eut libéré la Grèce des Mèdes, en compagnie des Grecs qui avaient bien voulu affronter eux aussi les risques du combat qui se déroula chez nous, offrit, sur la place de Platées, un sacrifice à Zeus libérateur, et, devant tous les alliés réunis, il reconnut aux Platéens le droit de vivre autonomes dans leur pays et dans leur ville :

1. Denys va donc mêler les remarques sur le fond (mais seulement sur un de ses aspects, celui qui réclame de la technique) et celles sur la forme (le style). L'invention, elle, étant affaire de génie personnel, ne concerne guère l'imitation.

2. *Notes complémentaires*, p. 158.

τοῖς ἄριστά μοι δοκοῦσιν ἔχειν τῶν οὔτε κατὰ τὰς οἰκονομίας κατορθουμένων οὔτε κατὰ τὴν φράσιν ἀνεγκλήτων.

36. 1 Ἐν μὲν οὖν τῇ δευτέρᾳ βύϐλῳ, ⟨τὴν⟩ ἐπὶ Πλαταιὰς Λακεδαιμονίων τε καὶ τῶν συμμάχων ἔλασιν ἀρξάμενος γράφειν ὑποτίθεται, τοῦ βασιλέως τῶν Λακεδαιμονίων Ἀρχιδάμου μέλλοντος δῃώσειν τὴν γῆν, πρέσϐεις παρὰ τῶν Πλαταιέων ἀφιγμένους πρὸς αὐτόν, καὶ λόγους ἀποδίδωσιν οἵους εἰκὸς ἦν ὑπὸ ἀμφοτέρων εἰρῆσθαι, τοῖς προσώποις πρέποντας καὶ τοῖς πράγμασιν οἰκείους καὶ μήτ' ἐλλείποντας τοῦ μετρίου μήτε ὑπεραίροντας, λέξει τε κεκόσμηκεν αὐτοὺς καθαρᾷ καὶ σαφεῖ καὶ συντόμῳ καὶ τὰς ἄλλας ἀρετὰς ἐχούσῃ· τήν τε ἁρμονίαν οὕτως ἔναυλον ἀποδέδωκεν ⟨αὐτοῖς⟩ ὥστε ⟨λόγοις⟩ τοῖς ἡδίστοις παρεξετάζεσθαι·

II.71.1 Τοῦ δ' ἐπιγιγνομένου θέρους, οἱ Πελοποννήσιοι καὶ οἱ ξύμμαχοι ἐς μὲν τὴν Ἀττικὴν οὐκ ἐσέβαλον, ἐστράτευσαν δ' ἐπὶ Πλάταιαν. Ἡγεῖτο δ' Ἀρχίδαμος ὁ Ζευξιδάμου Λακεδαιμονίων βασιλεύς· καὶ καθίσας τὸν στρατὸν ἔμελλε δῃώσειν τὴν γῆν. Οἱ δὲ Πλαταιεῖς εὐθὺς πρέσβεις πέμψαντες πρὸς αὐτὸν ἔλεγον τοιάδε· 2 «Ἀρχίδαμε καὶ Λακεδαιμόνιοι, οὐ δίκαια ποιεῖτε οὐδὲ ἄξια οὔθ' ὑμῶν οὔτε πατέρων ὧν ἐστε, ἐς γῆν τὴν Πλαταιέων στρατεύοντες. Παυσανίας γὰρ ὁ Κλεομβρότου Λακεδαιμόνιος, ἐλευθερώσας τὴν Ἑλλάδα ἀπὸ τῶν Μήδων μετὰ Ἑλλήνων τῶν ἐθελησάντων συνάρασθαι τοῦ κινδύνου καὶ τῆς μάχης ἣ παρ' ἡμῖν ἐγένετο, θύσας ἐν τῇ Πλαταιέων ἀγορᾷ ἱερὰ Διὶ Ἐλευθερίῳ καὶ ξυγκαλέσας πάντας τοὺς συμμάχους, ἀπεδίδου Πλαταιεῦσι γῆν καὶ πόλιν τὴν σφετέραν ἔχοντας αὐτονόμους

1 τοῖς — δοκοῦσιν Sylburg : τῆς — δοκούσης Z || 4 βύϐλῳ Us. : βίϐλῳ Z || τὴν add. Reiske || 9 οἵους Us. : οὓς Z || 11 μητ' ἐλλείποντας Reiske : μήτε λείποντας Z || 14 αὐτοῖς add. Krueger || ὥστε ego : ἅμα Z ὥσθ' ἅμα Usher || λόγοις add. Usher || 20 πρὸς Z : παρ' Thuc. || 21 τοιάδε : τάδε I || 22 ὧν om. A || 25 τοῦ κινδύνου καὶ Z : τὸν κίνδυνον Thuc.

il interdisait à quiconque de jamais marcher contre eux au mépris de la justice ou pour les asservir; autrement, les alliés présents leur prêteraient main forte autant qu'ils le pourraient. 3 Voilà ce que vos pères nous ont accordé, pour prix du mérite et de l'ardeur qui avaient paru à l'heure du danger. Or vous agissez, vous, à l'inverse : vous êtes venus avec les Thébains, nos pires ennemis, pour nous asservir. 4 Eh bien, prenant à témoin les dieux garants des serments d'alors, et ceux qui règnent sur votre race comme sur notre pays, nous vous demandons de ne pas manquer à la justice envers la terre des Platéens, de ne pas violer vos serments, mais de nous laisser vivre autonomes, comme Pausanias l'a trouvé juste.»

2 A ce discours des Platéens, Archidamos répond à peu près ceci[1] :

72.1 «Ce que vous dites est juste, citoyens de Platées, à condition que vos actes soient conformes à vos paroles. Oui, comme Pausanias vous l'a accordé, soyez vous-mêmes autonomes, tout en contribuant à libérer tous les peuples qui, pour avoir pris part aux dangers d'alors, se sont unis à vous par serment mais sont aujourd'hui sous la coupe des Athéniens; tout cet effort d'armement et de guerre a pour but leur libération et celle de tous. Participez vous-mêmes à l'entreprise et vous resterez fidèles aux serments prêtés; sinon, suivez les conseils que nous vous avons déjà donnés, tenez-vous tranquilles, vivant sur vos biens, et soyez neutres; accueillez en amis les deux partis, ni l'un ni l'autre à des fins guerrières, et cela nous suffira.»

2 Voici tout ce que dit Archidamos; les délégués des Platéens, après l'avoir entendu, rentrèrent dans la ville où ils mirent le peuple au courant des termes de l'entretien; puis ils firent au roi cette réponse qu'il leur était impossible d'agir comme il les y engageait sans l'aval des Athéniens; leurs femmes et leurs enfants étaient à Athènes, et l'on pouvait craindre aussi, pour la cité dans son

1. Cette phrase est de Denys; l'énoncé de Thucydide est légèrement différent, mais tout aussi bref.

οἰκεῖν, στρατεῦσαί τε μηδένα ποτὲ ἀδίκως ἐπ' αὐτοὺς μηδ' ἐπὶ δουλείᾳ· εἰ δὲ μή, ἀμύνειν τοὺς παρόντας ξυμμάχους κατὰ δύναμιν. 3 Τάδε μὲν ἡμῖν πατέρες οἱ ὑμέτεροι ἔδοσαν ἀρετῆς ἕνεκα καὶ προθυμίας τῆς ἐν ἐκείνοις τοῖς κινδύνοις γενομένης. Ὑμεῖς δὲ τἀναντία ἐκείνοις δρᾶτε· μετὰ γὰρ Θηβαίων τῶν ἡμῖν ἐχθίστων ἐπὶ δουλείᾳ τῇ ἡμετέρᾳ ἥκετε. 4 Μάρτυρας δὲ θεοὺς τούς τε ὁρκίους τότε γενομένους ποιούμενοι καὶ τοὺς ὑμετέρους πατρῴους καὶ ἡμετέρους ἐγχωρίους, λέγομεν ὑμῖν γῆν τὴν Πλαταιίδα μὴ ἀδικεῖν μηδὲ παραβαίνειν τοὺς ὅρκους, ἐᾶν δὲ οἰκεῖν αὐτονόμους, ὥσπερ Παυσανίας ἐδικαίωσεν.»

2 **Τοιαῦτα τῶν Πλαταιέων λεγόντων Ἀρχίδαμος ἀποκρίνεται τοιάδε·**

72.1 Δίκαια λέγετε, ὦ ἄνδρες Πλαταιεῖς, ἢν ποιῆτε ὅμοια τοῖς λόγοις. Καθάπερ γὰρ Παυσανίας ὑμῖν παρέδωκεν, αὐτοί τε αὐτονομεῖσθε καὶ τοὺς ἄλλους ξυνελευθεροῦτε, ὅσοι μετασχόντες τῶν τότε κινδύνων ὑμῖν τε ξυνώμοσαν καί εἰσι νῦν ὑπ' Ἀθηναίοις· παρασκευή τε τοσήδε καὶ πόλεμος γεγένηται αὐτῶν ἕνεκα καὶ τῶν ἄλλων ἐλευθερώσεως. Ἧς μάλιστα μὲν μετασχόντες καὶ αὐτοὶ ἐμμείνατε τοῖς ὅρκοις· εἰ δὲ μή, ἅπερ καὶ πρότερον ἤδη προὐκαλεσάμεθα, ἡσυχίαν ἄγετε νεμόμενοι τὰ ὑμέτερα αὐτῶν καὶ ἔστε μηδὲ μεθ' ἑτέρων, δέχεσθε δ' ἀμφοτέρους φίλους, ἐπὶ πολέμῳ δὲ μηδετέρους, καὶ τάδε ἡμῖν ἀρκέσει.»

2 Ὁ μὲν Ἀρχίδαμος τοσαῦτα εἶπεν· οἱ δὲ Πλαταιῶν πρέσβεις ἀκούσαντες ταῦτα εἰσῆλθον εἰς τὴν πόλιν, καὶ τῷ πλήθει τὰ ῥηθέντα κοινώσαντες ἀπεκρίναντο αὐτῷ ὅτι ἀδύνατα εἴη σφίσι ποιεῖν ἃ προκαλεῖται, ἄνευ Ἀθηναίων· παῖδες γὰρ σφῶν καὶ γυναῖκες παρ' ἐκείνοις εἴησαν· δεδιέναι δὲ καὶ περὶ πάσῃ τῇ

5 ἐκείνοις AVT : non hab. I Thuc. || 10 ὥσπερ Z : καθάπερ Thuc. || 15 αὐτονομεῖσθε AV Thuc. : -μεῖσθαι IT || 20 πρότερον Z Thuc.[c] : τὸ πρότερον Thuc.[cett.] || 26 εἴη post σφίσιν Thuc. || 28 εἴησαν Z : εἶεν Thuc. || πάσῃ post τῇ Thuc.

ensemble, que, après leur départ à eux, les Athéniens n'arrivent et ne refusent de laisser faire, ou encore que les Thébains, se considérant comme englobés dans la promesse d'accueillir les deux camps, n'essaient à nouveau d'occuper la ville.

3 Archidamos, pour les rassurer, répondit à ces craintes : « Eh bien, vous-mêmes, remettez-nous, à nous Lacédémoniens, votre cité et vos maisons ; montrez-nous les limites de votre territoire, vos arbres et tout ce qui peut être dénombré ; pour vous, émigrez où vous voulez pour la durée de la guerre. Une fois celle-ci terminée, nous vous rendrons ce que nous aurons reçu. Jusque-là, nous le garderons en dépôt, en l'exploitant et en vous versant une rente calculée pour suffire à vos besoins. »

73.1 Les délégués, après l'avoir entendu, rentrèrent à nouveau dans la ville. Après en avoir délibéré avec le peuple, ils déclarèrent qu'ils voulaient d'abord mettre les Athéniens au courant de ce à quoi il les engageait : s'ils arrivaient à persuader les Athéniens, ils s'exécuteraient ; jusque-là, ils lui demandaient de conclure une trêve et de ne pas mettre le pays à feu et à sang. Archidamos conclut une trêve pour un nombre de jours normal pour un trajet aller et retour, et ne toucha pas à la terre. 2 Les délégués Platéens qui étaient allés trouver les Athéniens et en avaient délibéré avec eux, rentrèrent au pays porteurs du message suivant, adressé à leurs concitoyens :

3 « Dans le passé déjà, citoyens de Platées, depuis la conclusion de l'alliance, les Athéniens déclarent qu'ils ne vous ont jamais abandonnés quand on vous faisait tort ; ils ne resteront pas davantage indifférents aujourd'hui ; ils vous aideront autant qu'ils le pourront ; ils vous adjurent, au nom des serments échangés par nos pères, de ne point attenter à l'alliance. »

74.1 Sur ce rapport de leurs ambassadeurs, les Platéens décidèrent de ne pas trahir les Athéniens ; ils supporteraient, s'il le fallait, de voir leur territoire dévasté et de subir tout ce qui pouvait leur arriver d'autre ; personne ne sortirait plus de la ville, et on répondrait, du haut des

πόλει μὴ 'κείνων ἀποχωρησάντων Ἀθηναῖοι ἐλθόντες σφίσιν οὐκ ἐπιτρέπωσιν ἢ Θηβαῖοι ὡς ἔνορκοι ὄντες κατὰ τὸ ἀμφοτέρους δέχεσθαι αὖθις σφῶν τὴν πόλιν πειράσωσι καταλαβεῖν.

3 Ὁ δὲ θαρσύνων αὐτοὺς πρὸς ταῦτα ἔφη·

« Ὑμεῖς δὲ πόλιν μὲν καὶ οἰκίας ἡμῖν παράδοτε τοῖς Λακεδαιμονίοις, καὶ γῆς ὅρους ἀποδείξατε, καὶ δένδρα τὰ ὑμέτερα καὶ εἴ τι ἄλλο δυνατὸν εἰς ἀριθμὸν ἐλθεῖν· αὐτοὶ δὲ μεταχωρήσατε ὅποι βούλεσθε, ἕως ἂν ὁ πόλεμος ᾖ. Ἐπειδὰν δὲ παρέλθῃ, ἀποδώσομεν ὑμῖν ἃ ἂν παραλάβωμεν. Μέχρι δὲ τοῦδε ἕξομεν ὑμῖν παρακαταθήκην, ἐργαζόμενοι καὶ ἀποφορὰν φέροντες ἢ ἂν ὑμῖν ἱκανὴ μέλλῃ ἔσεσθαι. »

73.1 Οἱ δὲ ἀκούσαντες αὖθις εἰσῆλθον εἰς τὴν πόλιν, καὶ βουλευσάμενοι μετὰ τοῦ πλήθους ἔλεξαν ὅτι βούλονται Ἀθηναίοις κοινῶσαι πρῶτον ἃ προκαλεῖται, καὶ ἢν πείθωσιν αὐτούς, ποιεῖν ταῦτα· μέχρι δὲ τούτου σπείσασθαι σφίσιν ἐκέλευον καὶ τὴν γῆν μὴ δῃοῦν. Ὁ δ' ἡμέρας τε ἐσπείσατο ἐν αἷς εἰκὸς ἦν κομισθῆναι, καὶ τὴν γῆν οὐκ ἔτεμνεν. 2 Ἐλθόντες δὲ οἱ Πλαταιεῖς πρέσβεις ὡς τοὺς Ἀθηναίους καὶ βουλευσάμενοι μετ' αὐτῶν πάλιν ἦλθον ἀγγέλλοντες τοῖς ἐν τῇ πόλει τοιάδε· 3 « Οὔτ' ἐν τῷ πρὸ τοῦ χρόνῳ, ἄνδρες Πλαταιεῖς, ἀφ' οὗ ξύμμαχοι ἐγενόμεθα, Ἀθηναῖοί φασιν ἐν οὐδενὶ ὑμᾶς προέσθαι ἀδικουμένους οὔτε νῦν περιόψεσθαι, βοηθήσειν δὲ κατὰ δύναμιν· ἐπισκήπτουσίν τε ὑμῖν, πρὸς τῶν ὅρκων οὓς οἱ πατέρες ὤμοσαν, μηδὲν νεωτερίζειν περὶ τὴν συμμαχίαν. »

74.1 Τοιαῦτα τῶν πρέσβεων ἀπαγγειλάντων, οἱ Πλαταιεῖς ἐβουλεύσαντο Ἀθηναίους μὴ προδιδόναι, ἀλλ' ἀνασχέσθαι καὶ γῆν τεμνομένην, εἰ δέοι, ὁρῶντας καὶ ἄλλο πάσχοντας ὅ τι ἂν

2 ὡς : ὥσπερ I ‖ 7 post δένδρα hab. ἀριθμῷ Thuc. ‖ 7-8 εἴ τι post ἄλλο Thuc. ‖ 10 παραλάβωμεν I Thuc. : -λάβοιμεν AVT ‖ μέχρι Us. : μέχρις Z ‖ 11 ὑμῖν non hab. Thuc. ‖ ἀποφορὰν Z : φορὰν Thuc. ‖ 12 ἱκανὴ post μέλλῃ Thuc. ‖ 13 αὖθις post εἰσῆλθον Thuc. ‖ 14 post βούλονται hab. ἃ προκαλεῖται Thuc. ‖ 20 ἀγγέλλοντες Z Thuc.^{c} : ἀπαγγέλλοντες Thuc.$^{cett.}$ ‖ 21 ante ἄνδρες hab. ὦ Thuc. ‖ 24 τῶν ὅρκων I Thuc. : τοῖς ὅρκοις AVT ‖ 27 ἀνασχέσθαι Z : ἀνέχεσθαι Thuc.$^{pl.}$ ἀντέχεσθαι Thuc.^{ABF} ‖ 28 δέοι Z : δεῖ Thuc.

remparts, qu'il leur était impossible de faire ce à quoi les engageaient les Lacédémoniens.
2 Devant cette réponse, le roi Archidamos commença par prendre à témoin les dieux et les héros du pays en ces termes :
3 «Dieux protecteurs de la terre de Platées, et vous, ses héros, soyez mes témoins : ce ne fut pas injustement à l'origine, mais parce que ces gens-là ont transgressé les premiers la foi jurée, que nous avons attaqué cette terre où nos pères, après vous avoir invoqués, ont triomphé des Mèdes, et dont vous avez fait un champ de bataille favorable aux Grecs. De même, à présent, ce que nous ferons ne sera pas injuste, car nous les avons engagés à bien des solutions raisonnables, sans succès. Consentez donc à châtier de leur injustice ceux qui l'ont commise les premiers, et à accorder réparation à ceux qui la réclament selon les règles.»

75.1 Après avoir ainsi pris les dieux à témoin, le roi mit son armée sur le pied de guerre.

Le dialogue de Mélos

37. 1 Comparons maintenant à ce dialogue si beau et si raffiné[1] un autre dialogue de Thucydide, celui que portent aux nues les admirateurs de ce type de style.

2 L'historien part du principe que, lors de l'expédition athénienne contre Mélos, colonie de Lacédémone, avant d'ouvrir les hostilités, le stratège d'Athènes rencontre les notables des Méliens pour discuter des moyens d'éviter la guerre. Au début, parlant en son nom propre, il indique la teneur des propos tenus par les uns et les autres ; mais, ne conservant cette formule, celle du récit, que pour un seul échange, il fait ensuite dialoguer des personnages, adoptant la forme dramatique[2].

1. *Notes complémentaires*, p. 158.

2. La forme du récit est adoptée pour les deux premières interventions, celle des délégués athéniens (et non de l'Athénien, comme dit Denys) au chap. 85, celle des Méliens en séance au chap. 86. Après cela commence un échange de répliques, comme au théâtre.

ξυμβαίνῃ· ἐξελθεῖν τε μηδένα ἔτι, ἀλλ' ἀπὸ τοῦ τείχους ἀποκρίνασθαι ὅτι ἀδύνατά ἐστι σφίσι ποιεῖν ἃ Λακεδαιμόνιοι προκαλοῦνται.

2 Ὡς δ' ἀπεκρίναντο, ἐντεῦθεν δὴ πρῶτον μὲν ἐς ἐπιμαρτυρίαν καὶ θεῶν καὶ ἡρώων τῶν ἐγχωρίων Ἀρχίδαμος ὁ βασιλεὺς κατέστη λέγων ὧδε·

3 «Θεοὶ ὅσοι γῆν τὴν Πλαταιίδα ἔχετε, καὶ ἥρωες, ξυνίστορες ἔστε ὅτι οὔτε τὴν ἀρχὴν ἀδίκως, ἐκλιπόντων δὲ τῶνδε προτέρων τὸ ξυνώμοτον ἐπὶ γῆν τήνδε ἤλθομεν, ἐν ᾗ οἱ πατέρες ἡμῶν εὐξάμενοι ὑμῖν Μήδων ἐκράτησαν καὶ παρέσχετε αὐτὴν εὐμενῆ ἐναγωνίσασθαι τοῖς Ἕλλησιν, οὔτε νῦν, ἤν τι ποιῶμεν, ἀδικήσομεν· προκαλεσάμενοι γὰρ πολλὰ καὶ εἰκότα οὐ τυγχάνομεν. Ξυγγνώμονες δὲ ἔστε τῆς μὲν ἀδικίας κολάζεσθαι τοῖς ὑπάρχουσι προτέροις, τῆς δὲ τιμωρίας τυγχάνειν τοῖς ἐπιφέρουσι νομίμως.»

75.1 Τοσαῦτα ἐπιθειάσας καθίστη εἰς πόλεμον τὸν στρατόν.

37. 1 **Ἐξετάσωμεν δὴ παρὰ τοῦτον τὸν διάλογον ⟨τὸν⟩ οὕτω καλῶς καὶ περιττῶς ἔχοντα ἕτερον αὐτοῦ διάλογον, ὃν μάλιστα ἐπαινοῦσιν οἱ τοῦ χαρακτῆρος τούτου θαυμασταί.**

2 **Ὑποτίθεται δή, στρατιὰν ἀποστειλάντων Ἀθηναίων ἐπὶ Μηλίους Λακεδαιμονίων ἀποίκους, πρὶν ἄρξασθαι τοῦ πολέμου, τὸν στρατηγὸν τῶν Ἀθηναίων καὶ τοὺς προβούλους τῶν Μηλίων συνιόντας εἰς λόγους περὶ καταλύσεως τοῦ πολέμου. Καὶ κατ' ἀρχὰς μὲν ἐκ τοῦ ἰδίου προσώπου δηλοῖ τὰ λεχθέντα ὑφ' ἑκατέρων, ἐπὶ μιᾶς δ' ἀποκρίσεως τοῦτο τὸ σχῆμα διατηρήσας, τὸ διηγηματικόν, προσωποποιεῖ τὸν μετὰ ταῦτα διάλογον καὶ ⟨τὸ⟩ δραματικὸν ⟨εἰσάγει⟩.**

2 ἐστι post ποιεῖν Thuc. || 4 ἐντεῦθεν : ἐνταῦθα I || 10 παρέσχετε : παράσχετε I || 14 τῆς : τοῖς A || 17 τὸν add. Us. || 18 αὐτοῦ om. I || 24 προβούλους : -βόλους A || Μηλίων : Μιλησίων I || 29 τὸ addidi || δραματικὸν Z : δραματίζει Us. || εἰσάγει addidi : ἀποδίδωσι vel ἀπεργάζεται add. Reiske.

3 L'Athénien commence en disant :

V.85 « Puisque ce n'est pas devant le peuple qu'ont lieu ces pourparlers, afin d'éviter que la foule ne se laisse égarer par un discours continu, en nous entendant tenir en une fois des propos séduisants sans réfutation possible (nous savons en effet que tel est le sens de ce conseil restreint devant lequel nous comparaissons), vous donc, qui y siégez au premier rang, prenez des sûretés encore plus grandes. Évitez, vous aussi, un discours suivi ; dès qu'un argument vous paraîtra incorrect, intervenez et jugez-le. Ainsi, pour commencer, cette proposition vous convient-elle? Dites-le. »

86 Les Méliens en séance répondirent :

« La convenance qu'il y a à s'expliquer dans le calme ne suscite aucun blâme; mais les actes de guerre, déjà présents et pas simplement à venir, se montrent en désaccord avec cela. »

4 Cette dernière phrase, pour la faire entrer dans les figures de style, ne faudrait-il pas commencer par appeler figures tous les solécismes qui portent sur les nombres ou sur les cas? 5 En effet, débutant par : *la convenance qu'il y a à s'expliquer dans le calme ne suscite aucun blâme,* il coordonne à ce nominatif singulier : *mais les actes de guerre, déjà présents et pas simplement à venir,* à quoi il rattache un génitif singulier, article démonstratif ou pronom (on a le choix[1] de la dénomination) : *de cela.* Ce dernier terme, ne s'accordant ni avec le nominatif féminin singulier, ni avec l'accusatif neutre pluriel, est d'un emploi grammatical incorrect. 6 Pour que l'énoncé soit cohérent, il faudrait qu'il soit formulé ainsi : « La convenance qu'il y a à

1. *Notes complémentaires*, p. 158-159.

3 **Ἄρχει δ' ὁ Ἀθηναῖος τάδε λέγων·**

V.85 *«Ἐπειδὴ οὐ πρὸς τὸ πλῆθος οἱ λόγοι γίγνονται, ὅπως δὴ μὴ συνεχεῖ ῥήσει οἱ λαοὶ ἐπαγωγὰ καὶ ἀνέλεγκτα ἐς ἅπαξ ἀκούσαντες ἡμῶν ἀπατηθῶσι (γινώσκομεν γὰρ ὅτι τοῦτο φρονεῖ ἡμῶν ἡ εἰς τοὺς ὀλίγους ἀγωγή), ὑμεῖς οἱ προκαθήμενοι ἔτι ἀσφαλέστερον ποιήσετε. Καὶ μηδ' ὑμεῖς ἑνὶ λόγῳ ἀλλὰ πρὸς τὸ μὴ δοκοῦν ἐπιτηδείως λέγεσθαι εὐθὺς ὑπολαμβάνοντες κρίνετε. Καὶ πρῶτον, εἰ ἀρέσκει ὡς λέγομεν, εἴπατε.»*

86 *Οἱ δὲ τῶν Μηλίων σύνεδροι ἀπεκρίναντο·*

«Ἡ μὲν ἐπιείκεια τοῦ διδάσκειν καθ' ἡσυχίαν ἀλλήλους οὐ ψέγεται· τὰ δὲ τοῦ πολέμου παρόντα ἤδη καὶ οὐ μέλλοντα διαφέροντα αὐτοῦ φαίνεται.»

4 **Τοῦτο τὸ τελευταῖον εἴ τις ἐν τοῖς σχήμασιν ἀξιώσει φέρειν, οὐκ ἂν φθάνοι πάντας τοὺς σολοικισμοὺς ὅσοι γίγνονται παρὰ τοὺς ἀριθμοὺς καὶ παρὰ τὰς πτώσεις σχήματα καλῶν;** 5 **Προθεὶς γὰρ** *ἡ μὲν ἐπιείκεια τοῦ διδάσκειν καθ' ἡσυχίαν οὐ ψέγεται,* **ἔπειτα συνάψας τῷ ἑνικῷ καὶ κατὰ τὴν ὀρθὴν ἐξενηνεγμένῳ πτῶσιν** *τὰ δὲ τοῦ πολέμου παρόντα ἤδη καὶ οὐ μέλλοντα,* **ἐπιζεύγνυσι τούτοις ἑνικὸν καὶ κατὰ τὴν γενικὴν ἐσχηματισμένον πτῶσιν, εἴ τε ἄρθρον δεικτικὸν βούλεταί τις αὐτὸ καλεῖν εἴ τε ἀντονομασίαν, τὸ** *αὐτοῦ.* **Τοῦτο δὲ οὔτε τῷ θηλυκῷ καὶ ἑνικῷ καὶ ὀνοματικῷ προσαρμοττόμενον σῴζει τὴν ἀκολουθίαν οὔτε τῷ πληθυντικῷ καὶ οὐδετέρῳ ⟨καὶ⟩ κατὰ τὴν αἰτιατικὴν ἐσχηματισμένῳ πτῶσιν.** 6 **Ἦν δ' ἂν ὁ λόγος κατάλληλος οὕτω σχηματισθείς· «ἡ μὲν ἐπιείκεια τοῦ διδάσκειν**

3 λαοὶ Z : πολλοὶ Thuc. || 5 ἡμῶν AVT Thuc.[edd.] : ὑμῶν I Thuc.[codd.] || προκαθήμενοι Z : καθήμενοι Thuc. || 6 ποιήσετε Z : ποιήσατε Thuc. || καὶ Z : καθ' ἕκαστον γὰρ καὶ Thuc. || ἑνὶ λόγῳ Thuc.[edd.] : ἐν ὀλίγῳ Z Thuc.[codd.] || 10 καθ' ἡσυχίαν post ἀλλήλους I || 12 φαίνεται Z Thuc. : φαίνετε Us. || 14 φέρειν om. V || 15 γίγνονται : γίνονται I || 18 καὶ om. I || ἐξενηνεγμένῳ Sylburg : -μένα Z || 20 γενικὴν Sylburg : ἑνικὴν Z || 23 ὀνοματικῷ Us. : -μαστ- Z || ἀκολουθίαν I : -θείαν AVT || 24 καὶ add. Us.

s'expliquer dans le calme ne suscite aucun blâme ; mais les actes de guerre, déjà présents et pas simplement à venir, se montrent en désaccord avec elle.»

7 Puis il ajoute une idée dont le sens n'a rien d'absurde, mais dont l'expression n'est guère facile à suivre :

87 «Si c'est pour vous livrer à des supputations sur l'avenir que vous êtes venus ici, ou avec un but autre que celui de prendre, à la lueur du présent et de ce que vous voyez, les décisions de salut pour votre cité, brisons là; si c'est dans le but susdit, nous pouvons parler.»

38. 1 Après quoi, faisant passer le dialogue du ton de la narration à celui du théâtre[1], il fait répondre à l'Athénien :

88 «Il est normal et excusable que des gens dans une telle situation orientent leurs propos et leurs réflexions dans plus d'un sens.»

2 Puis, après une proposition fort bien venue,

«En tout cas, la rencontre d'aujourd'hui a bien pour but le salut; et la discussion, si vous voulez, n'a qu'à se faire comme vous le proposez»,

il se lance d'abord dans une argumentation indigne de la cité des Athéniens et inconvenante dans de telles circonstances[2] :

89 «Pour notre part en tout cas, nous n'allons pas, usant de beau langage, prétendre que c'est à juste titre, pour avoir brisé le Mède, que nous avons le pouvoir, ou bien que c'est en victimes d'une injustice qu'aujourd'hui nous vous attaquons, ce qui fournirait de longs discours peu convaincants.»

En d'autres termes, il admet que l'expédition est dirigée contre des innocents, puisqu'il ne veut s'expliquer sur aucun de ces deux points.

1, 2. *Notes complémentaires*, p. 159.

καθ' ἡσυχίαν ἀλλήλους οὐ ψέγεται, τὰ δὲ τοῦ πολέμου παρόντα ἤδη καὶ οὐ μέλλοντα διαφέροντα αὐτῆς φαίνεται.»

7 **Τούτοις ἐπιτίθησιν ἐνθύμημα νενοημένον μὲν οὐκ ἀτόπως, ἡρμηνευμένον δὲ οὐκ εὐπαρακολουθήτως·**

87 *«Εἰ μὲν τοίνυν ὑπονοίας τῶν μελλόντων λογιούμενοι, ἢ ἄλλο τι ξυνήκετε ἢ ἐκ τῶν παρόντων καὶ ὧν ὁρᾶτε περὶ σωτηρίας βουλεύσοντες τῇ πόλει, παυόμεθα· εἰ δ' ἐπὶ τοῦτο, λέγοιμεν ἄν.»*

38. 1 **Καὶ μετὰ τοῦτο, ἀποστρέψας τοῦ διηγήματος τὸν διάλογον ἐπὶ τὸ δραματικόν, ταῦτα τὸν Ἀθηναῖον ἀποκρινόμενον ποιεῖ·**

88 *«Εἰκὸς μὲν καὶ ξυγγνώμη ἐν τῷ τοιῷδε καθεστῶτας ἐπὶ πολλὰ καὶ λέγοντας καὶ δοκοῦντας τραπέσθαι.»*

2 **Ἔπειτα εὐσχήμονα πρόθεσιν ὑποθέμενος·**

«Ἡ μέντοι ξύνοδος καὶ περὶ σωτηρίας ἤδη πάρεστι, καὶ ὁ λόγος, ᾧ προκαλεῖσθε τρόπῳ, εἰ δοκεῖ, γιγνέσθω»,

πρῶτον μὲν εὕρηκεν ἐνθύμημα οὔτε τῆς Ἀθηναίων πόλεως ἄξιον οὔτ' ἐπὶ τοιούτοις πράγμασιν ἁρμόττον λέγεσθαι·

89 *«Ἡμεῖς τοίνυν οὔτε αὐτοὶ μετ' ὀνομάτων καλῶν, ὡς ἢ δικαίως τὸν Μῆδον καταλύσαντες ἄρχομεν, ἢ ἀδικούμενοι νῦν ἐπεξερχόμεθα, λόγων μῆκος ἄπιστον παρέξομεν».*

Τοῦτο δέ ἐστιν ὁμολογοῦντος τὴν ἐπὶ τοὺς μηδὲν ἀδικοῦντας στράτευσιν, ἐπειδὴ περὶ μηδετέρου τούτων βούλεται τὸν λόγον ὑπέχειν.

6 post μελλόντων hab. τῶν A || 8 βουλεύσοντες Thuc.[cz edd.] : -σαντες Z Thuc.[cett.] || παυόμεθα Z : παυοίμεθ' ἂν Thuc. || 11 τὸ Sylburg : τὸν Z || 14 τραπέσθαι Z : τρέπεσθαι Thuc. || 16 ἤδη Z : ἥδε Thuc. || 18 εὕρηκεν Z : εἴρηκεν Krueger Us.

3 Il ajoute alors :

« Mais vous, nous y comptons, ne venez pas nous dire que, colons des Lacédémoniens, vous n'avez pas rejoint leurs rangs, ni que vous ne nous avez jamais fait aucun tort, et ne croyez pas ainsi nous convaincre ; tâchez plutôt de faire ce qui sera possible compte tenu de nos vrais sentiments, aux uns et aux autres. »

Ce qui veut dire : « Vous, qui avez le sentiment, et c'est vrai, qu'on vous fait du tort, supportez la nécessité et cédez ; nous, qui vous faisons du tort en toute connaissance de cause, nous triompherons de votre faiblesse par la force. C'est la seule possibilité pour les uns et les autres. »

4 Voulant alors justifier la chose, il continue :

« Le juste, au jugement des hommes, se décide à contraintes égales ; le possible, les puissants le réalisent, les faibles l'acceptent. »

39. 1 C'est à des rois barbares s'adressant à des Grecs que convenaient de tels propos. Mais, pour des Athéniens s'adressant aux Grecs qu'ils avaient libérés du Mède, il y avait de l'indécence à déclarer que le juste ne vaut qu'entre égaux, et que, pour les puissants, seule la force est de mise, face aux faibles.

2 A cela, les Méliens répondirent brièvement qu'il serait bon pour les Athéniens de respecter la justice, de peur qu'eux-mêmes, un jour, à la suite d'un faux pas, ne tombent sous la coupe d'autrui et n'aient à subir, de plus forts qu'eux, des malheurs analogues[1]. Thucydide fait alors répliquer à l'Athénien :

91.1 « Pour notre empire à nous, à supposer qu'il cesse un jour, nous n'en craignons pas la fin » ;

et la raison de cette confiance, c'est que, même si les Lacédémoniens brisent un jour l'empire d'Athènes, ils seront indulgents, car eux aussi agissent bien souvent

1. Denys ne reprend pas les termes employés par Thucydide en V, 90 (à part le σφαλέντες).

3 **Οἷς ἐπιτίθησιν·**

«Οὔθ' ὑμᾶς ἀξιοῦμεν ἢ ὅτι, Λακεδαιμονίων ἄποικοι ὄντες, οὐ ξυνεστρατεύσατε, ἢ ὡς ἡμᾶς <οὐδὲν> ἠδικήκατε λέγοντας οἴεσθαι πείσειν, τὰ δυνατὰ δ' ἐξ ὧν ἑκάτεροι ἀληθῶς φρονοῦμεν διαπράσσεσθαι.»

Τοῦτο δέ ἐστιν· «Ὑμεῖς μὲν ἀληθῶς φρονοῦντες ὅτι ἀδικεῖσθε, τὴν ἀνάγκην φέρετε καὶ εἴκετε· ἡμεῖς δὲ οὐκ ἀγνοοῦντες ὅτι ἀδικοῦμεν ὑμᾶς, τῆς ἀσθενείας ὑμῶν περιεσόμεθα τῇ βίᾳ. Ταῦτα γὰρ ἑκατέροις δυνατά.»

4 **Ἔπειτα τὴν αἰτίαν ἀποδοῦναι τούτου βουληθεὶς ἐπιλέγει·**

«Ὅτι δίκαια μὲν ἐν τῷ ἀνθρωπείῳ λόγῳ ἀπὸ τῆς ἴσης ἀνάγκης κρίνεται, δυνατὰ δὲ οἱ προὔχοντες πράσσουσι καὶ οἱ ἀσθενεῖς ξυγχωροῦσι.»

39 1 **Βασιλεῦσι γὰρ βαρβάροις ταῦτα πρὸς Ἕλληνας ἥρμοττε λέγειν· Ἀθηναίοις δὲ πρὸς τοὺς Ἕλληνας οὓς ἠλευθέρωσαν ἀπὸ τῶν Μήδων, οὐκ ἦν προσήκοντα εἰρῆσθαι ὅτι τὰ δίκαια τοῖς ἴσοις ἐστὶ πρὸς ἀλλήλους, τὰ δὲ βίαια τοῖς ἰσχυροῖς πρὸς τοὺς ἀσθενεῖς.**

2 **Ὀλίγα δὲ πρὸς ταῦτα τῶν Μηλίων ἀποκριναμένων ὅτι καλῶς ἂν ἔχοι τοῖς Ἀθηναίοις προνοεῖν τοῦ δικαίου, μὴ καὶ αὐτοί ποτε σφαλέντες ὑπ' ἄλλων [ἐν ἐξουσίᾳ] γένωνται, καὶ τὰ αὐτὰ πάσχωσιν ὑπὸ τῶν ἰσχυροτέρων, ἀποκρινόμενον ποιεῖ τὸν Ἀθηναῖον·**

91.1 «Ἡμεῖς δὲ τῆς ἡμετέρας ἀρχῆς, ἢν καὶ παυθῇ, οὐκ ἀθυμοῦμεν τὴν τελευτήν»,

τούτου δ' αἰτίαν ἀποδιδόντα ὅτι κἂν καταλύσωσιν αὐτῶν Λακεδαιμόνιοι τὴν ἀρχήν, συγγνώμην ἕξουσι, καὶ αὐτοὶ

3 οὐδὲν add. Us. e Thuc.[pl.] (οὐδὲ Thuc.[AB]) || 5 διαπράσσεσθαι : -θε I || 10 ἀποδοῦναι : ὑπο- A || 12 ante ὅτι hab. ἐπισταμένους πρὸς εἰδότας Thuc. || 22 ἐν ἐξουσίᾳ delevi || 25 παυθῇ Z Thuc.[AEZ] : παυσθῇ Thuc.[CFM] edd.

de pareille façon[1]. 3 Je vais citer les propres paroles de l'Athénien :

«Ce n'est pas quand on commande à d'autres, comme le font les Lacédémoniens, que l'on est redoutable pour les vaincus»;

ce qui revient à dire que, entre tyrans, on ne se hait pas.

4 Puis[2] il ajoute :

91.2 «Eh bien, que l'on nous laisse en courir le risque»,

ce qu'oserait à peine dire un pirate ou un brigand : «peu m'importe le châtiment à venir si j'ai satisfait mes désirs présents».

5 Puis, après un bref échange[3], comme les Méliens en viennent à une proposition raisonnable :

94 «Par conséquent, si nous ne bougeons pas, en étant vos amis au lieu de vos ennemis et sans avoir d'alliance avec quiconque, ne l'accepteriez-vous pas?»,

6 Thucydide fait répondre à l'Athénien :

95 «Non, car votre hostilité nous nuit moins que votre amitié, dans la mesure où celle-ci est signe de faiblesse aux yeux de nos sujets, votre haine signe de puissance»,

une idée perverse, à l'énoncé tortueux. Le sens de cette phrase, à y regarder de près, est quelque chose comme : «si vous nous aimez, tout le monde nous croira faibles, on nous croira forts si vous nous haïssez. Nous ne comptons pas en effet sur les bons sentiments pour nous faire obéir de nos sujets, mais sur la crainte.»

40. 1 Après un nouvel échange de répliques[4] prétentieuses ou acides, Thucydide imagine de faire dire aux Méliens qu'à la guerre les chances sont égales entre les combattants et que

1. Pour l'occasion, Denys donne le sens du passage avant de le citer textuellement.
2. Denys omet la fin de 91, 1.
3. Thucydide, V, 93 et 94.
4. Thucydide, V, 96-101.

πολλὰ τοιαῦτα πράσσοντες. 3 **Θήσω δὲ καὶ τὴν λέξιν αὐτοῦ·**

«Οὐ γὰρ οἱ ἄρχοντες ἄλλων, ὥσπερ καὶ Λακεδαιμόνιοι, οὗτοι δεινοὶ τοῖς νικηθεῖσι»·

τοῦτο δὲ ὅμοιόν ἐστι τῷ λέγειν ὅτι παρὰ τοῖς τυράννοις οὐ μισοῦνται τύραννοι.

4 **Οἷς ἐπιτίθησιν·**

91.2 «Καὶ περὶ μὲν τούτου ἡμῖν ἀφείσθω κινδυνεύεσθαι»,

ὃ μόγις ἂν εἶπεν τῶν καταποντιστῶν τις ἢ λῃστῶν· «οὐδὲν ἐπιστρέφομαι τῆς μετὰ ταῦτα τιμωρίας χαρισάμενος ἐπιθυμίαις ἐν τῷ παρόντι».

5 **Ἔπειτ' ὀλίγων τῶν μεταξὺ γενομένων ἀμοιβαίων καὶ τῶν Μηλίων εἰς ἐπιεικῆ συγκαταβαινόντων αἵρεσιν·**

94 «Ὥστε δὲ ἡσυχίαν ἄγοντας ἡμᾶς φίλους μὲν εἶναι ἀντὶ πολεμίων, ξυμμάχους δὲ μηδετέρων οὐκ ἂν δέξαισθε;»

6 **ἀποκρινόμενον ποιεῖ τὸν Ἀθηναῖον·**

95 «Οὐ γὰρ τοσοῦτον ἡμᾶς βλάπτει ἡ ἔχθρα ὑμῶν ὅσον ἡ φιλία μὲν ἀσθενείας, τὸ δὲ μῖσος δυνάμεως παράδειγμα τοῖς ἀρχομένοις δηλούμενον»,

ἐνθύμημα πονηρὸν καὶ σκολιῶς ἀπηγγελμένον. Εἰ δὲ τὸ νόημα βούλεταί τις αὐτοῦ σκοπεῖν, τοιόνδε ἐστὶν ὅτι· «φιλοῦντες μὲν ἡμᾶς ἀσθενεῖς φαίνεσθαι πρὸς τοὺς ἄλλους ποιήσετε, μισοῦντες δὲ ἰσχυρούς. Οὐ γὰρ ζητοῦμεν εὐνοίᾳ τῶν ὑπηκόων ἄρχειν, ἀλλὰ φόβῳ.»

40. 1 **Τούτοις ἕτερα προσθεὶς πάλιν ἀμοιβαῖα περίεργα καὶ πικρά, τοὺς Μηλίους ὑποτίθεται λέγοντας ὅτι κοινὰς τὰς τύχας φέρουσιν οἱ πολέμιοι καὶ**

14 δὲ Z Thuc.[CEZ] : non hab. Thuc.[ABFM] || 15 δέξαισθε I : δέξεσθαι AV δέξασθαι T δέξοισθε Thuc. || 17 ἡμᾶς Thuc. : ὑμᾶς Z.

102 « céder est une solution d'emblée désespérée, alors que, tant que dure l'action, subsiste encore un espoir de rester debout ».

2 Là-dessus, il met dans la bouche de l'Athénien une réponse digne du plus entortillé des labyrinthes, à propos de l'espoir qui vient aux hommes frappés par le malheur ; la voici textuellement :

103.1 « L'espoir, qui est un encouragement au risque, si l'on s'y livre avec de bonnes ressources, même s'il est nuisible, ne nous ruine pas ; mais de ceux qui mettent en jeu tout leur avoir (l'espoir est prodigue par nature), il n'est reconnu qu'après la chute, et il ne leur laisse plus aucun moyen de s'en préserver, une fois connu. 2 Ce sort-là, vous qui êtes faibles et ne voyez qu'un aspect des choses, refusez de le subir, refusez de vous aligner sur la masse des gens ; alors qu'ils pourraient encore se sauver par des moyens humains, une fois que, dos au mur, les espoirs tangibles leur font défaut, ils ont recours aux espoirs incertains, divination, oracles, et tout ce qui, avec l'espoir, apporte la faillite. »

3 Ce passage-là, je me demande bien comment on pourrait en faire l'éloge ! Va-t-on prétendre qu'il est séant pour des stratèges d'Athènes de déclarer qu'apporte la faillite aux hommes l'espoir venu des dieux, ou que les oracles et la divination ne rendent aucun service aux adeptes d'une vie pieuse et juste ? Entre tant d'autres, l'un des tout premiers titres de gloire, pour la cité des Athéniens, c'est bien, pour toute affaire et en toute occasion, de toujours obéir aux dieux, et de ne rien accomplir sans l'aide des oracles et de la divination[1].

4 A la réponse des Méliens[2] disant que, en même temps que sur le secours des dieux, ils comptent aussi sur les Lacédémoniens qui, ne fût-ce que par respect

1. *Notes complémentaires*, p. 159.
2. Thucydide, V, 104.

102 «τὸ μὲν εἶξαι εὐθὺς ἀνέλπιστον, μετὰ δὲ τοῦ δρωμένου ἔτι καὶ στῆναι ἐλπὶς ὀρθῶς.»

2 **Πρὸς ταῦτα ποιεῖ τὸν Ἀθηναῖον ἀποκρινόμενον λαβυρίνθων σκολιώτερα περὶ τῆς ἐλπίδος ἐπὶ κακῷ τοῖς ἀνθρώποις γινομένης, κατὰ λέξιν οὕτως γράφων·**

103.1 «Ἐλπὶς δὲ κινδύνου παραμύθιον οὖσα τοὺς μὲν ἀπὸ περιουσίας χρωμένους αὐτῇ, κἂν βλάψῃ, οὐ καθεῖλεν· τοῖς δὲ ἐς πᾶν τὸ ὑπάρχον ἀναρριπτοῦσι (δάπανος γὰρ φύσει) ἅμα τε γιγνώσκεται σφαλέντων καὶ ἐν ὅτῳ φυλάξεταί τις αὐτὴν γνωρισθεῖσαν, οὐκ ἐλλείπει. 2 Ὃ ὑμεῖς ἀσθενεῖς τε καὶ ἐπὶ σκοπῆς μιᾶς ὄντες μὴ βούλεσθε παθεῖν μηδ' ὁμοιωθῆναι τοῖς πολλοῖς, <οἷς> παρὸν ἀνθρωπείως ἔτι σῴζεσθαι, ἐπειδὰν πιεζομένους αὐτοὺς ἐπιλείπωσιν αἱ φανεραὶ ἐλπίδες, ἐπὶ τὰς ἀφανεῖς καθίστανται, μαντικήν τε καὶ χρησμοὺς καὶ ὅσα τοιαῦτα μετ' ἐλπίδων λυμαίνεται.»

3 **Ταῦτ' οὐκ οἶδα πῶς ἂν τις ἐπαινέσειεν ὡς προσήκοντα εἰρῆσθαι στρατηγοῖς Ἀθηναίων ὅτι λυμαίνεται τοὺς ἀνθρώπους ἡ παρὰ τῶν θεῶν ἐλπίς, καὶ οὔτε χρησμῶν ὄφελος οὔτε μαντικῆς τοῖς εὐσεβῆ καὶ δίκαιον προῃρημένοις τὸν βίον. Εἰ γάρ τι καὶ ἄλλο, τῆς Ἀθηναίων πόλεως καὶ τοῦτ' ἐν τοῖς πρώτοις ἐστὶν ἐγκώμιον, τὸ περὶ παντὸς πράγματος καὶ ἐν παντὶ καιρῷ τοῖς θεοῖς ἕπεσθαι καὶ μηδὲν ἄνευ μαντικῆς καὶ χρησμῶν ἐπιτελεῖν.**

4 **Λεγόντων τε τῶν Μηλίων ὅτι σὺν τῇ παρὰ τῶν θεῶν βοηθείᾳ καὶ Λακεδαιμονίοις πεποίθασιν, οὓς εἰ καὶ διὰ**

5 γινομένης om. I || 6 κινδύνου Z : κινδύνῳ Thuc. || 8 πᾶν Z : ἅπαν Thuc. || 9 post ὅτῳ hab. ἔτι Thuc. || 10 ἐλλείπει. Ὃ Sylburg e Thuc. : ἐλλιπεῖς Z || 11 σκοπῆς Z : ῥοπῆς Thuc.[pl.] κοπῆς Thuc.[M] || μὴ Thuc. : οὐ Z || 12 οἷς add. Us. e Thuc. || 13 ἐπιλείπωσιν Z Thuc.[pl.] : -λιπ- Thuc.[AB] || 17 λυμαίνεται Us. : λυμαίνονται Z.

humain, leur porteront secours et ne laisseront pas périr sans rien faire des gens de leur race, Thucydide fait répliquer par l'Athénien, avec encore plus de morgue :

105.1 «Quant à la bienveillance à attendre de la divinité, nous ne croyons pas nous non plus devoir en manquer ; car rien ne transgresse ni la justice distributive appliquée par les hommes ou concernant le divin, ni les décisions qui président aux relations mutuelles, dans ce que nous jugeons et faisons. 2 Nous estimons en effet que, au plan divin par opinion, au plan humain avec certitude, toujours nécessairement par nature, si l'on est le plus fort, on commande.»

L'idée ici exprimée est d'interprétation difficile, même pour qui se croit un bon spécialiste de cet auteur[1] ; et elle se termine par une conclusion voulant à peu près dire que «le divin, tout le monde le connaît par opinion tandis que les droits mutuels des hommes relèvent de la loi de nature, commune à tous ; cette loi, c'est que, si l'on est capable de l'emporter sur les autres, il est normal qu'on leur commande». 5 Ces propos sont bien dans la ligne des précédents, et tout aussi déplacés dans la bouche d'Athéniens ou de Grecs.

41. 1 Je pourrais encore citer bien d'autres raisonnements au contenu pervers ; mais, pour que mon traité ne dépasse pas la mesure, je n'ajouterai plus qu'une citation, la dernière.

Au moment de quitter la conférence, l'Athénien dit :

111.2 «Pour vous, le solide est un espoir à venir ; le présent est mince pour résister avec succès aux forces déjà alignées contre vous. Il y a beaucoup d'illogisme dans votre raisonnement — continue-t-il —, *si, après nous avoir quittés, vous ne prenez pas une décision différente de celle-ci, plus sensée.»*

1. *Notes complémentaires*, p. 159-160.

μηδὲν ἄλλο, διὰ γοῦν τὴν αἰσχύνην αὐτοῖς βοηθήσειν καὶ οὐ περιόψεσθαι συγγενεῖς ἀπολλυμένους, αὐθαδέστερον ἔτι τὸν Ἀθηναῖον ἀποκρινόμενον εἰσάγει·

105.1 «Τῆς μὲν τοίνυν πρὸς τὸ θεῖον εὐμενείας οὐδ' ἡμεῖς οἰόμεθα λελείψεσθαι· οὐδὲν γὰρ ἔξω τῆς μὲν ἀνθρωπείας, τῆς δ' εἰς τὸ θεῖον νεμέσεως τῶν τ' εἰς σφᾶς αὐτοὺς βουλήσεων δικαιοῦμεν ἢ πράσσομεν. 2 Ἡγούμεθα γὰρ τό τε θεῖον δόξῃ τἀνθρώπειόν τε σαφῶς διὰ παντὸς ἀπὸ φύσεως ἀναγκαίως, οὗ ἂν κρατῇ, ἄρχειν.»

Τούτων ὁ νοῦς ἐστι μὲν δυσείκαστος καὶ τοῖς πάνυ δοκοῦσιν ἐμπείρως τοῦ ἀνδρὸς ἔχειν, κατακλείεται δ' εἰς τοιοῦτόν τι πέρας ὅτι «τὸ μὲν θεῖον δόξῃ γινώσκουσιν ἅπαντες, τὰ δὲ πρὸς ἀλλήλους δίκαια τῷ κοινῷ τῆς φύσεως κρίνουσι νόμῳ· οὗτος δ' ἐστὶν ἄρχειν ὧν ἂν δύνηταί τις κρατεῖν». 5 **Ἀκόλουθα καὶ ταῦτα τοῖς πρώτοις, καὶ οὔτε Ἀθηναίοις οὔτε Ἕλλησι πρέποντα εἰρῆσθαι.**

41. 1 **Πολλὰς δυνάμενος ἔτι διανοίας παρασχέσθαι τὸ συνετὸν ἐχούσας πονηρόν, ἵνα μὴ πλείων ὁ λόγος γένοιτό μοι τοῦ μετρίου, τὴν τελευταίαν ἔτι προσθήκην παραλήψομαι μόνην, ἣν ἀπαλλαττόμενος ἐκ τοῦ συλλόγου ὁ Ἀθηναῖος εἴρηκεν·**

111.2 «Ἀλλ' ὑμῶν τὰ μὲν ἰσχυρὰ ὄντα ἐλπιζόμενα μέλλεται, τὰ δὲ παρόντα βραχέα πρὸς τὰ ἤδη ἀντιτεταγμένα περιγενέσθαι. Πολλήν γε ἀλογίαν — **φησί** — *τῆς διανοίας παρέχετε, εἰ μὴ μεταστησάμενοι ἡμᾶς ἄλλο τι τῶνδε σωφρονέστερον γνώσεσθε.»*

5 μὲν Z : non hab. Thuc. || τῆς δ' Z : τῶν μὲν Thuc. || 6 νεμέσεως Z : νομίσεως Thuc. || βουλήσεων Z : -σεως Thuc. || 8 τἀνθρώπειον I : -πιον AVT τὸ ἀνθρώπειον Thuc. || ἀπὸ Z : ὑπὸ Thuc. || ἀναγκαίως Z : -καίας Thuc. || 14 κρίνουσι : κρίνωσι A || ἂν Sadée : μὴ Z || 23 ἰσχυρὰ ὄντα Z : ἰσχυρότατα Thuc. || 24 τὰ δὲ παρόντα Z : τὰ ὑπάρχοντα Thuc. || ἀντιτεταγμένα Thuc. : ἂν τεταγμένα Z || 24-25 περιγενέσθαι Z : -γίγνεσθαι Thuc. || 25 γε Z : τε Thuc. || 26 ἡμᾶς Z : ἔτι ἡμᾶς Thuc.

2 Sur quoi il ajoute :

3 « Vous n'allez tout de même pas vous tourner vers ce sentiment si destructeur en cas de dangers déshonorants et bien visibles, le point d'honneur. Combien de gens, encore en état de discerner où le courant les portait, ce prétendu honneur a-t-il aspirés par les vertus d'un terme évocateur ; victimes d'un mot, ils sont tombés alors dans des malheurs de fait, irrémédiables, les yeux ouverts. »

3 Or, ces négociations, l'historien n'y a pas personnellement participé, comme membre de la conférence ; il n'en a pas davantage entendu parler par ceux qui les avaient menées, Athéniens ou Méliens, comme il ressort aisément de ce qu'il écrit sur lui-même, dans le livre immédiatement précédent[1], où il indique qu'après son commandement à Amphipolis, il fut exilé de sa patrie et passa en Thrace tout le temps que se prolongea la guerre.

4 Reste donc à examiner s'il a effectivement composé un dialogue convenant à la situation, adapté aux personnages réunis pour cette conférence[2], *et qui respecte le plus possible l'esprit des paroles effectivement prononcées*[3], comme il l'avait personnellement annoncé dans le préambule de son Histoire. 5 Or, s'il était normal et convenable pour les Méliens de parler au nom de la liberté et d'inviter les Athéniens à ne pas réduire en esclavage une cité grecque qui ne leur avait fait aucun tort, était-il aussi bienséant, pour les stratèges d'Athènes, de tenir des propos qui, ne laissant aucune place à l'examen des droits ni à leur définition, prenaient pour règle la violence et la cupidité, et proclamaient qu'il n'y avait d'autres droits pour les faibles que le bon plaisir du plus fort ? 6 Je refuse de

1. *Notes complémentaires*, p. 160.

2. Donc Denys choisit le critère de la convenance à la situation et aux orateurs pour juger du dialogue (cf. 34, 4).

3. Thucydide, I, 22, 1.

2 **Οἷς ἐπιτίθησιν·**

3 *«Οὐ γὰρ δὴ ἐπί γε τὴν ἐν τοῖς αἰσχροῖς καὶ προὔπτοις κινδύνοις πλεῖστα διαφθείρουσαν ἀνθρώπους αἰσχύνην τρέψεσθε. Πολλοῖς γὰρ προορωμένοις ἔτι ἐς οἷα φέρονται, τὸ αἰσχρὸν καλούμενον ὀνόματος ἐπαγωγοῦ δυνάμεις ἐπεσπάσατο ἡσσηθεῖσι τοῦ ῥήματος ἔργῳ συμφοραῖς ἀνηκέστοις ἑκόντας περιπεσεῖν.»*

3 **Τούτων τῶν λόγων ὅτι μὲν οὔτε αὐτὸς μετέσχεν ὁ συγγραφεὺς τῷ συλλόγῳ τότε παρατυχὼν οὔτε τῶν διαθεμένων αὐτοὺς Ἀθηναίων ἢ Μηλίων ἤκουσεν, ἐξ ὧν αὐτὸς ἐν τῇ πρὸ ταύτης βύβλῳ περὶ αὐτοῦ γράφει, μαθεῖν ῥᾴδιον, ὅτι μετὰ τὴν ἐν Ἀμφιπόλει στρατηγίαν ἐξελαθεὶς τῆς πατρίδος πάντα τὸν λοιπὸν τοῦ πολέμου χρόνον ἐν Θρᾴκῃ διέτριψε.**

4 **Λείπεται δὴ σκοπεῖν εἰ τοῖς τε πράγμασι προσήκοντα καὶ τοῖς συνεληλυθόσιν εἰς τὸν σύλλογον προσώποις ἁρμόττοντα πέπλακε διάλογον** *ἐχόμενον ὡς ἔγγιστα τῆς συμπάσης γνώμης τῶν ἀληθῶς λεχθέντων*, **ὡς αὐτὸς ἐν τῷ προοιμίῳ τῆς ἱστορίας προείρηκεν.** 5 **Ἆρ' οὖν ὥσπερ τοῖς Μηλίοις οἰκεῖοι καὶ προσήκοντες ἦσαν οἱ περὶ τῆς ἐλευθερίας λόγοι παρακαλοῦντες τοὺς Ἀθηναίους μὴ καταδουλοῦσθαι πόλιν Ἑλληνίδα μηδὲν ἁμαρτάνουσαν εἰς αὐτούς, οὕτως καὶ τοῖς Ἀθηναίων στρατηγοῖς πρέποντες ἦσαν οἱ περὶ τῶν δικαίων μήτ' ἐξετάζειν ἐῶντες μήτε λέγειν, ἀλλὰ τὸν τῆς βίας καὶ πλεονεξίας νόμον εἰσάγοντες, καὶ ταῦτ' εἶναι δίκαια τοῖς ἀσθενέσιν ἀποφαίνοντες ὅσα τοῖς ἰσχυροτέροις δοκεῖ;** 6 **Ἐγὼ μὲν γὰρ οὐκ**

3 ἀνθρώπους A Thuc. : om. IVT ‖ αἰσχύνην : -νειν A ‖ 5 δυνάμεις Z : δυνάμει Thuc. ‖ 6 ὁρῶντας Z : ἑκόντας Thuc. ‖ 11 ταύτης Krueger : αὐτῆς Z ‖ βύβλῳ Us. : βίβλῳ Z ‖ αὑτοῦ I : αὐτοῦ AVT ‖ 17 ἐχόμενον Z : -μενος Reiske ‖ ἔγγιστα Reiske : εἴ τις τὰ Z ἐγγύτατα Thuc. ‖ 20 οἰκεῖοι : εἰκεῖοι A ‖ 22 Ἑλληνίδα : -νίδην A ‖ 24 οἱ om. A ‖ 27 ἰσχυροτέροις : -ρωτ- I ‖ γὰρ om. I.

croire pour ma part que des personnalités envoyées dans des cités étrangères par la cité la mieux policée du monde aient pu décemment tenir de tels propos ; j'ai du mal à admettre également que des citoyens d'un État minuscule, qui ne se sont illustrés par aucune action d'éclat comme les Méliens, préfèrent l'honneur à la sécurité, qu'ils soient prêts à endurer les pires maux plutôt que d'être contraints à des vilenies, et que ce soient précisément ceux-là même qui avaient choisi d'abandonner leur pays et leur ville, lors de la guerre contre les Perses, pour n'avoir pas à y attendre quelque consigne honteuse, les Athéniens, qui taxent de folie des gens qui font le même choix[1]. J'ai la conviction, moi, que si, en présence des Athéniens, un peuple quelconque avait tenté de tenir de tels propos, il se serait attiré les foudres de ceux qui furent les civilisateurs de l'humanité.

Comparaison des dialogues

7 Voilà donc les raisons qui m'empêchent de louer ce dialogue à l'égal du premier[2]. Dans le précédent en effet, le Lacédémonien Archidamos adresse aux Platéens des propositions équitables, dans un style pur, clair, débarrassé de toute formulation torturée ou incorrecte. Dans celui-ci, les plus sages des Grecs développent des idées on ne peut plus honteuses, en les enrobant dans un style totalement dépourvu d'agrément. 8 A moins peut-être que l'historien n'ait cherché à régler ses comptes envers la cité qui l'avait déclaré coupable, en déversant sur elle des calomnies bien faites pour lui valoir la haine de tous. En effet quand des personnalités d'une cité, chargées d'une mission de cette importance, s'adressent à d'autres cités au nom de leur propre patrie, leurs prises de position et leurs déclarations sont universellement ressenties comme exprimant le consensus de la cité qui les a déléguées.

Mais en voilà assez sur les dialogues.

1, 2. *Notes complémentaires*, p. 160.

οἴομαι τοῖς ἐκ τῆς εὐνομωτάτης πόλεως ἐπὶ τὰς ἔξω πόλεις ἀποστελλομένοις ἡγεμόσι ταῦτα προσήκειν λέγεσθαι, οὐδ' ἂν ἀξιώσαιμι τοὺς μὲν μικροπολίτας καὶ μηδὲν ἔργον ἐπιφανὲς ἀποδειξαμένους Μηλίους πλέονα τοῦ καλοῦ ποιεῖσθαι πρόνοιαν ἢ τοῦ ἀσφαλοῦς, καὶ πάντα ἑτοίμους εἶναι τὰ δεινὰ ὑποφέρειν ἵνα μηδὲν ἄσχημον ἀναγκασθῶσι πράττειν, τοὺς δὲ προελομένους τήν τε χώραν καὶ τὴν πόλιν ἐκλιπεῖν κατὰ τὸν Περσικὸν πόλεμον Ἀθηναίους ἵνα μηδὲν αἰσχρὸν ὑπομείνωσιν ἐπίταγμα, τῶν ταὐτὰ προαιρουμένων ὡς ἀνοήτων κατηγορεῖν. Οἴομαι δ' ὅτι κἂν εἴ τινες ἄλλοι, παρόντων Ἀθηναίων, ταῦτα ἐπεχείρουν λέγειν, ἐπαχθῶς ἤνεγκαν ἂν οἱ τὸν κοινὸν βίον ἐξημερώσαντες.

7 Ἐγὼ μὲν δὴ διὰ ταύτας τὰς αἰτίας οὐκ ἐπαινῶ τὸν διάλογον τοῦτον ἀντιπαρεξετάζων τὸν ἕτερον. Ἐν ἐκείνῳ μὲν γὰρ Ἀρχίδαμος ὁ Λακεδαιμόνιος δίκαιά τε προκαλεῖται τοὺς Πλαταιεῖς καὶ λέξει κέχρηται καθαρᾷ καὶ σαφεῖ καὶ οὐδὲν ἐχούσῃ σχῆμα βεβασανισμένον οὐδὲ ἀνακόλουθον. Ἐν τούτῳ δὲ οἱ φρονιμώτατοι τῶν Ἑλλήνων αἴσχιστα μὲν ἐνθυμήματα φέρουσιν, ἀηδεστάτῃ δ' αὐτὰ περιλαμβάνουσι λέξει. 8 Εἰ μὴ ἄρα μνησικακῶν ὁ συγγραφεὺς τῇ πόλει διὰ τὴν καταδίκην ταῦτα τὰ ὀνείδη κατεσκέδασεν αὐτῆς, ἐξ ὧν ἅπαντες μισήσειν αὐτὴν ἔμελλον. Ἃ γὰρ οἱ προεστηκότες τῶν πόλεων καὶ τηλικαύτας ἐξουσίας πιστευόμενοι φρονεῖν τε καὶ λέγειν ⟨ἐοίκασιν⟩ πρὸς τὰς πόλεις ὑπὲρ τῆς αὑτῶν πατρίδος, ταῦτα κοινὰ ὑπολαμβάνουσιν ἅπαντες εἶναι τῆς ἀποστελλούσης πόλεως αὐτούς.

Καὶ περὶ μὲν τῶν διαλόγων ἅλις.

1 εὐνομωτάτης IT : -τάτοις AV || 4 Μηλίους : Μειλίους I || 10 ταὐτὰ Sylburg : ταῦτα Z || 15 διάλογον Us. : λόγον Z || 26 ἐοίκασιν add. Us. αὑτῶν I : αὐτῶν AVT.

Quelques harangues

42. 1 Pour ce qui est des harangues, j'ai toujours admiré celle du livre I prononcée à Athènes par Périclès sur le thème qu'il ne faut pas céder aux Lacédémoniens, celle qui commence par :

I.140.1 « Mon sentiment, Athéniens, est toujours le même : ne pas céder aux Péloponnésiens, ... »

J'y trouve les idées divinement exprimées ; ni dans la composition des divers éléments, ni par l'usage inhabituel de formules incorrectes ou forcées, rien n'y choque l'oreille ; on y constate la présence de toutes les qualités qui sont l'apanage des harangues publiques.

2 J'admire aussi les discours prononcés à Athènes par Nicias le stratège, à propos de l'expédition de Sicile[1], ainsi que la lettre qu'il a envoyée aux Athéniens[2] pour demander du renfort et un successeur (il était physiquement miné par la maladie) ; ou l'exhortation qu'il adresse aux soldats avant la dernière bataille sur mer[3] ; 3 ou son discours de réconfort à l'armée qu'il devait emmener à pied, après la perte de toutes les trières[4] ; ou encore d'autres harangues du même genre, au style pur et clair, et parfaitement adaptées à des enjeux réels.

4 Mais de toutes les harangues contenues dans les sept livres[5], celle que j'admire le plus, c'est la défense des Platéens[6], pour la seule raison que, sans rien de torturé ni de trop recherché, elle est parée des couleurs de la vérité et du naturel. Les idées y sont pleines d'émotion et le style ne choque pas l'oreille, car la composition y est élégante, et la formulation convient parfaitement au fond.

1. Thucydide, VI, 9-14 et 20-23.
2. Thucydide, VII, 11-15.
3. Thucydide, VII, 61-64.
4. Thucydide, VII, 77.
5, 6. *Notes complémentaires*, p. 160.

42. 1 **Τῶν δὲ δημηγορικῶν λόγων τεθαύμακα μὲν τὸν ἐν τῇ πρώτῃ βύβλῳ ῥηθέντα ἐν Ἀθήναις ὑπὸ Περικλέους περὶ τοῦ μὴ εἴκειν Λακεδαιμονίοις, τὸν ἔχοντα τήνδε τὴν ἀρχήν·**

I.140.1 « Τῆς μὲν γνώμης, ὦ Ἀθηναῖοι, ἀεὶ τῆς αὐτῆς ἔχομαι, μὴ εἴκειν Πελοποννησίοις »,

ὡς καὶ τοῖς ἐνθυμήμασιν ἡρμηνευμένον δαιμονίως καὶ οὔτε κατὰ τὴν σύνθεσιν τῶν μορίων οὔτε κατὰ τὴν ἐξαλλαγὴν τῶν σχηματισμῶν τῶν ἀνακολούθων καὶ βεβιασμένων ἐνοχλοῦντα τὰς ἀκοάς, πάσας δὲ περιειληφότα τὰς ἀρετάς, ὁπόσαι γίγνονται περὶ δημηγορικοὺς ⟨λόγους⟩, 2 **καὶ τοὺς ὑπὸ Νικίου τοῦ στρατηγοῦ ῥηθέντας ἐν Ἀθήναις ὑπὲρ τῆς εἰς Σικελίαν στρατείας, τήν τε πεμφθεῖσαν ὑπ' αὐτοῦ τοῖς Ἀθηναίοις ἐπιστολήν, ἐν ᾗ χρῄζει συμμαχίας ἄλλης καὶ διαδόχου, κάμνων τὸ σῶμα ὑπὸ νόσου, καὶ τὴν παράκλησιν τῶν στρατιωτῶν ἣν ἐποιήσατο πρὸ τῆς τελευταίας ναυμαχίας,** 3 **καὶ τὸν παραμυθητικὸν λόγον, ὅτε πεζῇ τὴν στρατιὰν ἔμελλεν ἀπάγειν, ἀπολωλεκὼς τὰς τριήρεις ἁπάσας, καὶ εἴ τινές εἰσιν ἄλλαι τοιαῦται δημηγορίαι καθαραὶ καὶ σαφεῖς καὶ εἰς τοὺς ἀληθινοὺς ἀγῶνας ἐπιτήδειοι.**

4 **Ὑπὲρ ἁπάσας δὲ τὰς ἐν ταῖς ἑπτὰ βύβλοις φερομένας τὴν Πλαταιέων ἀπολογίαν τεθαύμακα παρ' οὐδὲν οὕτως ἕτερον ὡς τὸ μὴ βεβασανίσθαι μηδὲ κατεπιτετηδεῦσθαι, ἀληθεῖ δέ τινι καὶ φυσικῷ κεκοσμῆσθαι χρώματι. Τά τε γὰρ ἐνθυμήματα πάθους ἐστὶ μεστὰ καὶ ἡ λέξις οὐκ ἀποστρέφουσα τὰς ἀκοάς· ἥ τε γὰρ σύνθεσις εὐεπὴς καὶ τὰ σχήματα τῶν πραγμάτων ἴδια.**

2 τῇ om. I || βύβλῳ T : βίβλῳ AVI || 9 τῶν alt. om. I || 12 λόγους add. Krueger || 13-14 εἰς — τοῖς om. T || 13 στρατείας Us. : στρατιᾶς AVI || 19 ἀπολωλεκὼς : -λεκὸς A || 22 βύβλοις Us. : βίβλοις Z || 22-23 φερομένας : γραφομένας I.

5 Voilà des créations de Thucydide tout à fait dignes d'envie, et que, à mon avis, les historiographes devraient prendre pour modèles.

43. 1 Quant à la défense de Périclès, au livre II, ce plaidoyer *pro domo* devant des Athéniens exaspérés contre lui pour les avoir persuadés de se mettre en guerre[1], je ne la loue pas sans réserves. Ni non plus, dans l'affaire de Mytilène, les harangues prononcées par Cléon et Diodotos[2], au livre III ; pas davantage le discours d'Hermocratès le Syracusain aux gens de Camarine[3] ; ni non plus celui d'Euphémos[4], l'ambassadeur d'Athènes, en réponse au précédent, ni aucune des harangues du même ordre : il n'est pas nécessaire d'énumérer toutes celles construites sur ce même type de style.

2 Pour éviter cependant de paraître énoncer des jugements sans preuves, entre tant de témoignages que j'en pourrais présenter, je me contenterai, pour ne pas trop allonger mon traité, de citer deux harangues, la défense de Périclès, et le discours d'Hermocratès aux gens de Camarine, accusant la cité d'Athènes.

La harangue de Périclès

44. 1 Prenons Périclès. Voici ce qu'il dit :

II.60.1 « Je m'attendais à votre accès de colère contre moi, car j'en perçois les causes ; aussi ai-je réuni l'assemblée, à seule fin de vous rafraîchir la mémoire, et de vous adresser des remontrances pour ce que votre attitude peut avoir d'injustifié, soit quand vous vous irritez contre moi, soit quand vous cédez au malheur. »

Cette idée-là, si Thucydide l'avait exprimée en évoquant Périclès sur le mode historique, convenait parfaite-

1. Thuc. II, 60-64.
2. Thuc. III, 37-40 et 42-48.
3. Thuc. VI, 76-80.
4. Thuc. VI, 82-87.

5 **Ταῦτα δὴ τὰ Θουκυδίδου ζηλωτὰ ἔργα, καὶ ἀπὸ τούτων τὰ μιμήματα τοῖς ἱστοριογραφοῦσιν ὑποτίθεμαι λαμβάνειν.**

43. 1 **Τὴν δ' ἐν τῇ δευτέρᾳ βύβλῳ Περικλέους ἀπολογίαν, ἣν ὑπὲρ αὑτοῦ διετίθετο τραχυνομένων Ἀθηναίων ὅτι τὸν πόλεμον ἔπεισεν αὐτοὺς ἀναλαβεῖν, οὐχ ὅλην ἐπαινῶ· οὐδὲ τὰς περὶ τῆς Μυτιληναίων πόλεως δημηγορίας ἃς διέθεντο Κλέων καὶ Διόδοτος ἐν τῇ τρίτῃ βύβλῳ· οὐδὲ τὴν Ἑρμοκράτους τοῦ Συρακοσίου πρὸς Καμαριναίους· οὐδὲ τὴν Εὐφήμου τοῦ πρεσβευτοῦ τῶν Ἀθηναίων τὴν ἐναντίαν ταύτης, οὐδὲ τὰς ὁμοίας ταύταις· οὐ γὰρ ἀνάγκη πάσας ἐξαριθμεῖσθαι τὰς εἰς τὸν αὐτὸν κατεσκευασμένας τῆς διαλέκτου χαρακτῆρα.**

2 **Ἵνα δὲ μὴ δόξῃ τις φάσεις ἀναποδείκτους με λέγειν, πολλὰς παρασχέσθαι πίστεις δυνάμενος δυσὶν ἀρκεσθήσομαι δημηγορίαις, ἵνα μὴ μακρὸς ὁ λόγος γένηται, τῇ Περικλέους ἀπολογίᾳ καὶ τῇ Ἑρμοκράτους πρὸς Καμαριναίους κατηγορίᾳ κατὰ τῆς Ἀθηναίων πόλεως.**

44. 1 **Ὁ μὲν οὖν Περικλῆς ταῦτα λέγει·**

II.60.1 « Καὶ προσδεχομένῳ μοι τὰ τῆς ὀργῆς ὑμῶν εἰς ἐμὲ γεγένηται (αἰσθάνομαι γὰρ τὰς αἰτίας), καὶ ἐκκλησίαν τούτου ἕνεκα ξυνήγαγον, ὅπως ὑπομνήσω καὶ μέμψωμαι εἴ τι μὴ ὀρθῶς ἢ ἐμοὶ χαλεπαίνετε ἢ ταῖς ξυμφοραῖς εἴκετε. »

Ταῦτα Θουκυδίδῃ μὲν γράφοντι περὶ τοῦ ἀνδρὸς ἐν ἱστορικῷ σχήματι προσήκοντα ἦν, Περικλεῖ δὲ ἀπολο-

2 ὑποτίθεμαι Reiske : -τίθεται Z || 4 βύβλῳ T : βίβλῳ AVI || 5 αὑτοῦ Us. : αὐτοῦ AVT ἑαυτοῦ I || 7 περὶ : παρὰ I || Μυτιληναίων Us. : Μιτυλ- Z || 8 διέθεντο Us. : διέθετο Z || βύβλῳ Us. : βίβλῳ Z || 10 Εὐφήμου AV : Εὐφήβου IT.

ment ; mais, dans la bouche de Périclès se défendant devant une foule houleuse, elle était tout à fait déplacée, surtout en début de plaidoirie, avant d'avoir pu apaiser par d'autres propos la colère d'hommes légitimement affligés par leurs malheurs, avec le meilleur de leur territoire dévasté par les Lacédémoniens, beaucoup des leurs décimés par la peste, et, responsable de tous ces maux, la guerre qu'à son instigation précisément ils avaient engagée. 2 La forme la mieux adaptée à l'idée était non pas celle-là, celle de la remontrance, mais bien celle de l'apaisement[1] ; car la convenance veut, pour un orateur, qu'au lieu d'attiser la colère des foules, il cherche à la calmer.

3 Il ajoute à cela une réflexion qui sans doute énonce une vérité dans un libellé ingénieux, mais qui n'est d'aucune utilité dans la situation présente :

2 « Je pense en effet, quant à moi — dit-il —, *qu'une cité qui est d'aplomb dans son ensemble sert mieux l'intérêt des particuliers que si, prospère en chacun des citoyens, elle chancelle en bloc. 3 Un homme dont les affaires personnelles vont bien, dans une patrie qui court à la ruine, n'en périt pas moins avec elle ; s'il est malheureux dans une cité prospère, il se tire bien mieux d'affaire. »*

En effet, si individuellement quelques citoyens étaient lésés mais que l'État soit prospère, il avait raison de parler ainsi ; mais puisqu'ils étaient tous plongés dans les pires malheurs, il ne l'avait plus. Et puis, l'espoir que, dans le futur, ces désastres puissent tourner au bénéfice de la cité n'avait aucun fondement solide ; obscur est pour l'homme l'avenir, et les coups du sort font virer au gré du présent les jugements que l'on porte sur le futur.

45. 1 Puis il ajoute une réflexion encore plus vulgaire, et qui ne convient pas le moins du monde à l'occasion présente :

1. *Notes complémentaires*, p. 160.

γουμένῳ πρὸς ἠρεθισμένον ὄχλον οὐκ ἦν ἐπιτήδεια εἰρῆσθαι, καὶ ταῦτα ἐν ἀρχαῖς τῆς ἀπολογίας, πρὶν ἑτέροις τισὶν ἀπομειλίξασθαι λόγοις τὰς ὀργὰς τῶν εἰκότως ἐπὶ ταῖς συμφοραῖς ἀχθομένων, τετμημένης μὲν ὑπὸ Λακεδαιμονίων τῆς κρατίστης γῆς, πολλοῦ δὲ κατὰ τὸν λοιμὸν ἀπολωλότος ὄχλου, τὴν δ' αἰτίαν τῶν κακῶν τούτων τοῦ πολέμου παρεσχηκότος, ὃν ὑπ' ἐκείνου πεισθέντες ἀνεδέξαντο. 2 Σχῆμά τε οὐ τοῦτο τῇ διανοίᾳ πρεπωδέστατον ἦν, τὸ ἐπιτιμητικόν, ἀλλὰ τὸ παραιτητικόν· οὐ γὰρ ἐρεθίζειν προσήκει τὰς τῶν ὄχλων ὀργὰς τοὺς δημηγοροῦντας ἀλλὰ πραΰνειν.

3 Τούτοις ἐπιτίθησι διάνοιαν ἀληθῆ μὲν καὶ δεινῶς ἀπηγγελμένην, οὐ μέντοι γε τῷ παρόντι καιρῷ χρησίμην·

2 *« Ἐγὼ γὰρ ἡγοῦμαι* — φησί — *πόλιν πλείω ξύμπασαν ὀρθουμένην ὠφελεῖν τοὺς ἰδιώτας ἢ καθ' ἕκαστον τῶν πολιτῶν εὐπραγοῦσαν, ἁθρόαν δὲ σφαλλομένην. 3 Καλῶς μὲν γὰρ φερόμενος ἀνὴρ τὸ καθ' ἑαυτὸν διαφθειρομένης τῆς πατρίδος οὐδὲν ἧσσον ξυναπόλλυται, κακοτυχῶν δὲ ἐν εὐτυχούσῃ πολλῷ μᾶλλον διασῴζεται. »*

Εἰ μὲν γὰρ ἰδίᾳ τινὲς ἐβλάπτοντο τῶν πολιτῶν, εὐτύχει δὲ τὸ κοινόν, καλῶς ταῦτ' ἔλεγεν· ἐπεὶ δ' ἐν ταῖς ἐσχάταις συμφοραῖς ἦσαν ἅπαντες, οὐκέτι καλῶς. Οὐδὲ γὰρ ἡ περὶ τοῦ μέλλοντος ἐλπίς, ὅτι ταῦτα πρὸς ἀγαθοῦ τῇ πόλει γενήσεται τὰ δεινά, βέβαιον εἶχέν τι· ἀφανὲς γὰρ ἀνθρώπῳ τὸ μέλλον καὶ πρὸς τὰ παρόντα τὰς περὶ τῶν ἐσομένων γνώμας αἱ τύχαι τρέπουσι.

45. 1 Τούτοις ἐπιτίθησιν ἔτι φορτικωτέραν διάνοιαν καὶ ἥκιστα τῷ παρόντι καιρῷ πρέπουσαν·

4 εἰκότως : εἰκότων A || 10 προσήκει Reiske : προσῆκε Z || 20 πολιτῶν om. V || 26 τρέπουσι Sylburg : πρέπουσι Z.

5 « Et c'est contre moi que vous êtes en colère, contre un homme qui, je crois, n'est inférieur à personne pour juger ce qu'il faut et le faire comprendre, qui de plus est patriote et ne cède pas à l'argent. »

2 Il est bien étonnant que Périclès, le plus grand des orateurs de ce temps, ait ignoré ce que ne saurait ignorer même un homme médiocrement intelligent : partout, les gens qui vantent sans retenue leurs propres mérites paraissent à charge à qui les écoute, à plus forte raison dans les plaidoyers devant les tribunaux ou les assemblées, quand assurément ce qui est en jeu, c'est non des distinctions, mais des châtiments ; 3 alors en effet, les vantards ne sont pas seulement à charge aux autres, mais ils attirent l'infortune sur leur tête en excitant la vindicte populaire. Quand donc on a pour juges ses propres accusateurs, il faut se répandre en pleurs et lamentations, ne serait-ce d'abord que pour se faire écouter avec bienveillance.

4 Or l'orateur, non content de cela, enchérit encore, paraphrasant ce qu'il vient de dire :

6 « Tel, qui juge bien mais n'expose pas clairement, est dans le même cas que s'il n'avait pas eu d'idée ; tel, qui a les deux mérites mais est mal disposé envers la cité, ne saurait s'expliquer avec autant d'à-propos ; qu'il ait aussi cette qualité mais qu'il soit dominé par l'argent, pour ce seul motif il vendrait tout. »

5 Je me demande bien qui pourrait admettre que ces réflexions, vraies au demeurant, soient au même degré convenables dans la bouche de Périclès, parlant devant des Athéniens houleux et s'adressant directement à eux ? Car l'invention d'idées ou de réflexions remarquables n'avait de valeur en soi que si idées et réflexions étaient accordées aux événements, aux personnages, à l'occasion, et à tout le reste. 6 Mais en fait, comme je disais au début[1], c'est sa propre opinion sur les mérites de Périclès que l'historien voulait exprimer, et il le

1. En 18, 7.

5 « Καίτοι ἐμοὶ τοιούτῳ ἀνδρὶ ὀργίζεσθε, ὃς οὐδενὸς οἴομαι ἥσσων εἶναι γνῶναί τε τὰ δέοντα καὶ ἑρμηνεῦσαι ταῦτα, φιλόπολίς τε καὶ χρημάτων κρείσσων. »

2 **Θαυμαστὸν γὰρ εἰ Περικλῆς ὁ μέγιστος τῶν τότε ῥητόρων ἠγνόει τοῦτο, ὃ μηδεὶς ἂν τῶν ἐχόντων μέτριον νοῦν ἠγνόησεν, ὅτι πανταχῇ μὲν οἱ μὴ τεταμιευμένως ἐπαινοῦντες τὰς ἑαυτῶν ἀρετὰς ἐπαχθεῖς τοῖς ἀκούουσι φαίνονται, μάλιστα δ' ἐν τοῖς πρὸς τὰ δικαστήρια καὶ τὰς ἐκκλησίας ἀγῶσιν, ἐν οἷς γε δὴ μὴ περὶ τιμῶν αὐτοῖς ἐστιν ἀλλὰ περὶ τιμωριῶν ὁ κίνδυνος· 3 τότε γὰρ οὐκ ἐπαχθεῖς μόνον εἰσὶν ἑτέροις, ἀλλὰ καὶ δυστυχεῖς ἑαυτοῖς ἐκκαλούμενοι τὸν παρὰ τῶν πολλῶν φθόνον. Ὅταν δὲ τοὺς αὐτούς τις ἔχῃ δικαστάς τε καὶ κατηγόρους, μυρίων αὐτῷ δεῖ δακρύων τε καὶ οἴκτων εἰς αὐτὸ τοῦτο πρῶτον τὸ μετ' εὐνοίας ἀκουσθῆναι.**

4 **Ὁ δὲ δημαγωγὸς οὐκ ἀρκεῖται τούτοις ἀλλ' ἐπεξεργάζεταί τε τούτοις καὶ μεταφράζει τὰ ῥηθέντα·**

6 « Ὅ τε γὰρ γνούς — **φησί** — *καὶ μὴ σαφῶς διδάξας ἐν ἴσῳ καὶ εἰ μὴ ἐνεθυμήθη· ὅ τ' ἔχων ἀμφότερα, τῇ δὲ πόλει δύσνους, οὐκ ἂν ὁμοίως τι οἰκείως φράζοι· προσόντος δὲ καὶ τοῦδε, χρήμασι δὲ νικωμένου, τὰ ξύμπαντα τούτου ἑνὸς ἂν πωλοῖτο. »*

5 **Οὐκ οἶδ' ὅστις ἂν ὁμολογήσειεν, ὥσπερ ἀληθῆ ταῦτα ἦν, οὕτως καὶ προσήκοντα εἶναι ὑπὸ Περικλέους ἐν Ἀθηναίοις ἠρεθισμένοις πρὸς αὐτοὺς λέγεσθαι. Ἦν δέ γε οὐχ ἡ τῶν κρατίστων ἐνθυμημάτων τε καὶ νοημάτων εὕρεσις αὐτὴ καθ' ἑαυτὴν ἀξία σπουδῆς, εἰ μὴ καὶ τοῖς πράγμασιν εἴη προσήκοντα καὶ τοῖς προσώποις καὶ τοῖς καιροῖς καὶ τοῖς ἄλλοις ἅπασιν.** 6 **Ἀλλ' ὅπερ καὶ κατ' ἀρχὰς ἔφην, τὴν ἑαυτοῦ γνώμην ἀποδεικνύμενος ὁ συγγραφεὺς ἣν εἶχεν περὶ τῆς Περικλέους ἀρετῆς, παρὰ**

1-2 οἴομαι ἥσσων Z Thuc.[pl.] : ἥσσων οἴομαι Thuc.[c] || 21 νικωμένου Z Thuc.[codd.] : νικώμενος Dobrée || 24 ἠρεθισμένοις : ἐρεθ- A || 28 ὅπερ Z : ὥσπερ Sadée.

faisait hors de propos, me semble-t-il. Ce qu'il aurait fallu, c'est que Thucydide mette sous son propre nom ce qu'il voulait dire sur Périclès, mais qu'il prête à l'orateur en danger des propos humbles et susceptibles d'apaiser la colère des Athéniens. Voilà ce qui eût été séant pour un historien désireux d'imiter le réel[1].

46. 1 Tout aussi fatigants sont ces jeux puérils pour embellir le style, ces formules emberlificotées pour exprimer les idées :

62.3 « Au lieu de cela, allez affronter l'ennemi et vengez-vous non seulement avec fierté mais avec mépris[2]. 4 La fierté en effet peut aussi bien naître d'une ignorance à succès, et venir à un couard; mais le mépris est le fait de qui, à la réflexion, est sûr de gagner sur l'adversaire, ce qui est notre cas. 5 Et pour ce qui est de l'audace, à chances égales, l'intelligence, par grandeur d'âme, la rend plus efficace; elle compte moins sur l'espoir, dont la force est dans l'absence d'issue, que sur le jugement fondé sur les circonstances, dont le pronostic est plus solide. »

2 Ce qui est dit de la *fierté* et du *mépris* est plutôt froid, et assez dans le style de Gorgias ; l'explication de mots tient à la fois de la sophistique et du manque de goût ; *l'audace*, que *à chances égales, l'intelligence, par grandeur d'âme, rend plus efficace*, est assortie d'une explication qui surpasse en obscurité les ténèbres héraclitéennes[3] ; et l'espoir dont *la force est dans l'absence d'issue*, et le *pronostic plus solide* du *jugement fondé sur les circonstances*, sont des périphrases de type plutôt poétique. Ce qu'il veut dire en effet, c'est qu'il faut compter plus sur le jugement qui nous est inspiré par le présent, que sur des espoirs dont la force s'exerce dans le futur.

1. Allusion à Thucydide, I, 22, 1.

2. Le jeu de mots sur φρόνημα, fierté, et καταφρόνημα, mépris, est intraduisible.

3. Sur l'obscurité proverbiale d'Héraclite d'Éphèse, cf. par ex. Strabon, XIV, 1, 25 et plus généralement Diels-Kranz, *Vorsokr.* nº 22.

τόπον ἔοικεν εἰρηκέναι ταῦτα. Ἐχρῆν δέ γε αὐτὸν μὲν ὅ τι βούλεται περὶ τοῦ ἀνδρὸς ἀποφαίνεσθαι, τῷ δὲ κινδυνεύοντι τοὺς ταπεινοὺς καὶ παραιτητικοὺς τῆς ὀργῆς ἀποδοῦναι λόγους. Τοῦτο γὰρ ἦν πρέπον τῷ μιμεῖσθαι βουλομένῳ συγγραφεῖ τὴν ἀλήθειαν.

46. 1 **Ὀχληρὰ δὲ κἀκεῖνα τὰ μειρακιώδη καλλωπίσματα τῆς λέξεως καὶ τὰ πολύπλοκα τῶν ἐνθυμημάτων σχήματα·**

62.3 « Ἰέναι δὲ τοῖς ἐχθροῖς ὁμόσε καὶ ἀμύνεσθαι μὴ φρονήματι μόνον, ἀλλὰ καὶ καταφρονήματι. 4 Φρόνημα μὲν γὰρ καὶ ὑπὸ ἀμαθίας εὐτυχοῦς καὶ δειλῷ τινι ἐγγίγνεται· καταφρόνησις δέ, ὃς ἂν καὶ γνώμῃ πιστεύῃ τῶν ἐναντίων προέχειν· ὃ ἡμῖν ὑπάρχει. 5 Καὶ τὴν τόλμαν ἀπὸ τῆς ὁμοίας τύχης ἡ σύνεσις ἐκ τοῦ ὑπέρφρονος ὀχυρωτέραν παρέχεται· ἐλπίδι τε ἧσσον πιστεύει, ἧς ἐν τῷ ἀπόρῳ ἡ ἰσχύς, γνώμῃ δὲ ἀπὸ τῶν ὑπαρχόντων, ἧς βεβαιοτέρα ἡ πρόνοια. »

2 **Τά τε γὰρ** *φρονήματα* **⟨καὶ τὰ** *καταφρονήματα***⟩ ψυχρότερά ἐστι καὶ τῆς Γοργίου προαιρέσεως μᾶλλον οἰκειότερα, ἥ τε τῶν ὀνομάτων ἐξήγησις ἀμφότερον σοφιστικὴ καὶ ἀπειρόκαλος· ἥ τε** *τόλμα* **ἣν** *ἀπὸ τῆς ὁμοίας τύχης ἡ σύνεσις ἐκ τοῦ ὑπέρφρονος ὀχυρωτέραν παρέχεται* **τῶν Ἡρακλειτείων σκοτεινῶν ἀσαφεστέραν ἔχει τὴν δήλωσιν, ἥ τε τῆς ἐλπίδος** *ἐν τῷ ἀπόρῳ ἰσχὺς* **καὶ ἡ τῆς γνώμης** *ἀπὸ τῶν ὑπαρχόντων βεβαιοτέρα πρόνοια* **ποιητικώτερον περιπέφρασται. Βούλεται γὰρ λέγειν ὅτι δεῖ τῇ γνώμῃ πιστεύειν μᾶλλον, ἣν ἐκ τῶν παρόντων λαμβάνομεν, ἢ ταῖς ἐλπίσιν, ὧν ἐν τῷ μέλλοντί ἐστιν ἡ ἰσχύς.**

7-8 σχήματα Krueger : ὀνόματα Z || 9 καὶ ἀμύνεσθαι non hab. Thuc. || 10 φρόνημα Z : αὔχημα Thuc. || καὶ alt. om. I || ὑπὸ Z : ἀπὸ Thuc. || 12 προέχειν Z Thuc.[pl] : περιέχειν Thuc.[c] || 14 ὀχυρωτέραν Z Thuc.[pl] : ἐχυρ- Thuc.[cm] || 16 βεβαιοτέρα : βεβαιωτέρα I || 17 καὶ τὰ καταφρονήματα add. Pavano || 19 ἀμφότερον Reiske : ἀμφοτέρων Z || 27 μέλλοντι Sadée : μέλλειν Z.

47. 1 Et maintenant, voici une autre remarque que l'on peut faire : Périclès[1] donc veut apaiser la colère qui s'était emparée des Athéniens devant leurs malheurs présents, dont la plupart s'étaient produits contre toute logique et contre toute attente ; il les invite à supporter noblement leurs maux, sans ternir le renom de la cité, et, cessant de s'affliger sur leur sort individuel, à travailler au salut de tous ; il leur explique ensuite que, s'ils maintiennent fermement leur hégémonie sur mer, ni le grand roi, ni les Lacédémoniens, ni aucun autre peuple au monde ne pourront les briser — conviction qui ne touchait pas au présent mais à l'avenir, et qui tirait sa solidité non de pronostics mais d'espoirs — ; après quoi, oubliant tout cela, il leur demande de ne pas compter sur l'espoir *dont la force est dans l'absence d'issue* ! C'est tout à fait contradictoire, puisque aussi bien les causes d'affliction étaient déjà sensibles au présent, tandis que la preuve de leur utilité était encore loin.

2 Si je ne peux louer les passages ci-dessus ni pour le fond ni pour la forme, je suis plein d'admiration en revanche pour les morceaux suivants, que je trouve pensés avec précision, exprimés avec élégance, et composés avec agrément :

61.1 « De fait, si l'on a le choix et que tout aille bien, c'est grande folie que d'entrer en guerre; mais si l'on devait inévitablement, ou bien céder et se soumettre aussitôt à autrui, ou bien courir des risques pour s'assurer l'avantage, qui esquive le risque est plus à blâmer que qui l'accepte. 2 Pour moi, donc, je suis le même et ne me dédis pas ; c'est vous qui changez d'idée; ce qui s'est passé, c'est que vous vous êtes laissés convaincre tant que vous étiez indemnes, et

1. Denys résume ici, en en citant plus ou moins exactement certaines phrases, le début du discours de Périclès, pour en montrer les contradictions internes ; dans cette espèce de pastiche, il n'est pas toujours fidèle au texte original. Les phrases citées plus ou moins textuellement sont successivement extraites de 61,3; 61,4 ; 62,2 ; 62,5 (avec un fragment fidèle à l'original); puis pour terminer, 61,2, avec retour au début.

47. 1 **Ἤδη δ' ἔγωγε κἀκεῖνο ἐνεθυμήθην, ὅτι παραμυθούμενος τὴν ὀργὴν τὴν κατειληφυῖαν αὐτοὺς ἐπὶ ταῖς παρούσαις συμφοραῖς, ὧν αἱ πλείους παράλογοί τε συνέβησαν αὐτοῖς καὶ ἀπροσδόκητοι, καὶ παρακαλῶν τὰς συμφορὰς γενναίως ὑφίστασθαι μὴ ἀφανίζοντας τὴν τῆς πόλεως ἀξίωσιν, ἀπαλγήσαντας δὲ τὰ ἴδια τοῦ κοινοῦ τῆς σωτηρίας ἀντιλαμβάνεσθαι, καὶ μετὰ τοῦτο διεξελθὼν ὅτι τὴν κατὰ θάλατταν ἀρχὴν βεβαίως ἔχοντες οὔτε ὑπὸ βασιλέως οὔτε ὑπὸ Λακεδαιμονίων οὔτε ὑπ' ἄλλου ἀνθρώπων ἔθνους οὐδενὸς καταλυθήσονται (ὧν ἡ πίστις οὐχ ἡ παροῦσα ἦν ἀλλ' ἡ μέλλουσα, οὐδ' ἐν τῇ προνοίᾳ τὸ βέβαιον ἔχουσα ἀλλ' ἐν ταῖς ἐλπίσιν), ἔπειτα, τούτων ἐπιλαθόμενος, ἀξιοῖ μὴ πιστεύειν τῇ ἐλπίδι,** *ἧς ἐν τῷ ἀπόρῳ ἡ ἰσχύς.* **Ἐναντία γὰρ δὴ ταῦτα ἀλλήλοις, εἴ γε δὴ τὸ μὲν λυποῦν τὴν αἴσθησιν εἶχεν ἤδη παροῦσαν, τῆς δ' ὠφελείας ἡ δήλωσις ἔτι ἀπῆν.**

2 **Ἀλλ' ὥσπερ ταῦτα οὐκ ἐπαινῶ οὔτε κατὰ τὸ πραγματικὸν μέρος οὔτε κατὰ τὸ λεκτικόν, οὕτως ἐκεῖνα τεθαύμακα ὡς νενοημένα τε ἀκριβῶς καὶ ἡρμηνευμένα περιττῶς καὶ συγκείμενα ἡδέως·**

61.1 « Καὶ γὰρ οἷς μὲν αἵρεσις γεγένηται τὰ ἄλλα εὐτυχοῦσι, πολλὴ ἄνοια πολεμῆσαι· εἰ δ' ἀναγκαῖον ἦν ἢ εἴξαντας εὐθὺς τοῖς πέλας ὑπακοῦσαι ἢ κινδυνεύσαντας περιγενέσθαι, ὁ φυγὼν τὸν κίνδυνον τοῦ ὑποστάντος μεμπτότερος. 2 Καὶ ἐγὼ μὲν ὁ αὐτός εἰμι καὶ οὐκ ἐξίσταμαι, ὑμεῖς δὲ μεταβάλλετε, ἐπειδὴ

6 ἀπαλγήσαντας : ἐπαλγ- I || 16 ἔτι : ἔτει A || 21 γεγένηται : γίνηται I || τὰ ἄλλα Z : τἄλλα Thuc. || 23 ὑπακοῦσαι Thuc. : ἐπακοῦσαι Z.

que vous vous en repentez dès que vous êtes mis à mal.»

Ou encore celui-ci :

61.3 « La fierté en effet se laisse subjuguer devant ce qui est soudain, inattendu, et le moins conforme aux prévisions[1] *<...>. 4 Pourtant, quand on habite une grande cité et qu'on a été nourri dans des mœurs à sa mesure, il faut à la fois consentir à accepter les épreuves, et ne pas ternir son renom ; car les hommes dans leurs jugements montrent autant de sévérité pour celui qui, par mollesse, faillit à la réputation qu'il a, que de haine pour celui qui, par présomption, revendiquerait une gloire qui ne lui convient pas.»*

3. Ou encore le passage dans lequel il tente de réveiller dans l'âme des Athéniens la fierté de leurs ancêtres :

63.1 « Le prestige que la cité doit à son empire et dont, plus que quiconque, vous tirez gloire, il est normal que vous le souteniez, et que vous ne vous dérobiez pas aux épreuves, ou alors, renoncez à briguer les honneurs ; considérez que l'enjeu de la lutte n'est pas seulement l'esclavage ou la liberté, mais bel et bien la perte d'un empire, et le risque que comportent les haines que le pouvoir vous a values. 2 Or, cet empire, il ne vous appartient plus d'y renoncer, même si l'un ou l'autre, craignant pour le présent, voulait, par goût de la tranquillité, jouer les généreux. Tenez désormais cet empire pour une tyrannie dont l'acquisition peut sembler injuste, mais dont l'abandon est plein de périls »,

et tous les passages du même genre, où l'originalité dans l'emploi des mots et des figures reste mesurée, sans rien de prétentieux ni de difficile à suivre.

La harangue d'Hermocratès

48. 1 Dans la harangue d'Hermocratès, il y a de belles réussites pour lesquelles je suis tout prêt à louer l'historien, par exemple :

1. *Notes complémentaires*, p. 160.

ξυνέβη ὑμῖν πεισθῆναι μὲν ἀκεραίοις, μεταμέλειν δὲ κακουμένοις.»

Καὶ ἔτι ἐκεῖνα·

61.3 «Δουλοῖ γὰρ φρόνημα τὸ αἰφνίδιον καὶ τὸ ἀπροσδόκητον καὶ τὸ πλείστῳ παραλόγῳ ξυμβαῖνον <...>. 4 Ὅμως δὲ πόλιν μεγάλην οἰκοῦντας καὶ ἐν ἤθεσιν ἀντιπάλοις αὐτῇ τεθραμμένους χρεὼν καὶ τὰς συμφορὰς ἐθέλειν ὑφίστασθαι καὶ τὴν ἀξίωσιν μὴ ἀφανίζειν· ἐν ἴσῳ γὰρ οἱ ἄνθρωποι δικαιοῦσι τῆς τε ὑπαρχούσης δόξης αἰτιᾶσθαι ὅστις ἂν μαλακίᾳ ἐλλείπῃ, καὶ τῆς μὴ προσηκούσης μισεῖν τὸν θρασύτητι ὀρεγόμενον.»

3 **Καὶ ἔτι τὰ διεγείροντα τὰς ψυχὰς τῶν Ἀθηναίων ἐπὶ τὸ φρόνημα τὸ πάτριον ταυτί·**

63.1 «Τῆς τε πόλεως ὑμᾶς εἰκὸς τῷ τιμωμένῳ ἀπὸ τοῦ ἄρχειν, ᾧ ὑπὲρ ἅπαντας ἀγάλλεσθε, βοηθεῖν καὶ μὴ φεύγειν τοὺς πόνους, ἢ μηδὲ τὰς τιμὰς διώκειν· μηδὲ νομίσαι περὶ ἑνὸς μόνου, δουλείας ἀντ' ἐλευθερίας, ἀγωνίζεσθαι, ἀλλὰ καὶ ἀρχῆς στερήσεως καὶ κινδύνου ὧν ἐν τῇ ἀρχῇ ἀπήχθεσθε. 2 Ἧς οὐδ' ἐκστῆναι ἔτι ὑμῖν ἔστιν, εἴ τις καὶ τόδε ἐν τῷ παρόντι δεδιὼς ἀπραγμοσύνῃ ἀνδραγαθίζεται. Ὡς τυραννίδα γὰρ ἤδη ἔχετε αὐτήν, ἣν λαβεῖν μὲν ἄδικον δοκεῖ εἶναι, ἀφεῖναι δὲ ἐπικίνδυνον»,

καὶ τὰ τούτοις ὅμοια, ὅσα τάς τε ἐξαλλαγὰς τῶν ὀνομάτων καὶ τῶν σχημάτων μετρίας ἔχει καὶ οὔτε περιέργους οὔτε δυσπαρακολουθήτους.

48. 1 **Ἐκ δὲ τῆς Ἑρμοκράτους δημηγορίας ἐπαινεῖν μὲν ἔχω ταῦτα τὰ κατορθώματα τοῦ συγγραφέως·**

4 τὸ alt. non hab. Thuc. || 5 πλείστῳ post παραλόγῳ I || post ξυμβαῖνον hab. ὃ ὑμῖν πρὸς τοῖς ἄλλοις οὐχ ἥκιστα καὶ κατὰ τὴν νόσον γεγένηται· Thuc. || 7 τὰς συμφορὰς Z : ξυμφοραῖς ταῖς μεγίσταις Thuc. || 9 ἂν μαλακίᾳ ἐλλείπῃ Z : μαλακίᾳ ἐλλείπει Thuc. || 14 ᾧ ὑπὲρ Z Thuc.[pl.] : ᾧπερ Thuc.[c] || ἅπαντας Z : ἅπαντες Thuc. || 19 ἀπραγμοσύνῃ IT Thuc. : -σύνην AV.

VI.77.1 «Ce n'est pas pour accuser la cité des Athéniens, tâche trop facile, que nous sommes ici aujourd'hui ni pour décrire devant qui les connaît toutes ses exactions ; c'est bien plutôt pour nous accuser nous-mêmes : avec sous les yeux l'exemple des Grecs de là-bas, réduits en esclavage pour ne pas s'être mutuellement défendus, avec aujourd'hui contre nous les mêmes sophismes invoqués — rétablissement des Léontins, leurs frères de race, assistance aux Égestins leurs alliés —, nous refusons de leur montrer, par notre ardeur à réunir nos forces, qu'il n'y a pas ici des Ioniens, ni des gens de l'Hellespont, ni des insulaires, habitués à changer facilement de maîtres, éternellement esclaves ou du Mède ou de quelque autre, mais des Doriens libres, venus du Péloponnèse, terre d'indépendance, se fixer en Sicile. 2 Allons-nous attendre d'être conquis cité après cité, alors que nous savons pertinemment que c'est le seul moyen de nous réduire ?»

Ce passage, écrit dans une langue pure et claire, possède aussi rapidité, beauté, intensité, élévation, virtuosité véhémente ; et il est plein d'une émotion combative ; on pourrait s'en[1] servir devant un tribunal, dans des assemblées, ou même dans une conversation entre amis.

2 En voici un autre exemple :

78.2 «Si quelqu'un nous porte envie ou nous redoute (la grandeur est exposée à ces deux sentiments), et si, par suite, il souhaite que Syracuse soit mise à mal, pour nous ramener à la raison, mais conserve le dessus pour sa sécurité, le vœu où il met son espoir excède les possibilités humaines. Un même homme ne saurait tout ensemble être maître de la Fortune comme de ses désirs.»

Et puis ce qui se trouve vers la fin du discours :

80.3 «Nous vous adressons donc une demande, et nous témoignons, si nous n'arrivons pas à vous persuader, que, en butte aux complots des Ioniens, nos ennemis de

1. L'antécédent de οἷς est, par syllepse, le type de langage utilisé dans ce passage (et non le passage lui-même, que l'on trouverait mal venu, tel quel, dans une conversation entre amis).

VI.77.1 «Ἀλλ' οὐ γὰρ δὴ τὴν Ἀθηναίων εὐκατηγόρητον οὖσαν πόλιν νῦν ἥκομεν ἀποφανοῦντες ἐν εἰδόσιν ὅσα ἀδικεῖ, πολὺ δὲ μᾶλλον ἡμᾶς αὐτοὺς αἰτιασόμενοι, ὅτι ἔχοντες παραδείγματα τῶν ἐκεῖ Ἑλλήνων, ὡς ἐδουλώθησαν οὐκ ἀμύνοντες σφίσιν αὐτοῖς, καὶ νῦν ἐφ' ἡμᾶς τὰ αὐτὰ παρόντα σοφίσματα, Λεοντίνων τε ξυγγενῶν κατοικίσεις καὶ Αἰγεσταίων ξυμμάχων ἐπικουρίας, οὐ ξυστραφέντες βουλόμεθα προθυμότερον δεῖξαι αὐτοῖς ὅτι οὐκ Ἴωνες ταῦτά εἰσιν οὐδὲ Ἑλλησπόντιοι καὶ νησιῶται, οἳ δεσπότην ἢ Μῆδον ἢ ἕνα γέ τινα ἀεὶ μεταβάλλοντες δουλοῦνται, ἀλλὰ Δωριεῖς ἐλεύθεροι ἀπ' αὐτονόμου τῆς Πελοποννήσου τὴν Σικελίαν οἰκοῦντες. 2 Ἢ μένομεν ἕως ἂν ἕκαστοι κατὰ πόλεις ληφθῶμεν, εἰδότες ὅτι ταύτῃ μόνον ἁλωτοί ἐσμεν;»

Ταῦτα γὰρ ἐν τῷ σαφεῖ καὶ καθαρῷ τῆς διαλέκτου τρόπῳ λεγόμενα προσείληφε καὶ τὸ τάχος καὶ τὸ κάλλος καὶ τὸν τόνον καὶ τὴν μεγαλοπρέπειαν καὶ τὴν δεινότητα, καὶ πάθους ἐστὶν ἐναγωνίου μεστά· οἷς ἂν καὶ ἐν δικαστηρίῳ χρήσαιτό τις καὶ ἐν ἐκκλησίαις, καὶ φίλοις διαλεγόμενος.

2 **Καὶ ἔτι πρὸς τούτοις ἐκεῖνα·**

78.2 «Εἴ τέ τις φθονεῖ μὲν ἢ καὶ φοβεῖται (ἀμφότερα γὰρ τάδε πάσχει τὰ μείζω), διὰ δ' αὐτὰ τὰς Συρακούσας κακωθῆναι μέν, ἵνα σωφρονισθῶμεν, βούλεται, περιγενέσθαι δὲ ἕνεκα τῆς ἑαυτοῦ ἀσφαλείας, οὐκ ἀνθρωπείας δυνάμεως βούλησιν ἐλπίζει. Οὐ γὰρ οἷόν τε ἅμα τῆς τε ἐπιθυμίας καὶ τῆς τύχης τὸν αὐτὸν ὁμοίως ταμίαν γενέσθαι.»

Καὶ τὰ ἐπὶ τελευτῇ κείμενα τοῦ λόγου·

80.3 «Δεόμεθα οὖν καὶ μαρτυρόμεθα, εἰ μὴ πείσομεν, ὅτι ἐπιβουλευόμεθα μὲν ὑπὸ Ἰώνων ἀεὶ πολεμίων, προδιδόμεθα

3 ἡμᾶς : ὑμᾶς I || 4 post τῶν hab τ' Thuc. || ἐκεῖ Z Thuc.[c] : ἐκεῖσε Thuc.[cett.] || 5 τὰ αὐτὰ Z : ταὐτὰ Thuc. || 6 κατοικίσεις Thuc. : -κήσεις Z || 6-7 Αἰγεσταίων Z : Ἐγεσταίων Thuc. || 8 ταῦτα Z : τάδε Thuc. || 12 ληφθῶμεν I Thuc. : ληφθόμεν AVT || 21 Συρακούσας I Thuc. : -κόσσας AVT || 23 ἑαυτοῦ Z : αὑτοῦ Thuc. || ἀνθρωπείας Z : -πίνης Thuc. || 27 οὖν Z : δὲ Thuc. || post μαρτυρόμεθα hab. ἅμα Thuc.

toujours, nous sommes trahis par vous, des Doriens par des Doriens. 4 Si les Athéniens nous ruinent, vos décisions auront fait leur triomphe, mais c'est à leur nom à eux qu'en ira tout l'honneur, et, pour prix de cette victoire, ils retiendront très exactement celui-là même qui la leur aura fournie.»

Ces passages assurément, et ceux qui leur ressemblent, je les trouve beaux et dignes d'envie.

3 Mais en voici que je ne saurais louer :

76.2 «Ils arrivent[1] en Sicile sous un prétexte que vous apprenez, mais dans une intention que nous soupçonnons tous. Ils cherchent moins, me semble-t-il, à faire rentrer les Léontins chez eux qu'à nous faire sortir nous de chez nous.»

Le jeu de mots est froid[2] ; loin d'ajouter de l'émotion, il sent l'exercice.

4 Citons également des formules alambiquées, à volutes multiples, comme :

76.4 «Ce n'était pas pour la liberté, ni pour celle des Grecs que les Athéniens, ni pour la leur propre que les Grecs, ont résisté au Mède, mais les premiers, dans le but d'un asservissement à eux-mêmes, au lieu du Mède, les autres, pour passer sous un autre maître non pas plus inintelligent, mais plus perversement intelligent.»[3]

5 Citons encore la pléthore de transferts, du pluriel au singulier, ou de paroles concernant des personnes à la personne de celui qui parle, comme dans :

78.1 «Et si l'un de vous peut-être s'arrête à cette idée que le Syracusain, mais non lui, est l'ennemi pour l'Athénien, et s'il trouve dangereux de prendre des risques pour mon pays, qu'il se mette bien dans l'idée que ce n'est pas plus pour mon pays, mais tout autant pour le sien propre, dans mon pays, qu'il se battra, et qu'il le fera avec d'autant plus de sécurité que, si je n'ai pas d'abord été moi-même anéanti, il m'aura pour allié dans la lutte au lieu de se

1, 2, 3. *Notes complémentaires*, p. 161.

δὲ ὑφ᾽ ὑμῶν Δωριεῖς Δωριέων. 4 Καὶ εἰ καταστρέψονται ἡμᾶς Ἀθηναῖοι, ταῖς μὲν ὑμετέραις γνώμαις κρατήσουσι, τῷ δ᾽ αὑτῶν ὀνόματι τιμηθήσονται, καὶ τῆς νίκης οὐκ ἄλλον τινὰ ἆθλον ἢ τὸν τὴν νίκην παρασχόντα λήψονται.»

Ταῦτα μὲν δὴ καὶ τὰ παραπλήσια τούτοις καλὰ καὶ ζήλου ἄξια ἡγοῦμαι.

3 **Ἐκεῖνα δ᾽ οὐκ οἶδ᾽ ὅπως ἂν ἐπαινέσαιμι·**

76.2 «Ἥκουσι γὰρ εἰς τὴν Σικελίαν προφάσει μέν, ᾗ πυνθάνεσθε, διανοίᾳ δέ, ἣν πάντες ὑπονοοῦμεν. Καί μοι δοκοῦσιν οὐ Λεοντίνους βούλεσθαι κατοικίσαι, ἀλλ᾽ ἡμᾶς μᾶλλον ἐξοικίσαι.»

Ψυχρὰ γὰρ ἡ παρονομασία καὶ οὐ προσβάλλουσα πάθος, ἀλλ᾽ ἐπιτήδευσιν.

4 **Καὶ ἔτι τὰ πεπλεγμένα καὶ πολλὰς τὰς ἕλικας ἔχοντα σχήματα ταυτί·**

76.4 «Καὶ οὐ περὶ τῆς ἐλευθερίας ἄρα οὔτε οἵδε τῶν Ἑλλήνων οὔτε οἱ Ἕλληνες τῆς ἑαυτῶν τῷ Μήδῳ ἀντέστησαν, περὶ δὲ τοῦ, οἱ μὲν σφίσιν ἀλλὰ μὴ ἐκείνῳ καταδουλώσεως, οἱ δ᾽ ἐπὶ δεσπότου μεταβολῇ οὐκ ἀξυνετωτέρου, κακοξυνετωτέρου δέ.»

5 **Καὶ ἔτι τὸ κατακορὲς τῆς μεταγωγῆς ἔκ τε τοῦ πληθυντικοῦ εἰς τὸ ἑνικὸν καὶ ἐκ τοῦ περὶ προσώπων λόγου εἰς τὸ τοῦ λέγοντος πρόσωπον·**

78.1 «Καὶ εἴ τῳ ἄρα παρέστηκε τὸν μὲν Συρακόσιον, ἑαυτὸν δ᾽ οὔ, πολέμιον εἶναι τῷ Ἀθηναίῳ καὶ δεινὸν ἡγεῖται ὑπέρ γε τῆς ἐμῆς κινδυνεύειν, ἐνθυμηθήτω οὐ περὶ τῆς ἐμῆς μᾶλλον, ἐν ἴσῳ δὲ καὶ τῆς ἑαυτοῦ ἅμα ἐν τῇ ἐμῇ μαχόμενος, τοσούτῳ δὲ καὶ ἀσφαλέστερον ὅσῳ οὐ προδιεφθαρμένου ἐμοῦ, ἔχων δὲ

3 αὑτῶν Thuc. : αὐτῶν Z || 8 ἥκουσι Thuc. : νῦν Z || 16 οἵδε Z : οὗτοι Thuc. || 18 τοῦ non hab. Thuc. || 21 προσώπων Us. : πρόσωπον Z προσώπου Sylburg || 23 Συρακόσιον : -κούσιον I || 26 μαχόμενος Z Thuc.pl. : μαχούμενος Thuc.c.

battre seul; car ce que veut l'Athénien, ce n'est point châtier l'hostilité du Syracusain[1], <*mais au moins autant, me prendre pour prétexte afin de consolider l'amitié de l'autre partie*>.»

Tout cela est puéril, prétentieux, et plus obscur que les prétendues énigmes.

6 Et voici encore un autre exemple à ajouter aux précédents :

78.3 «Et s'il s'était trompé dans son calcul, peut-être un jour, après s'être lamenté sur ses propres malheurs, souhaiterait-il en être encore à envier mon bonheur; chose impossible à qui nous a abandonnés et a refusé d'assumer les mêmes dangers, non au sujet de mots, mais au sujet de réalités.»

A quoi il ajoute une conclusion qui serait déplacée même dans la bouche d'un enfant :

«Qui sauverait en théorie notre puissance, sauverait en fait son propre salut.»

Conclusion sur le style des harangues

49. 1 Même si l'on trouve dans cette harangue bien d'autres passages critiquables, inutile d'y insister davantage ; il me suffit pour ma part d'avoir illustré, par les exemples qui précèdent, ma proposition de départ, que le style de Thucydide est excellent quand il ne sort de l'ordinaire que modérément et qu'il conserve les qualités premières et nécessaires, assez mauvais quand il s'écarte trop longtemps du vocabulaire et des tournures ordinaires pour en adopter d'étranges, de forcées, d'incorrectes, ce qui empêche toutes les autres qualités de montrer leur valeur.

2 Un tel genre de mise en forme en tout cas n'est pas utilisable dans des assemblées où les citoyens se réunissent pour délibérer sur la paix ou sur la guerre, sur des projets de loi, sur le bon fonctionnement du

1. *Notes complémentaires*, p. 161.

ξύμμαχον ἐμὲ καὶ οὐκ ἔρημος ἀγωνιεῖται · τόν τε Ἀθηναῖον μὴ τὴν τοῦ Συρακοσίου ἔχθραν κολάσασθαι, < τῇ δ' ἐμῇ προφάσει τὴν ἐκείνου φιλίαν οὐχ ἧσσον βεβαιώσασθαι βούλεσθαι >. »

Ταῦτα γὰρ καὶ μειρακιώδη καὶ περίεργα καὶ τῶν λεγομένων αἰνιγμάτων ἀσαφέστερα.

6 Καὶ ἐκεῖνα ἔτι πρὸς τούτοις ·

78.3 « Καὶ εἰ γνώμῃ ἁμάρτοι, τοῖς αὑτοῦ κακοῖς ὀλοφυρθεὶς τάχ' ἂν ἴσως καὶ τοῖς ἐμοῖς ἀγαθοῖς ποτε βουληθείη αὖθις φθονῆσαι · ἀδύνατον δὲ προεμένῳ καὶ μὴ τοὺς αὐτοὺς κινδύνους οὐ περὶ τῶν ὀνομάτων, ἀλλὰ περὶ τῶν ἔργων ἐθελήσαντι προσλαβεῖν · »

οἷς ἐπιτίθησιν οὐδὲ μειρακίῳ προσῆκον ἐπιφώνημα ·

« λόγῳ μὲν γὰρ τὴν ἡμετέραν δύναμιν σῴζοι ἄν τις, ἔργῳ δὲ τὴν ἑαυτοῦ σωτηρίαν. »

49. 1 Ἔστι δὲ καὶ ἄλλα ἐν τῇ δημηγορίᾳ ταύτῃ μέμψεως ἄξια, περὶ ὧν οὐδὲν δέομαι τὰ πλείω λέγειν · ἱκανῶς δ' οἴομαι καὶ διὰ τούτων φανερὸν πεποιηκέναι τὸ προκείμενον, ὅτι τῆς Θουκυδίδου λέξεως κρατίστη μέν ἐστιν ἡ μετρίως ἐκβεβηκυῖα τὰ συνήθη καὶ τὰς πρώτας καὶ ἀναγκαίας ἀρετὰς φυλάσσουσα, χείρων δὲ ἡ λαμβάνουσα πολλὴν ἐκτροπὴν ἐκ τῶν κοινῶν ὀνομάτων τε καὶ σχημάτων εἰς τὰ ξένα καὶ βεβιασμένα καὶ ἀνακολούθητα, δι' ἣν οὐδὲ τῶν ἄλλων ἀρετῶν οὐδεμίαι τὴν ἑαυτῶν ἀποδείκνυνται δύναμιν.

2 Οὔτε γὰρ ἐν ταῖς ἐκκλησίαις χρήσιμόν ἐστι τοῦτο τὸ γένος τῆς φράσεως, ἐν αἷς ὑπὲρ εἰρήνης καὶ πολέμου καὶ νόμων εἰσφορᾶς καὶ πολιτειῶν κόσμου καὶ τῶν ἄλλων τῶν

1 ἔρημος Thuc.[H sl.] Us. : ἔρημον Z Thuc.[pl.] || 2 Συρακοσίου : -κουσίου I || 2-3 τῇ — βούλεσθαι add. Reiske e Thuc. || 9 ἀδύνατον Sylburg Thuc. : δυνατὸν Z || 14 ἑαυτοῦ Z : αὑτοῦ Thuc. || 17 δ' οἴομαι Us. : οἴομαι δὲ Z || 23 οὐδεμίαι Us. : -μιᾷ Z -μία Sylburg || 24 ἀποδείκνυνται Z : ἐπιδείκνυνται Us. || 27 κόσμου Sylburg : κόσμων Z.

régime, et sur tous les problèmes importants de l'État ; pas davantage dans les tribunaux, où les discours portent sur des questions de vie ou de mort, d'exil, d'atimie, d'emprisonnement, de confiscation des biens, et sont prononcés devant des gens investis d'un pouvoir discrétionnaire en ces matières (<de tels morceaux de rhétorique> indisposent la masse populaire, peu habituée à l'écoute d'un tel langage) ; 3 ni non plus dans les réunions privées[1] où nous parlons de notre vie de tous les jours, avec des concitoyens, des amis, des parents, racontant telle ou telle de nos expériences, nous interrogeant sur l'un ou l'autre des besoins vitaux, nous critiquant, nous exhortant, nous réjouissant des succès, compatissant aux échecs. Sans compter qu'un langage pareil, ni père ni mère ne supporterait de l'entendre dans la bouche d'aucun de leurs enfants, tant il est déplaisant ; comme pour une langue étrangère, ils en demanderaient la traduction.

4 Voilà donc mon opinion sur l'historien, exprimée avec toute l'objectivité dont je suis capable.

Réponse aux objections

50. 1 Force m'est d'examiner aussi, brièvement, les arguments présentés par certains défenseurs de Thucydide, si je veux avoir l'air de ne rien négliger.

Que ce type de style ne convienne ni aux débats publics ni aux réunions privées, tout le monde en tombera d'accord, pour peu qu'on ait un jugement non perverti, et une sensibilité[2] conforme à la nature. 2 Mais certains sophistes, et non des moins célèbres[3], se mettent à prétendre que si, pour des gens entraînés à parler aux foules, pour des avocats en justice, ce type de style ne convient pas, en revanche quand on publie des traités historiques qui réclament de la grandeur, de la solennité et du sensationnel, il est tout à fait séant de

1. Cf. 48, 1 où Denys fait la même distinction entre assemblées délibérantes, tribunaux et conversations privées.

2, 3. *Notes complémentaires*, p. 161.

κοινῶν καὶ μεγάλων αἱ πόλεις βουλευσόμεναι συνέρχονται, οὔτ' ἐν τοῖς δικαστηρίοις, ἔνθα περὶ θανάτου καὶ φυγῆς καὶ ἀτιμίας καὶ δεσμῶν καὶ χρημάτων ἀφαιρέσεως οἱ λόγοι πρὸς τοὺς ἀνειληφότας τὴν ὑπὲρ τούτων ἐξουσίαν λέγονται ((καὶ γὰρ αἱ τοιαῦται ῥητορεῖ)αι λυποῦσι τὸν πολιτικὸν ὄχλον οὐκ ὄντα τῶν τοιούτων ἀκουσμάτων ἐν ἔθει), 3 οὔτ' ἐν ταῖς ἰδιωτικαῖς ὁμιλίαις, ἐν αἷς περὶ τῶν βιωτικῶν διαλεγόμεθα πολίταις ἢ φίλοις ἢ συγγενέσιν διηγούμενοί τι τῶν συμβεβηκότων ἑαυτοῖς ἢ συμβουλευόμενοι περί τινος τῶν ἀναγκαίων, ἢ νουθετοῦντες ἢ παρακαλοῦντες ἢ συνηδόμενοι τοῖς ἀγαθοῖς ἢ συναλγοῦντες τοῖς κακοῖς· ἐῶ γὰρ λέγειν ὅτι τῶν οὕτως διαλεγομένων οὐδὲ αἱ μητέρες ἂν καὶ οἱ πατέρες ἀνάσχοιντο διὰ τὴν ἀηδίαν, ἀλλ' ὥσπερ ἀλλοεθνοῦς γλώσσης ἀκούοντες τῶν ἑρμηνευσόντων ἂν δεηθεῖεν.

4 Ταῦτά ἐστιν ἃ περὶ τοῦ συγγραφέως ἐπείσθην, μετὰ πάσης ἀληθείας εἰρημένα κατὰ τὴν ἐμὴν δύναμιν.

50. 1 Ἀνάγκη δὲ καὶ τὰ λεγόμενα ὑπὲρ αὐτοῦ τισιν ἐξετάσαι δι' ὀλίγων, ἵνα μηδὲν παρεικέναι δοκῶ.

Ὅτι μὲν οὖν οὔτ' εἰς τοὺς πολιτικοὺς ἀγῶνας ἐπιτήδειός ἐστιν οὔτ' εἰς τὰς ὁμιλίας τὰς ἰδιωτικὰς οὗτος ὁ χαρακτήρ, ἅπαντες ὁμολογήσουσιν οἱ μὴ διεφθαρμένοι τὴν διάνοιαν ἀλλ' ἐν τῷ κατὰ φύσιν τὰς αἰσθήσεις ἔχοντες. Ἐπιχειροῦσι δέ τινες οὐκ ἄδοξοι σοφισταὶ λέγειν ὅτι τοῖς μὲν πρὸς τὰς ὀχλικὰς ἐντεύξεις παρεσκευασμένοις καὶ τὰ δίκαια λέγουσιν οὐκ ἔστιν ἐπιτήδειος οὗτος ὁ χαρακτήρ, τοῖς δὲ τὰς ἱστορικὰς πραγματείας ἐκφέρουσιν, αἷς μεγαλοπρεπείας τε δεῖ καὶ σεμνολογίας καὶ

4 οἱ λόγοι : ὀλίγοι I || 5 καὶ γὰρ — ῥητορεῖ add. Usher : lac. susp. Us. || 11-12 ἢ συναλγοῦντες τοῖς κακοῖς om. I || συναλγοῦντες Sylburg : συναδικοῦντες AVT || 14 ἀλλοεθνοῦς Dindorf : ἄλλου ἔθνους Z || 15 ἑρμηνευσόντων : -σάντων I || 19 δι' ὀλίγων Reiske : διὰ λόγων Z || 21 ἰδιωτικὰς I Sadée : βιωτικὰς AVT || 25 πρὸς τὰς non hab. I.

pratiquer ce tour rare, suranné, figuré, qui, s'écartant des figures traditionnelles, cherche l'insolite et le raffiné. 3 C'est que, disent-ils, ce n'est pas pour le tout venant, ni pour des gens rivés à leur métier ou de petits artisans, ni pour tous ceux qui ont été privés d'une éducation libérale, que sont composés de tels ouvrages, mais pour des citoyens qui, au terme du cycle normal des études[1], en sont arrivés à la rhétorique et à la philosophie ; à eux, rien de tout cela ne paraîtra insolite.

4 D'autres aussi, déjà, avaient tenté de dire que l'historien, en rédigeant son histoire, visait non la postérité, mais ses contemporains à qui ce langage était[2] <familier et intelligible..................... ....>.

En tout cas ce type de style ne peut servir ni dans des harangues délibératives, <ni dans des plaidoyers judiciaires,> quand se réunissent en assemblées ou pour rendre la justice des hommes qui ne ressemblent guère à l'idée que s'en faisait Thucydide[3].

51. 1 A l'adresse de ceux qui considèrent comme l'apanage des seuls lettrés de pouvoir lire et comprendre le langage de Thucydide, voici ce que j'ai à dire : cette œuvre, indispensable et bénéfique à tous (car rien ne saurait être plus indispensable ni plus diversement profitable), ils en privent le grand public, quand ils la réservent ainsi à un tout petit nombre, à l'imitation de ce qui se passe dans les oligarchies ou les tyrannies ; car il est facile de compter les hommes capables de comprendre tout Thucydide, et même ceux-là ne peuvent le faire, pour quelques passages, sans le secours d'un commentaire grammatical.

1, 2. *Notes complémentaires*, p. 161.

3. Cicéron (*Orator*, 30-31 ; *Brutus*, 287) trouve également que Thucydide ne peut servir de modèle à imiter qu'en matière historique, pas du tout pour l'éloquence.

καταπλήξεως, παντὸς μάλιστα προσήκει ταύτην ἀσκεῖν τὴν φράσιν τὴν γλωττηματικήν τε καὶ ἀπηρχαιωμένην καὶ τροπικὴν καὶ ἐξηλλαγμένην τῶν ἐν ἔθει σχημάτων ἐπὶ τὸ ξένον καὶ περιττόν. 3 Οὐ γὰρ ἀγοραίοις ἀνθρώποις οὐδ᾽ ἐπιδιφρίοις ἢ χειροτέχναις οὐδὲ τοῖς ἄλλοις οἳ μὴ μετέσχον ἀγωγῆς ἐλευθερίου ταύτας κατασκευάζεσθαι τὰς γραφάς, ἀλλ᾽ ἀνδράσι διὰ τῶν ἐγκυκλίων μαθημάτων ἐπὶ ῥητορικήν τε ⟨καὶ⟩ φιλοσοφίαν ἐληλυθόσιν, οἷς οὐδὲν φανήσεται τούτων ξένον.

4 Ἤδη δέ τινες ἐπεχείρησαν λέγειν, ὡς οὐ τῶν μεθ᾽ ἑαυτὸν ἐσομένων στοχαζόμενος ὁ συγγραφεὺς οὕτως ἔγραψε τὰς ἱστορίας, ἀλλὰ τῶν καθ᾽ ἑαυτὸν ὄντων, οἷς ἦν ἡ διάλεκτος ⟨αὕτη συνήθης τε καὶ γνώριμος........ ....⟩.

Χρήσιμος ⟨δ᾽⟩ οὗτος ὁ χαρακτὴρ οὔτ᾽ εἰς τοὺς συμβουλευτικοὺς ⟨οὔτ᾽ εἰς τοὺς δικανικοὺς⟩ ἀγῶνας, ἐν οἷς οἵ τ᾽ ἐκκλησιάζοντες καὶ οἱ δικάζοντες, οὐχ οἵους ὁ Θουκυδίδης ὑπέθετο, συνέρχονται.

51. 1 Πρὸς μὲν οὖν τοὺς οἰομένους μόνων εἶναι τῶν εὐπαιδεύτων ἀναγνῶναί τε καὶ συνεῖναι τὴν Θουκυδίδου διάλεκτον, ταῦτα λέγειν ἔχω, ὅτι τὸ τοῦ πράγματος ἀναγκαῖόν τε καὶ χρήσιμον ἅπασιν (οὐδὲν γὰρ ⟨ἂν⟩ ἀναγκαιότερον γένοιτο οὐδὲ πολυωφελέστερον) ἀναιροῦσιν ἐκ τοῦ κοινοῦ βίου, ὀλίγων παντάπασιν ἀνθρώπων οὕτω ποιοῦντες, ὥσπερ ἐν ταῖς ὀλιγαρχουμέναις ἢ τυραννουμέναις πόλεσιν· εὐαρίθμητοι γάρ τινές εἰσιν οἷοι πάντα τὰ Θουκυδίδου συμβαλεῖν, καὶ οὐδ᾽ οὗτοι χωρὶς ἐξηγήσεως γραμματικῆς ἔνια.

5 οὐδὲ : ἢ I || 8 τε om. I || καὶ add. Sylburg || 9 τούτων om. I || 14 αὕτη συνήθης τε καὶ γνώριμος add. Pavano : lac. ind. Sylburg || 15 δ᾽ addidi || 16 οὔτ᾽ εἰς τοὺς δικανικοὺς add. Sylburg || 22 ἂν add. Reiske || 26 οἷοι Us. : οἱ Z.

2 A ceux qui font remonter le langage de Thucydide à l'Antiquité, prétendant que c'était le langage habituel aux hommes de son temps, il me suffit d'indiquer, brièvement et clairement, que, sur le grand nombre des orateurs et des philosophes qui ont fréquenté Athènes durant la guerre du Péloponnèse, aucun n'a utilisé ce type de langage, pas plus les orateurs du genre d'Andocide, Antiphon ou Lysias[1], que les philosophes socratiques comme Critias, Antisthène ou Xénophon. 3 Par référence à ces auteurs, notre homme fut le premier, c'est clair, à pratiquer ce mode d'expression, afin de se distinguer des autres écrivains. D'ailleurs, quand il s'en sert avec retenue et modération, il est admirable et absolument incomparable ; mais quand il en use à satiété et avec mauvais goût, sans distinguer les occasions ni s'apercevoir de la quantité, il est critiquable.

4 Je voudrais quant à moi qu'un traité historique, loin d'être sec, brut, trivial, ait un air poétique ; sans être d'un bout à l'autre poétique, qu'il sorte de temps en temps du style habituel ; il est désolant en effet d'éprouver de la satiété, même pour des choses très agréables[2] ; c'est l'équilibre qui, partout, rend service.

Les imitateurs de Thucydide

52. 1 Il ne reste plus qu'un développement à ajouter sur les imitateurs de notre homme, orateurs ou historiens. <Aussi indispensable> qu'aucun autre pour un traitement exhaustif du sujet, il nous inspire quelque hésitation et beaucoup de circonspection : il nous faut en effet éviter de fournir aux professionnels de la calomnie des armes qui n'auraient rien à voir avec l'équité dont nous avons toujours fait preuve dans nos jugements sur les écrits et sur les personnes. 2 Ces gens-là risqueraient de nous croire poussés par la

1, 2. *Notes complémentaires*, p. 161-162.

2 **Πρὸς δὲ τοὺς ἐπὶ τὸν ἀρχαῖον βίον ἀναφέροντας τὴν Θουκυδίδου διάλεκτον ὡς δὴ τοῖς τότε ἀνθρώποις οὖσαν συνήθη, βραχὺς ἀπόχρη μοι λόγος καὶ σαφής, ὅτι πολλῶν γενομένων Ἀθήνησι κατὰ τὸν Πελοποννησιακὸν πόλεμον ῥητόρων τε καὶ φιλοσόφων, οὐδεὶς αὐτῶν κέχρηται ταύτῃ τῇ διαλέκτῳ, οὔθ' οἱ περὶ Ἀνδοκίδην καὶ Ἀντιφῶντα καὶ Λυσίαν ῥήτορες οὔθ' οἱ περὶ Κριτίαν καὶ Ἀντισθένη καὶ Ξενοφῶντα Σωκρατικοί.** 3 **Ἐκ δὴ τούτων ἁπάντων, δῆλός ἐστιν ἀνὴρ πρῶτος ἐπιτετηδευκὼς ταύτην τὴν ἑρμηνείαν, ἵνα διαλλάξῃ τοὺς ἄλλους συγγραφεῖς. Ὅταν μὲν οὖν τεταμιευμένως αὐτῇ χρήσηται καὶ μετρίως, θαυμαστός ἐστι καὶ οὐδενὶ συγκριτὸς ἑτέρῳ· ὅταν δὲ κατακόρως καὶ ἀπειροκάλως, μήτε τοὺς καιροὺς διορίζων μήτε τὴν ποσότητα ὁρῶν, μεμπτός.**

4 **Ἐγὼ δὲ οὔτε αὐχμηρὰν καὶ ἀκόσμητον καὶ ἰδιωτικὴν τὴν ἱστορικὴν εἶναι πραγματείαν ἀξιώσαιμ' ἄν, ἀλλ' ἔχουσάν τι καὶ ποιητικόν· οὔτε παντάπασι ποιητικήν, ἀλλ' ἐπ' ὀλίγον ἐκβεβηκυῖαν τῆς ἐν ἔθει· ἀνιαρὸν γὰρ ὁ κόρος καὶ τῶν πάνυ ἡδέων, ἡ δὲ συμμετρία πανταχῇ χρήσιμον.**

52. 1 **Εἷς ἔτι μοι καταλείπεται λόγος ⟨ὁ⟩ περὶ τῶν μιμησαμένων τὸν ἄνδρα ῥητόρων τε καὶ συγγραφέων, ⟨ἀναγκαῖος μὲν ὤν⟩, ὥσπερ τις καὶ ἄλλος, εἰς τὴν συντέλειαν τῆς ὑποθέσεως, ὄκνον δέ τινα καὶ πολλὴν εὐλάβειαν ἡμῖν παρέχων, μή τινα παράσχωμεν ἀφορμὴν διαβολῆς τοῖς πάντα συκοφαντεῖν εἰωθόσιν ἀλλοτρίαν τῆς ἐπιεικείας ᾗ κεχρήμεθα καὶ περὶ τοὺς λόγους καὶ περὶ τὰ ἤθη·** 2 **οἷς τάχα βάσκανόν τι καὶ κακόηθες**

3 ἀπόχρη Krueger : ἀπέχρη Z ‖ 6 οὔθ' Krueger : οὐδ' Z ‖ 12 οὐδενὶ συγκριτὸς Reiske : οὐδὲ συγκριτικὸς οὐδ' Z ‖ 14 διορίζων I : διορίζον AVT ‖ 19 ἡδέων Krueger : ἀηδῶν Z ‖ 21 ὁ add. Sadée ‖ 23 ἀναγκαῖος μὲν ὤν add. Us.

malignité et le mauvais esprit si nous invoquions des imitateurs maladroits[1] et que nous citions les œuvres dont ils étaient très fiers, qui leur ont rapporté beaucoup d'argent et valu une éclatante renommée. 3 Aussi, afin de ne donner prise à aucun soupçon de cette sorte, renoncerons-nous à critiquer tel ou tel, ou à en mentionner les défauts ; nous nous bornerons à dire encore quelques mots sur les auteurs dont l'imitation a été réussie, puis nous mettrons le point final à notre traité.

4 Parmi les historiens anciens, il n'y eut pas, à ma connaissance, d'imitateur de Thucydide sur les points du moins qui le font paraître si différent des autres, et qui sont[2] : l'expression, rare, surannée, poétique, insolite ; les idées, distendues, enchevêtrées, elliptiques par désir d'en augmenter la signification, suspendant assez longtemps la conclusion ; ajoutez-y encore les tournures, ténébreuses, détournées de la construction naturelle, pas à leur place même dans un texte poétique : le tout réuni produit dans son œuvre un manque de clarté qui en gâte toutes les beautés et en obscurcit les mérites.

53. 1 Chez les orateurs, Démosthène[3] est le seul qui voulut rivaliser non seulement avec tous les orateurs les plus réputés pour la grandeur ou le brillant de leurs discours, mais surtout avec Thucydide, sur beaucoup de points. C'est ainsi qu'il a doté la prose oratoire, en les empruntant à l'historien, de qualités que n'avaient ni Antiphon, ni Lysias, ni Isocrate, les plus prestigieux des orateurs d'alors, je veux dire la rapidité, la densité, la tension, le mordant, l'âpreté, enfin la virtuosité véhé-

1. *Notes complémentaires*, p. 162.

2. Denys profite de l'occasion pour faire à nouveau (et hors de propos ici) une caractérisation rapide des qualités et des défauts qui définissent l'œuvre de Thucydide, et lui adresser le reproche fondamental de manquer de clarté.

3. *Notes complémentaires*, p. 162.

πρᾶγμα δόξομεν ⟨ποιεῖν⟩, εἰ τοὺς μὴ καλῶς τῇ μιμήσει χρησαμένους παράγομεν καὶ παρεχόμεθα τὰς γραφὰς αὐτῶν, ἐφ' αἷς μέγιστον ἐφρόνουν ἐκεῖνοι καὶ δι' ἃς πλούτους τε μεγάλους ἐκτήσαντο καὶ δόξης λαμπρᾶς κατηξιώθησαν. 3 Ἵνα δὲ μηδεμία ὑποψία καθ' ἡμῶν τοιαύτη γένηται, τὸ μὲν ἐπιτιμᾶν τισι καὶ μεμνῆσθαι τῶν ἡμαρτημένων αὐτοῖς ἐάσομεν· περὶ δὲ τῶν κατορθωσάντων ἐν τῇ μιμήσει μικρὰ προσθέντες ἔτι καταπαύσομεν αὐτοῦ τὸν λόγον.

4 Συγγραφέων μὲν οὖν ἀρχαίων, ὅσα κἀμὲ εἰδέναι, Θουκυδίδου μιμητὴς ⟨οὐδεὶς⟩ ἐγένετο κατὰ ταῦτά γε καθ' ἃ δοκεῖ μάλιστα τῶν ἄλλων διαφέρειν, κατὰ τὴν γλωσσηματικὴν καὶ ἀπηρχαιωμένην καὶ ποιητικὴν καὶ ξένην λέξιν, καὶ κατὰ τὰς ὑπερβατοὺς καὶ πολυπλόκους καὶ ἐξ ἀποκοπῆς πολλὰ σημαίνειν πράγματα βουλομένας καὶ διὰ μακροῦ τὰς ἀποδόσεις λαμβανούσας νοήσεις, καὶ ἔτι πρὸς τούτοις κατὰ τοὺς σκαιοὺς καὶ πεπλανημένους ἐκ τῆς κατὰ φύσιν συζυγίας καὶ οὐδ' ἐν ἁπάσῃ ποιητικῇ χώραν ἔχοντας σχηματισμούς, ἐξ ὧν ἡ πάντα λυμαινομένη τὰ καλὰ καὶ σκότον παρέχουσα ταῖς ἀρεταῖς ἀσάφεια παρῆλθεν εἰς τοὺς λόγους.

53. 1 Ῥητόρων δὲ Δημοσθένης μόνος, ὥσπερ τῶν ἄλλων ὅσοι μέγα τι καὶ λαμπρὸν ἔδοξαν ποιεῖν ἐν λόγοις, οὕτω καὶ Θουκυδίδου ζηλωτὴς ἐγένετο κατὰ πολλὰ καὶ προσέθηκε τοῖς πολιτικοῖς λόγοις, παρ' ἐκείνου λαβών, ἃς οὔτε Ἀντιφῶν οὔτε Λυσίας οὔτε Ἰσοκράτης οἱ πρωτεύσαντες τῶν τότε ῥητόρων ἔσχον ἀρετάς, τὰ τάχη λέγω καὶ τὰς συστροφὰς καὶ τοὺς τόνους καὶ τὸ πικρὸν καὶ τὸ στριφνὸν καὶ τὴν ἐξεγείρουσαν τὰ πάθη δεινότητα.

1 ποιεῖν addidi : hiatum susp. Sylburg || καλῶς : κακῶς I || 7 ἐάσομεν IT : ἐάσωμεν AV || 8 καταπαύσομεν Us. : -σωμεν Z || 11 οὐδεὶς add. Sylburg || 13 καὶ ποιητικὴν om. I || 22 ὥσπερ : ὅσπερ I || 26 οἱ : οὔτε οἱ I.

mente qui suscite l'émotion. 2 Quant à l'inusité dans le vocabulaire, à l'insolite, au poétique, les considérant comme inadaptés aux plaidoyers réels, il s'en est dispensé. De même, loin de se complaire dans des figures qui s'écartent de l'ordre naturel et fleurent le solécisme, il en est resté aux formules habituelles, comptant sur les changements de ton, sur la variété, sur le refus de jamais exprimer une idée nue, sans figures, pour embellir son style. 3 En revanche, pour les pensées enchevêtrées, chargées de beaucoup de sens en peu de mots, faisant attendre longuement la suite, empruntant au paradoxe leur argumentation, il s'est fait l'imitateur de Thucydide[1], les introduisant dans ses harangues et dans ses plaidoyers judiciaires, moins dans les causes privées, plus généreusement dans les procès publics.

54. 1 Je vais donner des exemples tirés de ces deux catégories de discours[2], quelques-uns seulement quand il y en aurait tant, mais qui suffiront à des familiers de cet orateur.

***Démosthène : Sur les Symmories* (XIV)**

Il y a une harangue de Démosthène sur le thème de la guerre contre le grand Roi ; elle exhorte les Athéniens à ne pas l'engager à la légère, car leurs forces armées ne sont pas de taille à se mesurer avec celles du Roi, et les forces alliées ne seront ni fidèles ni fermes devant le danger à affronter. 2 L'orateur recommande donc aux Athéniens de mettre d'abord en état leurs propres forces, montrant ainsi clairement aux Grecs qu'ils sont prêts à s'exposer au danger pour la liberté de tous, au cas où on les attaquerait. Tant qu'ils ne sont pas prêts, il leur interdit d'envoyer des ambassadeurs en Grèce pour appeler à la guerre, car on ne les écoutera pas. 3 Partant de cette idée, Démosthène l'a mise en œuvre et formulée de la façon suivante :

1, 2. *Notes complémentaires*, p. 162.

2 Τὸ δὲ κατάγλωσσον τῆς λέξεως καὶ ξένον καὶ ποιητικόν, οὐχ ἡγησάμενος ἐπιτήδεια τοῖς ἀληθινοῖς ἀγῶσι, παρέλιπε, καὶ οὐδὲ τῶν σχημάτων τὸ πεπλανημένον ἐκ τῆς κατὰ φύσιν ἀκολουθίας καὶ τὸ σολοικοφανὲς ἠγάπησεν, ἀλλ' ἐν τοῖς συνήθεσιν ἔμεινε, ταῖς μεταβολαῖς καὶ τῇ ποικιλίᾳ καὶ τῷ μηδὲν ἁπλῶς ἀσχημάτιστον ἐκφέρειν νόημα κοσμῶν τὴν φράσιν. 3 Τὰς δὲ πολυπλόκους νοήσεις καὶ πολλὰ δηλούσας ἐν ὀλίγοις καὶ διὰ μακροῦ κομιζομένας τὴν ἀκολουθίαν καὶ ἐκ παραδόξου τὰ ἐνθυμήματα φερούσας ἐζήλωσέν τε καὶ προσέθηκε τοῖς τε δημηγορικοῖς καὶ τοῖς δικανικοῖς λόγοις, ἧττον μὲν ἐπὶ τῶν ἰδιωτικῶν, δαψιλέστερον δὲ ἐπὶ τῶν δημοσίων ἀγώνων.

54. 1 Θήσω δ' ἐξ ἀμφοτέρων παραδείγματα, πολλῶν ὄντων ὀλίγα καὶ τοῖς ἀνεγνωκόσι τὸν ἄνδρα ἀρκοῦντα.

Ἔστι δή τις αὐτῷ δημηγορία τὴν μὲν ὑπόθεσιν ἔχουσα περὶ τοῦ πρὸς βασιλέα πολέμου, παρακαλοῦσα δὲ τοὺς Ἀθηναίους μὴ προχείρως αὐτὸν ἄρασθαι, ὡς οὔτε τῆς οἰκείας αὐτῶν δυνάμεως ἀξιομάχου πρὸς τὴν τοῦ βασιλέως ὑπαρχούσης οὔτε τῆς συμμαχικῆς πιστῶς καὶ βεβαίως τῶν κινδύνων ἀντιληψομένης. 2 Παρακαλεῖ τε αὐτούς, παρασκευασαμένους τὴν ἑαυτῶν δύναμιν, φανεροὺς εἶναι τοῖς Ἕλλησιν ὅτι τὸν ὑπὲρ τῆς ἁπάντων ἐλευθερίας κίνδυνον ὑπομενοῦσιν, ἐάν τις ἐπ' αὐτοὺς ἴῃ. Πρὸ δὲ τοῦ παρασκευάσασθαι, πρέσβεις οὐκ ἐᾷ πρὸς τοὺς Ἕλληνας ἀποστέλλειν τοὺς καλέσοντας αὐτοὺς ἐπὶ τὸν πόλεμον, ὡς οὐχ ὑπακουσομένους. 3 Τοῦτο λαβὼν τὸ νόημα, κατεσκεύακέν τε καὶ ἐσχημάτικεν οὕτως·

5 ἔμεινε : ἐνέμεινε I || 15 ἀνεγνωκόσι : ἀναγ- A || 20 πιστῶς Sylburg : πίστεως Z || 24 τις Sylburg : τε Z || 26 αὐτοὺς om. I.

13 Au contraire, si vous faites ce qu'aujourd'hui nous conseillons, personne assurément dans le monde grec ne se jugera assez puissant par lui-même pour, à la vue de mille cavaliers, d'autant d'hoplites qu'on voudra, de trois cents navires, ne pas venir quémander, sentant bien qu'avec un tel appui son salut sera plus assuré. En somme, les appeler aujourd'hui, c'est quémander, et, en cas de refus, subir un échec; tandis qu'en vous préparant et en sachant attendre, vous pourrez apporter aux quémandeurs le salut, et être sûrs qu'ils viendront tous.

Ce langage est très loin du parler courant, et habituel au peuple ; il est bien au-dessus du tout-venant ; mais pourtant il n'est pas hermétique[1] et ne manque pas de clarté au point d'exiger une explication de textes.

4 L'orateur, après avoir commencé à évoquer les préparatifs de guerre, continue :

14 Le premier point en fait de préparatifs, Athéniens, et le plus important, c'est pour vous de disposer vos esprits à faire chacun de bon gré et avec ardeur tout ce qu'il faudra. 15 Voyez en effet, Athéniens, que chaque fois que vous avez pris une décision, et qu'ensuite chacun a considéré de son devoir de payer de sa personne, rien ne vous a jamais échappé; mais chaque fois que vous avez pris une décision, mais qu'ensuite vous vous êtes regardés l'un l'autre, chacun se disant que personnellement il ne fera rien mais que le voisin fera le nécessaire, rien jamais ne vous a réussi.

Dans ce passage, la pensée est inextricablement enchevêtrée, l'expression sort des sentiers battus pour revêtir un tour inhabituel, mais le raffinement du style n'exclut pas la clarté.

1. Il est curieux de constater que le substantif σκότος et ses composés, verbe, adjectif et adverbe, ne se trouvent pratiquement que dans le *Thucydide* (32,1 ; 33,1 ; 46,2 ; 52,4). Seule autre occurrence : l'adjectif se trouve dans le *Démosthène* en V, 35,4.

13 Τότε δέ, ἐὰν ἄρα ἃ νῦν οἰόμεθα ἡμεῖς πράττητε, οὐδεὶς δήπου τῶν πάντων Ἑλλήνων τηλικοῦτον ἐφ' ἑαυτῷ φρονεῖ ὅστις, ὁρῶν χιλίους ἱππέας, ὁπλίτας δὲ ὅσους ἂν ἐθέλῃ τις, ναῦς δὲ τριακοσίας, οὐχ ἥξει καὶ δεήσεται, μετὰ τούτων ἀσφαλέστατ' ἂν ἡγούμενος σωθῆναι. Οὐκοῦν ἐκ μὲν τοῦ καλεῖν ἤδη, τὸ δεῖσθαι, κἂν μὴ τύχητε, ἀφαμαρτεῖν, ἐκ δὲ τοῦ μετὰ τοῦ παρασκευάσασθαι τὰ ὑμέτερα αὐτῶν ἐπισχεῖν, δεομένους σῴζειν καὶ εὖ εἰδέναι πάντας ἥξοντάς ἐστιν.

Ταῦτα ἐξήλλακται μὲν ἐκ τῆς κοινῆς καὶ συνήθους τοῖς πολλοῖς ἀπαγγελίας, καὶ κρείττονά ἐστιν ἢ κατὰ τὸν ἰδιώτην· οὐ μὴν ἐσκότισταί γε οὐδὲ ἀσαφῆ γέγονεν ὥστε ἐξηγήσεως δεῖσθαι.

4 **Ἀρξάμενός τε ὑπὲρ τῆς παρασκευῆς λέγειν, ταῦτα ἐπιτίθησιν·**

14 Ἔστι δὲ πρῶτον τῆς παρασκευῆς, ὦ ἄνδρες Ἀθηναῖοι, καὶ μέγιστον, οὕτω διακεῖσθαι τὰς γνώμας ὑμᾶς ὡς ἕκαστον ἑκόντα προθύμως ὅ τι ἂν δέῃ ποιήσοντα. 15 Ὁρᾶτε γάρ, ὦ Ἀθηναῖοι, ὅτι, ὅσα μὲν πώποτε ἐβουλήθητε καὶ μετὰ ταῦτα τὸ πράττειν αὐτὸς ἕκαστος ἑαυτῷ προσήκειν ἡγήσατο, οὐδὲν πώποτε ὑμᾶς ἐξέφυγεν· ὅσα δ' ἐβουλήθητε μέν, μετὰ ταῦτα δὲ ἀπεβλέψατε εἰς ἀλλήλους, ὡς αὐτὸς μὲν οὐ ποιήσων, τὸν δὲ πλησίον τὰ δέοντα πράξοντα, οὐδὲν πώποθ' ὑμῖν ἐγένετο.

Καὶ γὰρ ἐνταῦθα πέπλεκται μὲν ἡ διάνοια πολυπλόκως, λέλεκται δ' ἐκ τῆς κοινότητος εἰς τὴν ἀσυνήθη φράσιν ἐκβεβηκότα, φυλάττεται δὲ τὸ περιττὸν αὐτῶν ἐν τῷ σαφεῖ.

1 ἐὰν ἄρα ἃ Z : ἂν ἄρ' ἃ Dem. || ἡμεῖς : ὑμεῖς I || πράττητε Z : -ται Dem. || 3 post ὁρῶν hab. ὑμῖν Dem. || ἐθέλῃ : θέλῃ I || 5 ἤδη I Dem. : ἤδει AVT || 6 κἂν Sylburg e Dem. : καὶ Z || ἀφαμαρτεῖν Dem. : ἐφ- Z || ἐκ δὲ τοῦ Sylburg e Dem. : ἑκάστου Z || 7 παρασκευάσασθαι Z : παρεσκεύασθαι Dem. || 9 κοινῆς Krueger : πολλῆς Z πολιτικῆς Us. || 13 ὑπὲρ Us. : ἀπὸ Z || 15 δὲ Z : τοίνυν Dem. || post πρῶτον hab. μὲν Dem. || ἄνδρες A Dem. : om. VIT || 16 ὑμᾶς AVT Dem.[A] : ἡμᾶς I ὑμῶν Dem.[SFY] || 17 ποιήσοντα Us. e Dem. : ποιήσονται AVT ποιήσοντας I || post ὦ hab. ἄνδρες Dem. || 18 πώποτε Z : πώποθ' ἅπαντες Dem. || 21 post μὲν hab. ἕκαστος Dem. || 22 τὰ δέοντα non hab. Dem.

Troisième Philippique (IX) 5 Dans celle des harangues contre Philippe qui a le plus de grandeur, Démosthène adopte d'emblée, dès l'exorde[1], la mise en œuvre suivante :

1 Beaucoup de discours, Athéniens, sont prononcés, presque à chaque assemblée, sur les injustices que commet Philippe, depuis la conclusion de la paix, non seulement envers vous, mais envers tout le monde; or, bien que tous les orateurs vous aient recommandé — sans pour autant passer à l'action — de parler et d'agir de manière à arrêter l'insolence de cet individu et à lui infliger une correction, je vois la situation d'ensemble tombée dans un tel état de déchéance et d'abandon que je redoute de proférer une parole de mauvais augure, vraie pourtant : même si tous les orateurs avaient voulu proposer, et vous, voter, les mesures propres à mettre vos affaires au plus bas, la situation ne pourrait être, à mon avis, pire qu'aujourd'hui.

Et voici un autre passage[2], comparable :

13 Et puis vous croyez, quand, face à des gens qui ne lui auraient fait aucun mal, qui se seraient gardés seulement d'en subir, il a préféré les berner que les prévenir et les conquérir par la force, qu'avec vous, il va faire une déclaration en règle avant d'entrer en guerre, et cela tant que vous vous laissez berner?

Sur la Couronne (XVIII) 6 Dans le meilleur des plaidoyers judiciaires[3], le discours *Sur la Couronne*, Démosthène, évoquant la virtuosité avec laquelle Philippe avait manœuvré pour s'emparer des cités, formule l'idée ainsi :

231 Et je n'ajoute même plus que la cruauté que l'on peut voir régner là où d'un seul coup Philippe s'est installé en maître, c'est à d'autres qu'il est arrivé d'en faire l'expérience, tandis que la générosité que, tout en conti-

1, 2, 3. *Notes complémentaires*, p. 162.

5 **Ἐν δὲ τῇ μεγίστῃ τῶν κατὰ Φιλίππου δημηγοριῶν καὶ τὴν ἀρχὴν εὐθὺς οὕτως κατεσκεύακεν·**

1 Πολλῶν, ὦ Ἀθηναῖοι, λόγων γιγνομένων ὀλίγου δεῖν καθ' ἑκάστην ἐκκλησίαν περὶ ὧν Φίλιππος, ἀφ' οὗ τὴν εἰρήνην ἐποιήσατο, οὐ μόνον ὑμᾶς, ἀλλὰ καὶ τοὺς ἄλλους ἀδικεῖ, καὶ πάντων οἶδ' ὅτι φησάντων γ' ἄν, εἰ μὴ καὶ ποιοῦσι τοῦτο, καὶ λέγειν καὶ πράττειν ὅπως ἐκεῖνος παύσεται τῆς ὕβρεως καὶ δίκην δώσει, εἰς τοῦτο ὑπηγμένα πάντα τὰ πράγματα καὶ προειμένα ὁρῶ ὥστε δέδοικα μὴ βλάσφημον μὲν εἰπεῖν, ἀληθὲς δέ· εἰ καὶ λέγειν ἅπαντες ἐβούλονθ' οἱ παριόντες καὶ χειροτονεῖν ὑμεῖς ἐξ ὧν ὡς φαυλότατα ἔμελλε τὰ πράγματα ἕξειν, οὐκ ἂν ἡγοῦμαι δύνασθαι χεῖρον ἢ νῦν διατεθῆναι.

Ὅμοια δὲ τούτοις ἐστὶ κἀκεῖνα·

13 Εἶτ' οἴεσθε, εἰ μὲν αὐτὸν μηδὲν ἐποίησαν κακόν, μὴ παθεῖν δὲ φυλάξαιντο ἴσως, τούτους μὲν ἐξαπατᾶν αἱρεῖσθαι μᾶλλον ἢ προλέγοντα βιάζεσθαι, ὑμῖν δ' ἐκ προρρήσεως πολεμήσειν, καὶ ταῦθ' ἕως ἂν <*ἑκόντες*>*ἐξαπατᾶσθε;*

6 **Ἐν δὲ τῷ κρατίστῳ τῶν δικανικῶν, τῷ περὶ τοῦ στεφάνου γραφέντι λόγῳ, τῆς Φιλίππου δεινότητος ᾗ κατεστρατηγήκει τὰς πόλεις μνησθείς, οὕτω τὴν διάνοιαν ἐσχημάτικεν·**

231 Καὶ οὐκέτι προστίθημι ὅτι τῆς μὲν ὠμότητος, ἣν ἐν οἷς καθάπαξ τινῶν κατέστη κύριος ὁ Φίλιππος ἔστιν ἰδεῖν, ἑτέροις πειραθῆναι συνέβη, τῆς δὲ φιλανθρωπίας, ἣν τὰ λοιπὰ τῶν

3 post ὦ hab. ἄνδρες Dem. || 5 ὑμᾶς : ἡμᾶς I || 6 πάντων om. I || μὴ καὶ Z : καὶ μὴ Dem. || 7 post λέγειν hab. δεῖν Dem. || 10 δέ Z Dem.[sl.F] : δ' ἢ Dem.[vulg.] || 14 εἰ μὲν — ἐποίησαν Z : οἱ μὲν οὐδὲν ἂν αὐτὸν ἐδυνήθησαν ποιῆσαι Dem.[vulg.] οἳ ἐποίησαν μὲν οὐδὲν ἂν Dem.[sl.] || 15 δὲ φυλάξαιντο Z : δ' ἐφυλάξαντ' ἂν Dem. || 17 ἕως Sylburg e Dem. : ὡς Z || ἑκόντες add. Sylburg e Dem. || ἐξαπατᾶσθε Us. e Dem. : -θαι Z || 22 προστίθημι Us. e Dem. : προτίθ- Z || 23 κατέστη post κύριος Dem. || ὁ non hab. Dem.

nuant ses conquêtes, il feignait à votre égard, c'est vous, et c'est tant mieux, qui en avez récolté les fruits.

7 Citons également le passage où il fait retomber sur les traîtres à la solde de Philippe la responsabilité de tous les malheurs survenus aux Grecs ; il écrit textuellement :

294 Et pourtant, par Héraclès et par tous les dieux, s'il fallait examiner en toute vérité, en écartant du débat tout mensonge et toute parole dictée par la haine, quels étaient vraiment ceux sur la tête de qui, normalement et en toute justice, tout le monde ferait retomber la responsabilité des événements, vous trouveriez que ce sont, en chaque cité, les semblables de cet individu, et non pas les miens. 295 Ces gens-là, lorsque les affaires de Philippe étaient exsangues et au plus bas, quand nous-mêmes tentions fréquemment de vous avertir, de vous conseiller, de vous instruire <des meilleures décisions à prendre, par goût du profit personnel et> au mépris de l'intérêt public, ils bernaient leurs concitoyens, chacun dans sa cité, et les corrompaient jusqu'à en faire des esclaves.

Conclusion

55. 1 C'est par milliers que je pourrais citer des exemples tirés des discours de Démosthène, tant harangues publiques que plaidoyers judiciaires, où la mise en œuvre s'apparente à cet aspect du style de Thucydide qui, dans un langage courant et habituel, introduit des détours insolites. 2 Mais, de peur d'allonger mon propos outre mesure, je vais considérer les exemples précédents comme de suffisantes confirmations de ma thèse ; aussi est-ce sans la moindre hésitation que j'engage tous ceux qui s'entraînent à l'éloquence politique, ceux du moins qui gardent encore un jugement non perverti, à suivre le conseil de Démosthène, le meilleur à notre avis de

πραγμάτων ἐκεῖνος περιβαλλόμενος πρὸς ὑμᾶς ἐπλάττετο, ὑμεῖς καλῶς ποιοῦντες τοὺς καρποὺς ἐκομίσασθε.

7 **Καὶ ἐν οἷς τοὺς προδιδόντας τῷ Φιλίππῳ τὰ πράγματα πάντων αἰτίους ἀποφαίνει τῶν συμβεβηκότων τοῖς Ἕλλησι κακῶν, κατὰ λέξιν οὕτως γράφει·**

294 Καίτοι, νὴ τὸν Ἡρακλέα καὶ πάντας θεούς, εἴ γ' ἐπ' ἀληθείας δέοι σκοπεῖσθαι ἢ τὸ καταψεύδεσθαι καὶ δι' ἔχθραν τι λέγειν ἀνελόντας ἐκ μέσου, τίνες ὡς ἀληθῶς ἦσαν οἷς ἂν εἰκότως καὶ δικαίως τὴν τῶν γεγενημένων αἰτίαν ἐπὶ τὴν κεφαλὴν ἀναθεῖεν ἅπαντες, τοὺς ὁμοίους τούτῳ παρ' ἑκάστῃ τῶν πόλεων εὕροιτ' ἄν, οὐχὶ τοὺς ἐμοί. 295 Οἵ, ὅτ' ἦν ἀσθενῆ τὰ Φιλίππου πράγματα καὶ κομιδῇ μικρά, πολλάκις προλεγόντων ἡμῶν καὶ παρακαλούντων καὶ διδασκόντων <τὰ βέλτιστα, τῆς ἰδίας ἕνεκ' αἰσχροκερδείας> τὰ κοινῇ συμφέροντα προΐεντο, τοὺς ὑπάρχοντας ἑκάστοις πολίτας ἐξαπατῶντες καὶ διαφθείροντες, ἕως δούλους ἐποίησαν.

55. 1 **Μυρία παραδείγματα φέρειν δυναίμην ἂν ἐκ τῶν τοῦ Δημοσθένους λόγων τῶν τε δημηγορικῶν καὶ τῶν δικανικῶν, ἃ παρὰ τὸν Θουκυδίδου κατεσκεύασται χαρακτῆρα τὸν ἐν τῇ κοινῇ καὶ συνήθει διαλέκτῳ τὴν ἐξαλλαγὴν ἔχοντα.** 2 **Ἀλλ' ἵνα μὴ μακρότερος τοῦ δέοντος ὁ λόγος γένοιτό μοι, τούτοις ἀρκεσθεὶς ἱκανοῖς οὖσι βεβαιῶσαι τὸ προκείμενον, οὐκ ἂν ὀκνήσαιμι τοῖς ἀσκοῦσι τοὺς πολιτικοὺς λόγους ὑποτίθεσθαι τοῖς γε δὴ τὰς κρίσεις ἀδιαστρόφους ἔτι φυλάσσουσι, Δημοσθένει**

1 πρὸς ὑμᾶς Z Dem.[vulg.] : non hab. Dem.[SL] || 2 ἐκομίσασθε Z : κεκόμισθε Dem. || 4 ἀποφαίνει : -φαίνειν A || 5 γράφει Sadée : γράφων Z || 6 νὴ IT : νῆ A νῦν V || 7 ἢ Us. : εἰ AVI εἰς T non hab. Dem. || 8 ἀνελόντας Sylburg e Dem. : -λόντες Z || ἦσαν Z : εἰσιν Dem. || 10 παρ' ἑκάστῃ Sylburg e Dem. : παρέστη Z || 11 εὕροιτ' ἄν AVT Dem.[SAY] : om. I εὕροι τις Dem.[L Vulg.] || post τοὺς hab. κομιδῇ AVI || 11-12 ἐμοί — καὶ om. T || 13-14 τὰ βέλτιστα — αἰσχροκερδείας add. Us. e Dem. || 15 ἑκάστοις : ἕκαστοι Dem. || 25 ἀδιαστρόφους : διαστρόφους I.

tous les orateurs du passé : qu'ils imitent seulement les mises en œuvre où brillent aux yeux de tous la brièveté, la virtuosité véhémente, la vigueur, l'intensité, la grandeur, et toutes les qualités qui leur sont apparentées ; en revanche, les tournures par trop énigmatiques, difficiles à comprendre, nécessitant des explications grammaticales, avec des formulations trop torturées et bien proches du solécisme, qu'on ne les admire ni ne les imite[1].

3 En bref, prétendre que sont également estimables, chez l'historien, les passages qui ne sont pas clairs et ceux qui, aux autres qualités, joignent la clarté, n'a pas de sens. Force est de reconnaître que le parfait est meilleur que l'imparfait, le clair que l'obscur. 4 Pourquoi diable louer sans réserves le langage de l'historien, et être alors forcé d'alléguer que c'est pour les hommes de son temps que Thucydide a voulu écrire le récit d'événements familiers et bien connus de tous, et que de nous, les générations à venir, il ne tenait nul compte ? Nous expulsons alors en bloc des tribunaux et des assemblées tout le style de Thucydide, jugé sans intérêt, au lieu de reconnaître que la partie narrative de son œuvre, à quelques exceptions près, est admirable tout du long, et parfaitement adaptée à tous usages, mais que la partie oratoire n'est pas tout entière bonne à imiter ; l'est seulement la fraction qui reste aisément compréhensible par tous, sans que pour autant la mise en œuvre en soit à la portée de tous.

5 J'aurais préféré, très cher Quintus Aelius Tubéron, t'écrire sur Thucydide des choses plus plaisantes[2] : elles ne sauraient être plus vraies.

1. Dans sa conclusion, Denys insiste sur la position « moyenne » qu'il prend. Son jugement sur le style de Thucydide veut rester nuancé, et c'est ce qu'il souligne fortement, à l'adresse de Tubéron assurément, mais aussi d'éventuels détracteurs.

2. Cette fin du *Thucydide* ressemble à la fin de la lettre de Nicias aux Athéniens (VII, 13, 4) : Τούτων ἐγὼ ἥδιω μὲν ἂν εἶχον ὑμῖν ἕτερα ἐπιστέλλειν, οὐ μέντοι χρησιμώτερά γε. La réminiscence est-elle consciente ou spontanée ? Denys a mentionné la lettre de Nicias en 42, 2, mais sans en extraire de citation.

συμβούλῳ χρησαμένους ὃν ἁπάντων ῥητόρων κράτιστον γεγενῆσθαι πειθόμεθα, ταύτας μιμεῖσθαι τὰς κατασκευὰς ἐν αἷς ἥ τε βραχύτης καὶ ἡ δεινότης καὶ ἡ ἰσχὺς καὶ ὁ τόνος καὶ ἡ μεγαλοπρέπεια καὶ αἱ συγγενεῖς ταύταις ἀρεταὶ πᾶσιν ἀνθρώποις εἰσὶ φανεραί· τὰς δὲ αἰνιγματώδεις καὶ δυσκαταμαθήτους καὶ γραμματικῶν ἐξηγήσεων δεομένας καὶ πολὺ τὸ βεβασανισμένον καὶ τὸ σολοικοφανὲς ἐν τοῖς σχηματισμοῖς ἐχούσας μήτε θαυμάζειν μήτε μιμεῖσθαι.

3 Ἵνα δὲ συνελὼν εἴπω, ἀμφότερα μὲν ἐπ' ἴσης ζηλωτὰ εἶναι, τά τε μὴ σαφῶς εἰρημένα ὑπὸ τοῦ συγγραφέως καὶ τὰ προσειληφότα σὺν ταῖς ἄλλαις ἀρεταῖς τὴν σαφήνειαν, οὐκ ἔχει λόγον. Ἀνάγκη δὲ ὁμολογεῖν κρείττονα τῶν ἀτελεστέρων εἶναι τὰ τελειότερα καὶ τῶν ἀφανεστέρων τά γ' ἐμφανέστερα. 4 Τί οὖν μαθόντες ἅπασαν τὴν διάλεκτον τοῦ συγγραφέως ἐπαινοῦμεν, καὶ βιαζόμεθα λέγειν ὅτι τοῖς καθ' ἑαυτὸν οὖσιν ἀνθρώποις αὐτὰ ὁ Θουκυδίδης ἔγραψε, συνήθη πᾶσι καὶ γνώριμα ὄντα, ἡμῶν δὲ λόγος αὐτῷ τῶν ὕστερον ἐσομένων οὐκ ἦν, οἳ δ' ἐκβάλλομεν ἐκ τῶν δικαστηρίων καὶ τῶν ἐκκλησιῶν ἅπασαν τὴν Θουκυδίδου λέξιν ὡς ἄχρηστον, ἀλλ' οὐχ ὁμολογοῦμεν τὸ διηγηματικὸν μέρος αὐτῆς πλὴν ὀλίγων τινῶν πάνυ θαυμαστῶς ἔχειν καὶ εἰς πάσας εἶναι τὰς χρείας εὔθετον, τὸ δὲ δημηγορικὸν οὐχ ἅπαν εἰς μίμησιν ἐπιτήδειον εἶναι, ἀλλ' ὅσον ἐστὶν αὐτοῦ μέρος γνωσθῆναι μὲν ἅπασιν ἀνθρώποις εὔπορον, κατασκευασθῆναι δ' οὐχ ἅπασι δυνατόν;

5 Τούτων ἡδίω μὲν ⟨ἂν⟩ εἶχόν σοι περὶ Θουκυδίδου γράφειν, ὦ βέλτιστε Κοΐντε Αἴλιε Τουβέρων, οὐ μὴν ἀληθέστερα.

7 τὸ alt. om. I || 14 εἶναι om. I || 18 γνώριμα AI : γνώρημα VT || 20 οἳ δ' Us. : οὐδ' Z || 23 τινῶν prop. Us. : ἢ Z || 28 ἂν addidi.

VIII

SECONDE LETTRE À AMMÉE

SIGLA

P	Parisinus graecus 1741	saec. X med.
N	Parisinus graecus 1656	saec. XV ex.
D	Parisinus suppl. gr. 256	saec. XIV
S	Tolosanus 802	saec. XV ex.

VIII

SUR LES PARTICULARITÉS DU STYLE DE THUCYDIDE

TRÈS CHER AMMÉE, SALUT

1. 1 Je croyais pour ma part avoir donné des indications suffisantes sur le type de style propre à Thucydide : j'ai en effet passé en revue les plus importantes et les plus décisives de ses particularités, celles précisément qui le distinguent le plus à mon sens des orateurs et des historiens qui l'ont précédé, et ce, d'abord dans les opuscules sur les *Orateurs Antiques* qui te sont dédiés[1], et puis plus récemment dans le traité spécial sur *Thucydide* adressé à Aelius Tubéron[2], où j'ai relevé, dans la mesure de mes moyens, tous les traits qui méritaient d'être mentionnés, en les accompagnant des démonstrations adéquates. 2 Mais puisque tu crois pour ta part que mes écrits manquent de précision parce que ce n'est qu'après avoir exposé toutes les facettes de ce type de style que j'ai produit les preuves à l'appui de mes dires, et puisque tu estimes que mes indications sur les particularités propres à ce type de style gagneraient en précision si, prenant une par une chacune de mes allégations, je l'illustrais par des exemples empruntés à l'historien, comme on le fait dans les ouvrages de

1, 2. *Notes complémentaires*, p. 163.

VIII

ΠΕΡΙ ΤΩΝ ΘΟΥΚΥΔΙΔΟΥ ΙΔΙΩΜΑΤΩΝ

ΔΙΟΝΥΣΙΟΣ ΑΜΜΑΙΩΙ ΤΩΙ ΦΙΛΤΑΤΩΙ ΧΑΙΡΕΙΝ

1. 1 Ἐγὼ μὲν ὑπελάμβανον ἀρκούντως δεδηλωκέναι τὸν Θουκυδίδου χαρακτῆρα, τὰ μέγιστα καὶ κυριώτατα τῶν ὑπαρχόντων περὶ αὐτὸν ἰδιωμάτων ἐπεξελθών, ἐν οἷς γε δὴ μάλιστα διαφέρειν ἔδοξέν μοι τῶν πρὸ αὐτοῦ ῥητόρων τε καὶ συγγραφέων, πρότερον μὲν ἐν τοῖς περὶ τῶν ἀρχαίων ῥητόρων πρὸς τὸ σὸν ὄνομα συνταχθεῖσιν ὑπομνηματισμοῖς, ὀλίγοις ⟨δὲ⟩ δὴ πρόσθεν χρόνοις ἐν τῇ περὶ αὐτοῦ τοῦ Θουκυδίδου κατασκευασθείσῃ γραφῇ προσειπὼν τὸν Αἴλιον Τουβέρωνα, ἐν ᾗ πάντα τὰ δεόμενα λόγου μετὰ τῶν οἰκείων ἀποδείξεων διεξελήλυθα κατὰ τὴν ἐμαυτοῦ δύναμιν. 2 Σοῦ δὲ ὑπολαμβάνοντος ἧττον ἠκριβῶσθαι τὰς γραφάς, ἐπειδὴ προεκθέμενος ἅπαντα τὰ συμβεβηκότα τῷ χαρακτῆρι τότε τὰς περὶ αὐτῶν πίστεις παρέχομαι, ἀκριβεστέραν δὲ τὴν δήλωσιν τῶν ἰδιωμάτων τοῦ χαρακτῆρος ἔσεσθαι νομίζοντος εἰ παρὰ μίαν ἑκάστην τῶν προθέσεων τὰς λέξεις τοῦ συγγραφέως παρατιθείην, ὃ οἱ τὰς τέχνας καὶ τὰς εἰσαγωγὰς τῶν λόγων πραγματευόμε-

9 δὲ add. Us. || 10 προσειπὼν P[s.l.] N : -ειπὸν PDS || 12 ἐμαυτοῦ Us. : αὐτοῦ codd. || 18 προθέσεων Reiske : παραθέσεων codd.

rhétorique, traités ou manuels élémentaires, pour ne pas prêter le flanc à la critique, j'ai décidé de m'exécuter, prenant le ton du professeur, au lieu de celui du conférencier[1].

Rappel du chap. 24

2. 1 Pour que tu puisses suivre plus facilement mon exposé, je vais citer textuellement tout ce que j'ai dit précédemment sur l'historien ; puis je reprendrai brièvement point par point chacune de mes allégations et je les illustrerai par des exemples, comme tu me l'as demandé.

2 Le passage que je vais mettre au clair suit l'appréciation sur Hérodote.

24.1 Thucydide en effet, venant après un tel écrivain et après tous ceux que j'ai mentionnés plus haut, dressa le bilan des qualités de chacun, et, fabriquant un type de style d'un genre particulier, ni authentiquement de la prose ni tout à fait des vers mais une sorte d'intermédiaire ou de mélange des deux[2], *il tenta de l'introduire dans l'œuvre historique :*

– en matière de choix des mots, il emploie souvent un vocabulaire figuré, rare, suranné, étranger, au lieu du vocabulaire courant, habituel à son époque[3] *;*

— 2 pour l'utilisation des formules[4], *où il voulait surtout montrer sa supériorité sur ses prédécesseurs, il a déployé une diligence extrême : 3 tantôt à partir d'un mot*

1. C'est à son corps défendant que Denys va tenter d'être systématique ; ce qu'il préfère, lui, c'est une critique impressionniste, qui fasse réfléchir, au lieu de chercher à démontrer, la critique d'un homme de goût plutôt que d'un spécialiste.

2. Cette précision n'était pas présente dans le chap. 24 ; Denys transforme légèrement son texte en le citant (cf. dans la phrase suivante l'addition de «souvent»).

3. Variante intéressante (s'il ne s'agit pas tout simplement d'une faute de copiste) : au pronom de la troisième personne, employé avec une certaine négligence dans le *Thucydide*, Denys substitue le réfléchi, plus correct.

4. *Notes complémentaires*, p. 163.

νοι ποιοῦσιν, προελόμενος εἰς μηδὲν ἐλλείπειν, καὶ τοῦτο πεποίηκα, τὸ διδασκαλικὸν σχῆμα λαβὼν ἀντὶ τοῦ ἐπιδεικτικοῦ.

2. 1 **Ἵνα δὲ εὐπαρακολούθητος ὁ λόγος σοι γένηται, προθεὶς κατὰ λέξιν ὅσα περὶ τοῦ συγγραφέως τυγχάνω προειρηκώς, ἐπιτροχάδην ἀναλήψομαι τῶν προθέσεων ἑκάστην καὶ τὰς ἀποδείξεις παρέξομαι, καθάπερ ἠξίους.**

2 **Ἕπεται δὲ τοῖς περὶ Ἡροδότου γραφεῖσιν τὰ μέλλοντα δηλοῦσθαι.**

24.1 Τούτῳ γὰρ Θουκυδίδης τῷ ἀνδρὶ ἐπιβαλὼν καὶ τοῖς ἄλλοις ὧν πρότερον ἐμνήσθην, καὶ συνιδὼν ἃς ἕκαστος αὐτῶν ἔσχεν ἀρετάς, ἴδιόν τι γένος χαρακτῆρος, οὔτε πεζὸν αὐτοτελῶς οὔτ' ἔμμετρον ἀπηρτισμένως, κοινὸν δέ τι καὶ μικτὸν ἐξ ἀμφοῖν ἐργασάμενος εἰς τὴν ἱστορικὴν πραγματείαν ἐσπούδασεν εἰσαγαγεῖν·

— ἐπὶ μὲν τῆς ἐκλογῆς τῶν ὀνομάτων τὴν τροπικὴν καὶ γλωττηματικὴν καὶ ἀπηρχαιωμένην καὶ ξένην λέξιν παραλαμβάνων πολλάκις ἀντὶ τῆς κοινῆς καὶ συνήθους τοῖς καθ' ἑαυτὸν ἀνθρώποις·

— 2 ἐπὶ δὲ τῶν σχηματισμῶν, ἐν οἷς μάλιστα ἐβουλήθη διενεγκεῖν τῶν πρὸ αὐτοῦ, πλείστην εἰσενεγκάμενος πραγματείαν, 3 τοτὲ μὲν λόγον ἐξ ὀνόματος ποιῶν, τοτὲ δὲ εἰς ὄνομα

Test. : Dionysius, *De Thucydide*, 24 (= Δ) : 10 τούτῳ — 12 χαρακτῆρος ; 14 εἰς τὴν — 22.

---

3 ἐπιδεικτικοῦ codd. : ἀπο- Us. || 5 ὅσα περὶ DS : ὅσαπερ PN || 7 ἠξίους Sylburg : ἠξίουν codd. || 10 γὰρ codd. : δὲ δὴ Δ || Θουκυδίδης post τῷ ἀνδρὶ Δ || 11 συνιδὼν DS Δ : συνειδὼν PN || 12 τι γένος χαρακτῆρος codd. : τινα χαρακτῆρα Δ || 12-14 οὔτε — ἐργασάμενος codd. : καὶ παρεωραμένον ἅπασι πρῶτος Δ || 13 μικτὸν DS : μικρὸν PN || 17-18 παραλαμβάνων πολλάκις codd. : προελόμενος Δ || 18 τοῖς SN Δ : τῆς PD || καθ' ἑαυτὸν codd. : κατ' αὐτὸν Δ || 19 post ἀνθρώποις hab. ἐπὶ δὲ τῆς συνθέσεως, κτλ. Δ. || 21 διενεγκεῖν codd. : διενέγκαι Δ || 21-22 πραγματείαν codd. : σπουδήν. Διετέλεσέ γε, κτλ. Δ.

il fait tout un développement, tantôt il réduit tout un développement à un seul mot; 4 ici il emploie une forme verbale en guise de nom; plus loin il prend un nom et en fait un verbe; il renverse l'usage habituel des verbes et des noms pour faire d'un nom propre <un nom commun ou prendre un nom commun comme nom propre>, 5 pour mettre les verbes passifs à l'actif, les verbes actifs au passif; il intervertit les propriétés naturelles du singulier et du pluriel, et échange les nombres; il fait accorder le féminin avec le masculin, le masculin avec le féminin, et le neutre avec l'un ou l'autre, au mépris de la cohérence naturelle du discours; 6 quant aux cas des noms ou des participes, tantôt il les transfère du signifiant au signifié, tantôt du signifié au signifiant; dans l'usage des conjonctions et des prépositions, et bien davantage encore dans celui des articles qui précisent la valeur des mots, il prend des libertés de poète. 7 On trouverait chez lui quantité de figures qui, par des transferts de personnes, par des échanges de temps, par des différences dans les indications de lieux, sortent de l'usage ordinaire et prennent des allures de solécisme (chaque fois qu'une chose remplace une personne ou qu'une personne remplace une chose. 8 ou bien quand, dans le développement des idées et des conceptions, la quantité des incidentes fait franchir de grandes distances à la construction grammaticale; et l'on peut ajouter à la liste les expressions tortueuses, enchevêtrées, difficiles à expliquer, et tout ce qui est à l'avenant). 9 On trouverait aussi chez lui, en quantité non négligeable,

συνάγων τὸν λόγον· 4 καὶ νῦν μὲν τὸ ῥηματικὸν ὀνοματικῶς ἐκφέρων, αὖθις δὲ τοὔνομα ῥῆμα ποιῶν, καὶ αὐτῶν γε τούτων ἀναστρέφων τὰς χρήσεις ἵνα τὸ μὲν ὀνοματικὸν <προσηγορικὸν γένηται, τὸ δὲ προσηγορικὸν ὀνοματικῶς> λέγηται, 5 καὶ τὰ μὲν παθητικὰ ῥήματα δραστήρια, τὰ δὲ δραστήρια παθητικά· πληθυντικῶν δὲ καὶ ἑνικῶν ἀλλάττων τὰς φύσεις καὶ ἀντικατηγορῶν ταῦτα ἀλλήλων· θηλυκά τ' ἀρρενικοῖς καὶ ἀρρενικὰ θηλυκοῖς καὶ οὐδέτερα τούτων τισὶν συνάπτων, ἐξ ὧν ἡ κατὰ φύσιν ἀκολουθία πλανᾶται· 6 τὰς δὲ <τῶν> ὀνοματικῶν ἢ μετοχικῶν πτώσεις τοτὲ μὲν πρὸς τὸ σημαινόμενον ἀπὸ τοῦ σημαίνοντος ἀποστρέφων, τοτὲ δὲ πρὸς τὸ σημαῖνον ἀπὸ τοῦ σημαινομένου· ἐν δὲ τοῖς συνδετικοῖς καὶ τοῖς προθετικοῖς μορίοις καὶ ἔτι μᾶλλον ἐν τοῖς διαρθροῦσι τὰς τῶν ὀνομάτων δυνάμεις ποιητοῦ τρόπον ἐνεξουσιάζων. 7 Πλεῖστα δ' ἄν τις εὕροι παρ' αὐτῷ τῶν σχημάτων, προσώπων τε ἀποστροφαῖς καὶ χρόνων ἐναλλαγαῖς καὶ τοπικῶν σημειώσεων μεταφοραῖς ἐξηλλαγμένα καὶ σολοικισμῶν λαμβάνοντα φαντασίας· ὁπόσα τε γίγνεται πράγματα ἀντὶ σωμάτων ἢ σώματα ἀντὶ πραγμάτων, 8 καὶ ἐφ' ὧν ἐνθυμημάτων τε καὶ νοημάτων αἱ μεταξὺ παρεμπτώσεις πολλαὶ γινόμεναι διὰ μακροῦ τὴν ἀκολουθίαν κομίζονται· τά τε σκολιὰ καὶ πολύπλοκα καὶ δυσεξέλικτα καὶ τὰ ἄλλα τὰ συγγενῆ τούτοις. 9 Εὕροι δ' ἄν τις οὐκ ὀλίγα καὶ τῶν θεατρικῶν σχημάτων

Test. : Δ 1—23.

---

1 ὀνοματικῶς PS : -μαστ- DN || 3-4 προσηγορικὸν — ὀνοματικῶς add. Reiske e Δ || 6 δὲ codd. : τε Δ || ἀλλάττων codd. : ἐναλλάττων Δ || 8 ἀρρενικὰ Δ : ἄρρενα codd. || 9 τῶν add. Us. e Δ || 10 et 11 τοτὲ codd. : ποτὲ Δ || 12 σημαῖνον ἀπὸ τοῦ DS Δ : non hab. PN || σημαινομένου DS Δ : -νόμενον PN || 14 ὀνομάτων Δ : νοημάτων codd. || 15 εὕροι non hab. Δ || τῶν σχημάτων codd. : σχήματα Δ || 16 τοπικῶν codd. Δ : τροπικῶν Krueger || 17 μεταφοραῖς codd. : διαφοραῖς Δ || post ἐξηλλαγμένα hab. τῶν συνήθων Δ || 18 ὁπόσα τε γίγνεται Reiske e Δ : ἀποστέγειν ἢ τὰ codd. || 20 τε καὶ νοημάτων non hab. Δ || 21 μακροῦ codd. : πολλοῦ Δ.

de ces figures voyantes, comme les parisoses, les paromoioses, les paronomases, les antithèses, qui ont fait les délices de Gorgias de Léontinoi, et des Polos, Licymnios ou bien d'autres de ses contemporains. 10 Mais ce qui saute le plus aux yeux, chez lui, ce qui le caractérise le plus, c'est l'effort qu'il fait pour signifier beaucoup de choses en peu de mots, pour contracter beaucoup d'idées en une, et aussi pour laisser toujours l'auditeur dans l'expectative d'une explication supplémentaire, ce qui fait que la brièveté devient obscurité.

11 En résumé, il y a quatre « instruments » (pourrait-on dire) du style de Thucydide : la fabrication des mots, la diversité des formules, l'âpreté de l'harmonie, la rapidité de l'énoncé signifiant; les colorations en sont la rudesse, l'acidité, la densité, l'austérité, la gravité, la véhémence, la terreur, et, par dessus tout ce qui le caractérise, le pathétique.

12 Tel est donc Thucydide, du point de vue du caractère de style, trait qui l'a fait se distinguer entre tous.

Vocabulaire

3. 1 Les termes rares, surannés, difficiles à comprendre[1] pour la plupart des gens sont : *l'intact, la réflexion*[2], *la vigilance, la cessation*, et mots du même genre.

Les termes fabriqués (ou poétiques) sont : *opposition, délégation, clameur, vexation, revendication*[3], et termes approchants.

Formulation

2 La nouveauté et la multiplicité des formulations[4], leurs écarts par rapport à l'usage habituel (ce qui constitue à nos

1. Denys ajoute cette épithète (qui résume toutes les difficultés énoncées) à l'énumération du chap. 24, reprise textuellement dans la *Lettre*, mais il omet «figuré» et «étranger», préférant sans doute ne pas avoir à préciser par des exemples. En revanche il traite à part les termes «poétiques» (=«fabriqués»), introduisant une épithète nouvelle qui ne figurait pas dans le texte à commenter.

2, 3, 4. *Notes complémentaires*, p. 163-164.

κείμενα παρ' αὐτῷ, τὰς παρισώσεις λέγω καὶ παρομοιώσεις καὶ παρονομασίας καὶ ἀντιθέσεις, ἐν αἷς ἐπλεόνασε Γοργίας ὁ Λεοντῖνος καὶ οἱ περὶ Πῶλον καὶ Λικύμνιον καὶ πολλοὶ ἄλλοι τῶν κατ' αὐτὸν ἀκμασάντων. 10 Ἐκδηλότατα δὲ αὐτοῦ καὶ χαρακτηρικώτατά ἐστι τό τε πειρᾶσθαι δι' ἐλαχίστων ὀνομάτων πλεῖστα σημαίνειν πράγματα καὶ πολλὰ συντιθέναι νοήματα εἰς ἕν, καὶ <τὸ> ἔτι προσδεχόμενόν τι τὸν ἀκροατὴν ἀκούσεσθαι καταλιπεῖν· ὑφ' ὧν ἀσαφὲς γίνεται τὸ βραχύ.

11 Ἵνα δὲ συνελὼν εἴπω, τέσσαρα μέν ἐστιν ὥσπερ ὄργανα τῆς Θουκυδίδου λέξεως· τὸ ποιητικὸν τῶν ὀνομάτων, τὸ πολυειδὲς τῶν σχημάτων, τὸ τραχὺ τῆς ἁρμονίας, τὸ τάχος τῆς σημασίας· χρώματα δὲ αὐτῆς τό τε στριφνὸν καὶ τὸ πικρὸν καὶ τὸ πυκνὸν καὶ τὸ αὐστηρὸν καὶ τὸ ἐμβριθὲς καὶ τὸ δεινὸν καὶ φοβερόν, ὑπὲρ ἅπαντα δὲ αὐτοῦ ταῦτα τὸ παθητικόν.

12 Τοιουτοσὶ μὲν δή τίς ἐστιν ὁ Θουκυδίδης κατὰ τὸν τῆς λέξεως χαρακτῆρα, ᾧ παρὰ τοὺς ἄλλους διήνεγκεν.

3. 1 **Γλωσσηματικὰ μὲν οὖν καὶ ἀπηρχαιωμένα καὶ δυσείκαστα τοῖς πολλοῖς ἐστι τό τε** *ἀκραιφνές,* **καὶ** *ὁ ἐπιλογισμός,* **καὶ** *ἡ περιωπή,* **καὶ** *ἡ ἀνακωχή,* **καὶ τὰ ὅμοια τούτοις.**

Ποιητικὰ δὲ ἥ τε *κωλύμη* **καὶ** *ἡ πρέσβευσις,* **καὶ** *ἡ καταβοή,* **καὶ** *ἡ ἀχθηδών,* **καὶ** *ἡ δικαίωσις,* **καὶ τὰ παραπλήσια.**

2 **Ἡ δ' ἐν τοῖς σχηματισμοῖς καινότης τε καὶ πολυτροπία καὶ ἡ ἐξαλλαγὴ τῆς συνήθους χρήσεως, ἐν ᾗ μάλιστα**

Test. : Δ 1—16.

1 καὶ παρομοιώσεις non hab. Δ || 6 καὶ — νοήματα om. DS || 7 ἓν Δ : ἃ codd. || τὸ add. Us. || 8 ἀκούσεσθαι D Δ : ἀκούεσθαι PN ἀκούσασθαι S || 9 τέσσαρα codd. : τέτταρα Δ || 11-12 τῆς σημασίας codd. : τῶν σχημάτων Δ || 12-13 καὶ τὸ πικρὸν post πυκνὸν Δ || 14 ante φοβερόν hab. τὸ N Δ || αὐτοῦ non hab. Δ || 15 τοιουτοσὶ codd. : τοιοῦτος Δ || 21 πρέσβευσις NDS : πρεσβεύεις P || 22 καταβοή Sylburg : καταβολή codd. || 24 τε DNS : δὲ P.

yeux la différence essentielle entre Thucydide et les autres) sont évidentes dans les procédés que je vais détailler.

Mot = Phrase

4. 1 Lorsqu'il développe un seul terme, nom ou verbe, en plusieurs noms ou verbes, exprimant la même idée au moyen d'une périphrase, il aboutit à un énoncé du type :

I.138.3. Thémistocle était un homme qui montra de la façon la plus ferme la vigueur de sa nature et fut exceptionnellement digne d'admiration pour cela, plus que personne au monde.

2 Voici maintenant ce qu'il écrit dans le discours funèbre :

II.37.1 «Ce n'est pas non plus en raison de la pauvreté, quand on a du bien à faire à la cité, qu'on en est empêché par l'obscurité de sa situation».

Dans ces occasions, le sens[1] <....................

....> il aboutit à un énoncé du type de celui qu'il a adopté pour décrire le Lacédémonien Brasidas qui, blessé dans la bataille devant Pylos, tomba du navire :

IV.12.1 Comme il était tombé — dit-il — *sur le banc de rame latéral externe*[2], *son bouclier glissa dans la mer;*

car, ce qu'il veut dire, c'est : «comme il était tombé hors du navire sur la partie saillante du banc de rame».

Verbe = Nom

5. 1 Quand il substantive des formes verbales, il adopte un tour du type suivant (cela se trouve au livre I, dans le discours prononcé par le Corinthien devant les Athéniens) :

1. Il est probable qu'après avoir fait un bref commentaire sur cet exemple de redondance, ou de périphrase, Denys annonçait les exemples du phénomène inverse, la contraction d'une phrase en un mot.

2. Par l'emploi d'un double suffixe, Thucydide pouvait exprimer beaucoup de choses en peu de mots (ce que ne peut rendre la traduction).

διαφέρειν αὐτὸν ἡγούμεθα τῶν ἄλλων, ἐπὶ τούτων γίγνεται τῶν ἔργων φανερά.

4. 1 **Ὅταν μὲν οὖν μίαν λέξιν εἴτε ὀνοματικὴν εἴτε ῥηματικὴν ἐν πλείοσιν ὀνόμασιν ἢ ῥήμασιν ἐκφέρῃ περιφράζων τὴν αὐτὴν νόησιν, τοιαύτην ποιεῖ τὴν λέξιν·**

I.138.3 *Ἦν γὰρ ὁ Θεμιστοκλῆς βεβαιότατα δὴ φύσεως ἰσχὺν δηλώσας καὶ διαφερόντως τι ἐς αὐτὸ μᾶλλον ἑτέρου ἄξιος θαυμάσαι.*

2 **Καὶ μὴν ἐν τῷ ἐπιταφίῳ γέγραφεν·**

II.37.1 *« Οὐδ' αὖ κατὰ πενίαν, ἔχων δέ τι ἀγαθὸν δρᾶσαι τὴν πόλιν, ἀξιώματος ἀφανείᾳ κεκώλυται. »*

Καὶ γὰρ ἐν τούτοις τὸ σημαινόμενον ⟨................

....⟩ ποιεῖ τὸν λόγον τοιοῦτον, ὡς ἐπὶ τοῦ Λακεδαιμονίου Βρασίδα τέθηκεν, ὅτε μαχόμενος περὶ Πύλον ἀπὸ τῆς νεὼς τραυματίας γενόμενος ἐξέπεσεν·

IV.12.1 *Πεσόντος δὲ αὐτοῦ* — **φησίν** — *εἰς τὴν παρεξειρεσίαν ἡ ἀσπὶς περιερρύη εἰς θάλατταν·*

βούλεται γὰρ δηλοῦν· « πεσόντος δὲ αὐτοῦ ἔξω τῆς νεὼς ἐπὶ τὰ προέχοντα μέρη τῆς εἰρεσίας ».

5. 1 **Ἐν οἷς δὲ τὰ ῥηματικὰ μόρια τῆς λέξεως ὀνοματικῶς σχηματίζει, τοιαύτην ποιεῖ τὴν φράσιν· ἔστιν δὲ αὐτῷ πρὸς Ἀθηναίους ὁ Κορίνθιος ἐν τῇ πρώτῃ βύβλῳ τάδε λέγων·**

7 τι ἐς αὐτὸ Thuc. : τις σαν το P τῆς σαυτοῦ N τις αὐτὸν DS || 12 σημαινόμενον codd. : σύντομον Us. || post σημαινόμενον lac. indicavi || 14 τέθηκεν P : τέθεικεν NDS || 16 πεσόντος δὲ codd. : καὶ πεσόντος Thuc. || 17 εἰς θάλατταν transp. Sylburg : post εἰρεσίας l. 19 codd. (θάλασσαν S) ἐς τὴν θάλασσαν Thuc. || 18 πεσόντος Us. : τὸ ὄντος codd. || 22 βύβλῳ Us. : βίβλῳ codd.

I.41.1 « Telles sont envers vous nos raisons de droit ; mais il y a aussi des recommandations et des valeurs de reconnaissance ».

En effet, « recommander » et « valoir » sont des verbes qu'il transforme en substantifs, *recommandations* et *valeurs*.

2 On peut ranger dans la même catégorie le *non-investissement du Plemmyrion*[1] au livre VII, <ou la *lamentation* qu'il a placée au livre I,> dans une harangue ; en effet « investir » et « se lamenter » sont des verbes qu'il a mis sous forme nominale, *investissement* et *lamentation*.

6. 1 Lorsque, réciproquement, par une inversion de leur emploi naturel, il prend des noms pour en faire des verbes, il en arrive à une phrase du type suivant (c'est dans le livre I, quand il évoque la cause[2] de la guerre) :

I.23.6 La cause la plus vraie, mais la moins avouée, est à mon avis que les Athéniens, en augmentant leur puissance, obligèrent à faire la guerre.

Ce qu'il veut dire, c'est qu'en augmentant leur puissance, les Athéniens imposèrent l'obligation de la guerre. A la place de « obligation » et de « guerre » qui sont des noms, il a mis des verbes, *« obliger »* et *« faire la guerre »*[3].

Passif = Actif

7. 1 Lorsque, pour les verbes, il échange les modes actif[4] et passif, voici comment il formule sa phrase :

1. *Notes complémentaires*, p. 164.

2. Il est curieux de constater que Denys n'a pas une conscience très claire de la distinction entre αἰτία et πρόφασις. Dans la citation qui suit, il conserve à tort αἰτία alors que dans le *Thucydide*, 10,3, il avait employé dans ce même passage, fort correctement, le terme de πρόφασις, utilisé par Thucydide.

3. Dans cette énumération, Denys omet (est-ce volontairement ?) l'échange entre nom commun et nom propre, annoncé dans le chap. 24 du *Thucydide*, reproduit ci-dessus.

4. Emploi logique ici de ποιητικός dans le sens, inusité, de « actif » au point de vue grammatical ; le terme habituel est ἐνεργητικός qu'emploie un peu plus loin Denys.

I.41.1 «Δικαιώματα μὲν οὖν τάδε πρὸς ὑμᾶς ἔχομεν, παραίνεσιν δὲ καὶ ἀξίωσιν χάριτος τοιάνδε.»

Τὸ γὰρ «παραινεῖν» καὶ «ἀξιοῦν» ῥήματα ὄντα ὀνοματικὰ γέγονεν *παραίνεσις* **καὶ** *ἀξίωσις.*

2 **Ταύτης ἐστὶ τῆς ἰδέας ἥ τε** *οὐκ ἀποτείχισις τοῦ Πλημμυρίου* **ἡ ἐν τῇ ἑβδόμῃ βύβλῳ ⟨καὶ ἡ** *ὀλόφυρσις* **ἣν ἐν τῇ πρώτῃ βύβλῳ⟩ τέθηκεν ἐν δημηγορίᾳ. Τὸ γὰρ «ἀποτειχίσαι» καὶ τὸ «ὀλοφύρασθαι» ῥηματικὰ ὄντα ὀνοματικῶς ἐσχημάτικεν** *ἀποτείχισιν* **καὶ** *ὀλόφυρσιν.*

6. 1 **Ὅταν δὲ ἀντιστρέψας ἑκατέρου τούτων τὴν φύσιν τὰ ὀνόματα ποιῇ ῥήματα, τοῦτον τὸν τρόπον ἐκφέρει τὴν λέξιν, ὡς ἐν τῇ πρώτῃ βύβλῳ περὶ τῆς αἰτίας τοῦ πολέμου γράφει·**

I.23.6 Τὴν μὲν οὖν ἀληθεστάτην αἰτίαν, λόγῳ δὲ ἀφανεστάτην, τοὺς Ἀθηναίους οἴομαι μεγάλους γινομένους ἀναγκάσαι εἰς τὸ πολεμεῖν.

Βούλεται γὰρ δηλοῦν ὅτι, μεγάλοι γιγνόμενοι, οἱ Ἀθηναῖοι ἀνάγκην παρέσχον τοῦ πολέμου· πεποίηκεν δὲ ἀντὶ «τῆς ἀνάγκης» καὶ «τοῦ πολέμου» ὀνοματικῶν ὄντων ῥηματικὰ τό τε *ἀναγκάσαι* **καὶ τὸ** *πολεμεῖν.*

7. 1 **Ὅταν δὲ τῶν ῥημάτων ἀλλάττῃ τὰ εἴδη τῶν παθητικῶν καὶ ποιητικῶν, οὕτω σχηματίζει τὸν λόγον·**

1 post ἔχομεν hab. ἱκανὰ κατὰ τοὺς Ἑλλήνων νόμους Thuc. || 5 οὐκ ἀποτείχισις PDS : οὐ κατατείχισις N || 6 et 12 βύβλῳ Us. : βίβλῳ codd. || 6-7 καὶ — βύβλῳ add. Krueger || 7 τέθηκεν edd. : τέθεικεν codd. || 8 τὸ ὀλοφύρασθαι Us. : ἀπολοφύρασθαι codd. || 11 ποιῇ NDS : ποιεῖ P || 14 οὖν codd. : γὰρ Thuc. || αἰτίαν codd. : πρόφασιν Thuc. || ἀφανεστάτην δὲ λόγῳ Thuc. || 15 οἴομαι codd. : ἡγοῦμαι Thuc. || γινομένους codd. : γιγνομένους καὶ φόβον παρέχοντας τοῖς Λακεδαιμονίοις Thuc.

I.144.2 «On n'interdit pas plus ceci que cela par le traité», car le verbe *interdit*, à l'actif, est mis à la place de «est interdit», un passif. Le sens de la phrase est à peu près : «pas plus ceci que cela n'est interdit par le traité»[1].

2 Autre exemple, ce qui est dit dans l'Introduction :

I.2.2 Comme le commerce n'existait pas et qu'ils ne se mêlaient pas entre eux sans crainte, ...

Là aussi, le verbe *se mêlaient* qui est un actif est mis à la place du passif «étaient mêlés».

8. 1 Lorsque, au lieu de l'actif, il introduit le passif, il obtient des formules comme :

I.120.2 «Tous ceux d'entre nous qui ont déjà été en relations avec les Athéniens,»

Il veut dire ici : «tous ceux d'entre nous qui ont noué des relations avec les Athéniens» ; il a mis un passif, *ont été en relations*, à la place de l'actif, «ont noué des relations».

Dans ce qui vient ensuite :

«Mais ceux qui sont établis plus à l'intérieur des terres,» à la place de l'actif, «qui se sont établis», il a mis un passif, *qui sont établis*.

Singulier = Pluriel

9. 1 Il va à l'encontre des valeurs respectives du singulier et du pluriel quand il inverse leur emploi. Il met par exemple le singulier à la place du pluriel dans :

1. Denys ne connaît que deux voix : l'actif et le passif. Dans l'exemple cité, il ne comprend pas l'impersonnel construit avec l'accusatif, et veut en faire un passif pourvu d'un sujet. De même dans l'exemple suivant, il n'admet pas l'emploi intransitif d'un verbe actif (il est de fait que Thucydide emploie également le passif dans des sens très voisins, par ex. I, 146 et II, 1). Dans l'ensemble, ces critiques de Denys, sur les voix des verbes, paraissent peu pertinentes, et prouvent au moins que l'enseignement grammatical n'était pas très poussé dans les milieux cultivés de l'époque.

I.144.2 « Οὔτε γὰρ ἐκεῖνο κωλύει ταῖς σπονδαῖς οὔτε τόδε· »
τὸ γὰρ *κωλύει* **ῥῆμα ἐνεργητικὸν ὑπάρχον ἀντὶ τοῦ «κωλύεται» παθητικοῦ ὄντος παρείληπται. Ἦν δὲ τὸ σημαινόμενον ὑπὸ τῆς λέξεως τοιοῦτο· «οὔτε γὰρ ἐκεῖνο κωλύεται ταῖς σπονδαῖς οὔτε τόδε».**

2. **Καὶ ἔτι τὰ ἐν τῷ προοιμίῳ λεγόμενα·**

I.2.2 Τῆς γὰρ ἐμπορίας οὐκ οὔσης, οὐδ' ἐπιμιγνύντες ἀδεῶς ἀλλήλοις...·

Καὶ γὰρ ἐν τούτοις τὸ *ἐπιμιγνύντες* **ἐνεργητικὸν ὑπάρχον ῥῆμα τοῦ «ἐπιμιγνύμενοι» παθητικοῦ ὄντος χώραν ἐπέχει.**

8. 1 **Ὅταν δὲ ἀντὶ τοῦ ποιητικοῦ τὸ παθητικὸν παραλαμβάνῃ, τοῦτον σχηματίζει τὸν τρόπον·**

I.120.2 « Ἡμῶν δὲ ὅσοι μὲν Ἀθηναίοις ἤδη ἐνηλλάγησαν· »

βούλεται μὲν γὰρ δηλοῦν· «ἡμῶν δὲ ὅσοι μὲν Ἀθηναίοις συνήλλαξαν», παρείληφεν δὲ τὸ *ἐνηλλάγησαν* **παθητικὸν ὑπάρχον ἀντὶ ποιητικοῦ τοῦ «συνήλλαξαν».**

Καὶ τὸ ἐπιφερόμενον τούτῳ·

« Τοὺς δ' ἐν τῇ μεσογείᾳ μᾶλλον κατῳκημένους, »

ἀντὶ γὰρ τοῦ ποιητικοῦ ῥήματος τοῦ «κατῳκηκότας» τὸ παθητικὸν παρείληφεν τὸ *κατῳκημένους.*

9. 1 **Παρὰ δὲ τὰς τῶν ἑνικῶν τε καὶ πληθυντικῶν διαφοράς, ὅταν ἐναλλάττῃ τὴν ἑκατέρου τούτων τάξιν, ἑνικὰ μὲν ἀντὶ πληθυντικῶν οὕτως ἐκφέρει·**

1 ταῖς codd. : ἐν ταῖς Thuc. || 9 ἐν DS : non hab. PN || 10 ἐπιμιγνύμενοι DS : -νυμένου PN || 19 ἐν τῇ μεσογείᾳ codd. : τὴν μεσόγειαν Thuc. || post μᾶλλον hab. καὶ μὴ ἐν πόρῳ Thuc. || 19 et 21 κατῳκημένους NDS Thuc. : -κειμ- P || 24 ἑνικὰ DS : ἡνίκα PN.

VI.78.1 «Et s'il vient à l'idée de quelqu'un que le Syracusain, et non lui-même, est un ennemi pour l'Athénien,»

car il veut parler des Syracusains et des Athéniens, mais il a mis les deux noms au singulier.

Autre exemple :

IV.10.3 «Nous aurons un ennemi plus redoutable puisqu'il n'aura plus la retraite facile;»

là, il a mis «les ennemis» au singulier, au lieu du pluriel.

2 Il lui arrive aussi, à la place du singulier, de mettre le pluriel, s'écartant de la tournure usuelle, comme dans la phrase suivante, tirée de l'exorde du discours funèbre :

II.35.2 «Les éloges décernés à autrui sont supportables dans la mesure seulement où chacun se croit personnellement capable d'exécuter tel ou tel exploit dont il entend parler;»

car *chacun* et *il entend parler* sont des singuliers, alors qu'immédiatement après vient un pluriel :

«pour l'exploit qui le dépasse, ils éprouvent, avec la jalousie, de la défiance;»

car <les discours funèbres>, par nature, concernent non pas des auditeurs individuels mais une collectivité.

Les genres

10. 1 Les interversions entre masculin, féminin et neutre, qui s'écartent des figures usuelles, c'est par exemple quand il désigne «la confusion»[1] par *le confus*, mettant au masculin un nom féminin; ou quand, pour «l'importunité», il dit *l'importun*[2], ou encore quand, pour parler de «la volonté» ou de «la possibilité», il dit *le vouloir* et *le pouvoir* (par exemple en parlant des Athéniens à la veille de l'expédition de Sicile :

1. *Notes complémentaires*, p. 164.

2. La forme masculine se trouve en I, 73,2; les deux termes sont assez fréquemment utilisés par les auteurs anciens.

VI.78.1 «Καὶ εἴ τῳ ἄρα παρέστηκεν τὸν μὲν Συρακόσιον, αὐτὸν δὲ οὔ, πολέμιον εἶναι τῷ Ἀθηναίῳ,»

βούλεται μὲν γὰρ τοὺς Συρακοσίους λέγειν καὶ τοὺς Ἀθηναίους, πεποίηκεν δὲ τῶν ὀνομάτων ἑκάτερον ἑνικόν. Καὶ ἐν οἷς φησιν·

IV.10.3 «Καὶ τὸν πολέμιον δεινότερον ἕξομεν, μὴ ῥᾳδίας αὐτῷ πάλιν οὔσης τῆς ἀναχωρήσεως,»

τοὺς γὰρ πολεμίους ἐσχημάτικεν ἑνικῶς, οὐχὶ πληθυντικῶς.

2 **Ἀντὶ δὲ τοῦ ἑνικοῦ τὸ πληθυντικὸν παραλαμβάνει, τοῦτον τὸν τρόπον ἐξαλλάττων τὴν συνήθη φράσιν· κεῖται δὲ ἡ λέξις ἐν τῷ προοιμίῳ τοῦ ἐπιταφίου·**

II.35.2 «Μέχρι γὰρ τοῦδε ἀνεκτοὶ οἱ ἔπαινοί εἰσιν περὶ ἑτέρων λεγόμενοι, ἐς ὅσον ἂν καὶ αὐτὸς ἕκαστος οἴηται ἱκανὸς εἶναι δρᾶσαί τι ὧν ἤκουσεν·»

τὸ γὰρ *ἕκαστος* **καὶ τὸ** *ἤκουσεν* **ἑνικά, τὰ δ' ἐπιφερόμενα τούτοις πληθυντικῶς ἐξενήνεκται·**

«τῷ δὲ ὑπερβάλλοντι αὐτὸν φθονοῦντες ἤδη καὶ ἀπιστοῦσιν·»

⟨οἱ γὰρ ἐπιτάφιοι λόγοι⟩ οὐ καθ' ἑνὸς λέγεσθαι πεφύκασιν, ἀλλὰ κατὰ πολλῶν.

10. 1 **Ἀρρενικῶν δὲ καὶ θηλυκῶν καὶ οὐδετέρων ἀντιμετατάξεις ἐκβεβηκυῖαι τῶν συνήθων σχημάτων αἱ τοιαίδε εἰσίν, ὅταν τὴν μὲν ταραχὴν** *τάραχον* **καλῇ τὸ θηλυκὸν ἐκφέρων ἀρρενικῶς καὶ τὴν ὄχλησιν** *ὄχλον*, **τὴν δὲ βούλησιν καὶ τὴν δύναμιν τὸ** *βουλόμενον* **λέγῃ καὶ τὸ** *δυνάμενον* **(ὡς ἐπὶ τῶν Ἀθηναίων τέθηκεν, ὅτε τὴν εἰς Σικελίαν ἀπέστελλον στρατιάν·**

1 εἴ τῳ Thuc. : οὕτως codd. || 2 αὐτὸν Krueger : αὑτὸν codd. ἑαυτὸν Thuc. || τῷ Ἀθηναίῳ Thuc. : τῶν Ἀθηναίων codd. || 12 ἐν DS : non hab. PN || 18 τῷ δὲ ὑπερβάλλοντι PN : τὸ δὲ ὑπερβάλλον DS || αὐτὸν PN Thuc.[pl.] : αὐτῶν DS Thuc.[E] || 20 οἱ — λόγοι addidi : lac. susp. Us. || 24 ὅταν PN : οἷον DS || καλῇ P : καλεῖ NDS || 27 τέθηκεν Us. : τέθεικεν codd.

VI.24.2 Les Athéniens, dans leur vouloir[1], *ne furent pas détournés par l'embarras des préparatifs ;)*

ou même quand, dans le passage sur les Thessaliens,

IV.78.3 si bien que, si les Thessaliens n'avaient pas tenu l'autorité, plus que l'égalité, pour particulier au pays,

il met au neutre un féminin. Le sens de cette dernière phrase est en effet à peu près : «si bien que, si les Thessaliens n'avaient pas tenu l'autorité, plus que l'égalité, pour particulière au pays».

Les cas

11. 1 Quand il détourne de leur emploi habituel le cas des noms propres, des noms communs, des participes, ou des articles[2], voici comment il formule son énoncé :

VIII.64.5 Les cités, qui avaient acquis de la modération et de l'assurance dans l'action, marchaient vers l'indépendance complète, car ils n'accordaient pas grand crédit à la fallacieuse législation imposée par les Athéniens.

2 Pour formuler un énoncé conforme à l'usage courant, il fallait, en accord avec le genre féminin du substantif, prendre la déclinaison féminine du participe[3], et, de plus, construire le participe avec un accusatif au lieu d'un génitif, de la façon suivante : «les cités, qui avaient acquis de la modération et de l'assurance dans l'action, marchaient vers l'indépendance complète, car elles n'appréciaient guère la fallacieuse législation imposée par les Athéniens». En faisant rapporter un masculin à un féminin, comme le fait Thucydide, et en

1. *Notes complémentaires*, p. 164.

2. Cette énumération traduit l'agacement de Denys qui ne veut pas s'astreindre à tout détailler avec précision.

3. Pour plus de clarté, ce participe a été traduit par un verbe au mode personnel avec un sujet masculin (au lieu du féminin attendu) «ils n'accordaient». Quant à la remarque suivante, sur la construction du verbe προτιμάω, elle est troublante : les manuscrits de Thucydide mettent en effet à l'accusatif un autre substantif («autonomie») dont ils font le complément du participe.

VI.24.2 Οἱ δὲ Ἀθηναῖοι τὸ μὲν βουλόμενον οὐκ ἀφηρέθησαν ὑπὸ τοῦ ὀχλώδους τῆς παρασκευῆς,)

καὶ ἐν οἷς περὶ τῶν Θεσσαλῶν εἴρηκεν·

IV.78.3 Ὥστε εἰ μὴ δυναστείᾳ μᾶλλον ἢ ἰσονομίᾳ ἐχρῶντο τῷ ἐπιχωρίῳ οἱ Θεσσαλοί·

καὶ γὰρ ἐνταῦθα οὐδέτερον πεποίηκεν τὸ θηλυκόν. Ἦν δὲ τὸ σημαινόμενον ὑπὸ τῆς λέξεως τοιόνδε· «ὥστε εἰ μὴ δυναστείᾳ μᾶλλον ἢ ἰσονομίᾳ ἐχρῶντο τῇ ἐπιχωρίῳ οἱ Θεσσαλοί».

11. 1 Ἐν οἷς δὲ τὰς πτώσεις τῶν ὀνομάτων καὶ τῶν προσηγοριῶν καὶ τῶν μετοχῶν καὶ ⟨τῶν⟩ συναπτομένων τούτοις ἄρθρων ἐξαλλάττει τοῦ συνήθους, οὕτως σχηματίζει τὴν φράσιν·

VIII.64.5 Σωφροσύνην γὰρ λαβοῦσαι αἱ πόλεις καὶ ἄδειαν τῶν πρασσομένων ἐχώρησαν ἐπὶ τὴν ἄντικρυς ἐλευθερίαν, τῆς ἀπὸ τῶν Ἀθηναίων ὑπούλου εὐνομίας οὐ προτιμήσαντες.

2 Οἱ μὲν γὰρ ἀκολούθως τῇ κοινῇ συνηθείᾳ σχηματίζοντες τὴν φράσιν τῷ τε θηλυκῷ γένει τῆς προσηγορίας τὸ θηλυκὸν ἂν ἔζευξαν μόριον τῆς μετοχῆς, καὶ τὴν πτῶσιν τὴν αἰτιατικὴν ⟨ἂν⟩ ἀντὶ τῆς γενικῆς ἔταξαν τὸν τρόπον τόνδε· «σωφροσύνην γὰρ λαβοῦσαι αἱ πόλεις καὶ ἄδειαν τῶν πρασσομένων ἐχώρησαν ἐπὶ τὴν ἄντικρυς ἐλευθερίαν, τὴν ἀπὸ τῶν Ἀθηναίων ὕπουλον εὐνομίαν οὐ προτιμήσασαι.» Οἱ δὲ τὰ ἀρρενικὰ τοῖς θηλυκοῖς συντάττοντες, ὥσπερ οὗτος πεποίηκεν, ⟨καὶ⟩ τὰς γενικὰς ἀντὶ

1 Ἀθηναῖοι non hab. Thuc. || βουλόμενον codd. : ἐπιθυμοῦν τοῦ πλοῦ Thuc. || ἀφηρέθησαν codd. : ἐξηρέθησαν Thuc. || 4-5 τῷ ἐπιχωρίῳ codd. : τὸ ἐγχώριον Thuc. || 11 τῶν add. Herwerden || 13 τὴν φράσιν DS : τῇ φράσει PN del. Us. || 15-16 τῆς ἀπὸ codd. Thuc.[edd.] : τὴν ὑπὸ Thuc.[codd.] || 16 ὑπούλου εὐνομίας codd. Thuc.[edd.] : ὕπουλον αὐτονομίαν Thuc.[pl.] ὕπουλον εὐνομίαν Thuc.[c] || 19 ἂν ἔζευξαν Herwerden : ἀντέζευξαν codd. || τῆς μετοχῆς transposui : post πτῶσιν codd. del. Us. || 20 ἂν add. Herwerden || 24-25 συντάττοντες Us. : συνέταττον codd. || 25 καὶ add. Us.

mettant un génitif à la place de l'accusatif, on commet ce que nous appellerions actuellement un solécisme[1].

3 Voici un autre exemple du même genre :

IV.10.2 « au lieu de nous laisser impressionner par leur nombre ; »

dans la formulation de cette phrase, il convenait d'user non du datif, mais d'un accusatif[2] : « au lieu de laisser le nombre des ennemis nous impressionner ». On ne dirait pas en effet « craindre par la colère des dieux », mais bien « craindre la colère des dieux ».

Les temps des verbes

12. 1 L'énoncé qui ne respecte pas la concordance des temps pour les verbes, c'est par exemple :

II.39.4 « Pourtant si, nonchalamment plutôt qu'après un entraînement aux épreuves, et avec un courage tenant moins aux lois qu'à notre caractère, nous acceptions le danger, il nous reste une supériorité : ne pas souffrir à l'avance des maux à venir et, une fois confrontés à l'événement, nous montrer tout aussi hardis que les gens continuellement à la peine ».

Là en effet, le verbe *nous acceptions* indique un futur[3] ; *il nous reste* est un présent. Il serait grammaticalement correct, après *nous acceptions*, de mettre « il nous restera ».

2 <Autre exemple> :

IV. 10. 3. « La difficulté d'accès à cette place, je la crois en notre faveur : si nous tenons bon, elle est notre alliée ; si nous reculons, le passage, si malaisé soit-il, sera sans encombre. »

En effet, *est* est au présent, *sera* est un futur ; de plus, dans l'usage des cas, la formulation est incohérente, car Thucydide a mis au génitif le substantif participial μενόντων et le pronom « nous » (= « si nous tenons »), et au

1, 2, 3. *Notes complémentaires*, p. 164-165.

τῶν αἰτιατικῶν πτώσεων παραλαμβάνοντες σολοικίζειν ἂν ὑφ' ἡμῶν λέγοιντο.

3 Καὶ ἔτι τὰ τοιαῦτα·

IV.10.2 «καὶ μὴ τῷ πλήθει αὐτῶν καταπλαγέντες·»

οὐ γὰρ ἐπὶ τῆς δοτικῆς πτώσεως ἐσχηματίσθαι τὴν λέξιν ἥρμοττεν, ἀλλ' ἐπὶ τῆς αἰτιατικῆς· «καὶ μὴ τὸ πλῆθος τῶν πολεμίων καταπλαγέντες.» Οὐδὲ γὰρ «τῇ παρὰ τῶν θεῶν ὀργῇ φοβεῖσθαι» λέγοιτ' ἄν τις, ἀλλὰ «τὴν τῶν θεῶν ὀργήν».

12. 1 Ἡ δὲ παρὰ τοὺς χρόνους τῶν ῥημάτων ἐκβεβηκυῖα τὸ κατάλληλον φράσις τοιαύτη τίς ἐστι·

II.39.4 Καίτοι εἰ ῥᾳθυμίᾳ μᾶλλον ἢ πόνων μελέτῃ, καὶ μὴ μετὰ νόμων τὸ πλέον ἢ τρόπων ἀνδρείας ἐθέλοιμεν κινδυνεύειν, περιγίνεται ἡμῖν τοῖς τε μέλλουσιν ἀλγεινοῖς μὴ προκάμνειν καὶ ἐς αὐτὰ ἐλθοῦσι μὴ ἀτολμοτέροις τῶν ἀεὶ μοχθούντων φαίνεσθαι.

Ἐνταῦθα γὰρ τὸ μὲν *ἐθέλοιμεν* ῥῆμα τοῦ μέλλοντός ἐστι χρόνου δηλωτικόν, τὸ δὲ *περιγίγνεται* τοῦ παρόντος. Ἀκόλουθον δ' ἂν ἦν, εἰ συνέζευξεν τῷ *ἐθέλοιμεν* τὸ «περιέσται».

2 ⟨Καὶ ἔτι τὰ τοιαῦτα⟩·

IV.10.3 «Τοῦ τε γὰρ χωρίου τὸ δυσέμβατον ἡμέτερον νομίζω, ὃ μενόντων μὲν ἡμῶν σύμμαχον γίνεται· ὑποχωρήσασι δὲ καίπερ χαλεπὸν ὂν εὔπορον ἔσται.»

Τὸ μὲν γὰρ *γίνεται* τοῦ παρόντος ἐστί, τὸ δὲ *ἔσται* τοῦ μέλλοντος χρόνου δηλωτικόν. Γέγονεν δὲ καὶ παρὰ τὰς πτώσεις σχηματισμὸς ἀκατάλληλος· ἐπὶ μὲν γὰρ τῆς γενικῆς πτώσεως ἐξενήνοχεν τό τε μετοχικὸν ὄνομα τὸ *μενόντων* καὶ τὸ ἀντονοματικὸν τὸ *ἡμῶν*, ἐπὶ δὲ τῆς

13 ἐθέλοιμεν codd. Thuc.[pl.] : ἐθέλομεν Thuc.[c] || 15 ἀτολμοτέροις codd. : -τέρους Thuc. || 21 καὶ — τοιαῦτα addidi : lac. susp. Herwerden || 23 ὃ non hab. Thuc. || 29 καὶ τὸ DS : καὶ PN || ἀντονοματικὸν PN : ἀντωνυμικὸν DS.

datif ὑποχωρήσασι (= «si nous reculons»); il eût été plus approprié de mettre aussi cette dernière expression au génitif[1].

Signifiant = Signifié

13. 1 Lorsqu'il opère un transfert de la chose signifiée au signifiant, ou du signifiant au signifié, voici comment il formule son énoncé :

VI.35.1 Chez les Syracusains, le peuple, les uns contre les autres, étaient en violente querelle.

Après avoir proposé un substantif singulier, *le peuple*, il a modifié l'énoncé, opérant un transfert de ce substantif à l'objet signifié qui est au pluriel, les Syracusains.

2 Et de même :

V.4.2 «Les Léontins, une fois les Athéniens partis de Sicile à la suite de l'accord, admirent beacoup de nouveaux citoyens, et le peuple projeta de repartager la terre.

Du substantif pluriel, *les Léontins*, il est passé par transfert au substantif singulier, *le peuple*[2].

<...>

Chose = Personne

14. 1 Les choses chez lui sont personnifiées. C'est le cas dans la harangue des Corinthiens aux Lacédémoniens ; le Corinthien, pour demander aux protecteurs du Péloponnèse de sauvegarder, vis-à-vis des cités du dehors, la réputation de cette terre telle qu'ils l'ont reçue de leurs ancêtres, s'exprime ainsi :

I.71.7 «Voilà; décidez bien, et le Péloponnèse, tâchez de le conduire au dehors aussi grand que vos pères vous l'ont remis».

Il a mis ici le verbe ἐξηγεῖσθαι pour «promouvoir au dehors le Péloponnèse, vous qui le conduisez», ce qui ne

1. Denys réclame donc des constructions strictement parallèles ; il n'apprécie guère les ruptures de construction comme effets de style. A remarquer l'expression «substantif participial» pour désigner le participe du génitif absolu ; cette expression est aussi utilisée dans le même sens par Apollonios Dyscole (*Synt.* 84, 23).

2. *Notes complémentaires*, p. 165.

δοτικῆς τὸ *ὑποχωρήσασιν*· **οἰκειότερον δ' ἦν καὶ τοῦτο κατὰ τὴν αὐτὴν ἐξενηνέχθαι πτῶσιν.**

13. 1 **Ὅταν δὲ πρὸς τὸ σημαῖνον ἀπὸ τοῦ σημαινομένου πράγματος τὴν ἀποστροφὴν ποιῆται ἢ πρὸς τὸ σημαινόμενον ἀπὸ τοῦ σημαίνοντος, οὕτως σχηματίζει τὸν λόγον·**

VI.35.1 Τῶν δὲ Συρακοσίων ὁ δῆμος ἐν πολλῇ πρὸς ἀλλήλους ἔριδι ἦσαν.

Προθεὶς γὰρ ἑνικὸν ὄνομα τὸν *δῆμον*, **ἀπέστρεψεν ἀπὸ τούτου τὸν λόγον ἐπὶ τὸ σημαινόμενον πρᾶγμα πληθυντικὸν ὑπάρχον, τοὺς Συρακοσίους.**

2 **Καὶ αὖθις·**

V.4.2 Λεοντῖνοι γὰρ ἀπελθόντων Ἀθηναίων ἐκ Σικελίας μετὰ τὴν σύμβασιν, πολίτας τε ἐπεγράψαντο πολλοὺς καὶ ὁ δῆμος ἐπενόει τὴν γῆν ἀναδάσασθαι· **ἀπὸ γὰρ τοῦ πληθυντικοῦ ὀνόματος τοῦ** *Λεοντῖνοι* **ἀπέστρεψεν τὸν λόγον ἐπὶ τὸ ἑνικὸν ὄνομα** *τὸν δῆμον* ⟨........................⟩

14. 1 **Πρόσωπα δὲ παρ' αὐτῷ τὰ πράγματα γίνεται, καθάπερ ἐν τῇ Κορινθίων πρὸς Λακεδαιμονίους δημηγορίᾳ γέγονεν· ἀξιῶν γὰρ ὁ Κορίνθιος τοὺς προεστηκότας τῆς Πελοποννήσου φυλάττειν αὐτῆς τὸ ἀξίωμα πρὸς τὰς ἔξω πόλεις, οἷον παρὰ τῶν πατέρων παρέλαβον, ταῦτα λέγει·**

I.71.7 « Πρὸς τάδε βουλεύεσθε εὖ, καὶ τὴν Πελοπόννησον πειρᾶσθε μὴ ἐλάσσον' ἐξηγεῖσθαι ἢ οἱ πατέρες ὑμῖν παρέδοσαν. »

Τὸ γὰρ *ἐξηγεῖσθαι* **νῦν τέθηκεν ἐπὶ τοῦ « προάγειν ἔξω τὴν Πελοπόννησον ἡγουμένους αὐτῆς ». Τοῦτο δὲ τῇ χώρᾳ**

3 σημαῖνον DS : σημαινόμενον PN ‖ 15 ἐπενόει post τὴν γῆν Thuc. ‖ 17 post δῆμον lac. susp. Krueger ‖ 24 βουλεύεσθε S Thuc. : -θαι PND ‖ 25 ἐλάσσον' Us. : ἔλασσον PN ἔλαττον DS ἐλάσσω Thuc.

saurait arriver à un territoire, mais qui peut se faire pour la réputation et tout ce qui en relève ; et c'est bien là ce que Thucydide veut indiquer[1].

2 On voit de même chez lui les choses remplacer les personnes, par exemple dans le discours prononcé par le délégué corinthien devant les Lacédémoniens, où il compare les Athéniens aux Lacédémoniens :

I.70.2 «Eux sont novateurs, vifs pour concevoir et exécuter effectivement leurs décisions. Vous, vous êtes bons pour conserver vos biens, ne rien décider, ne réaliser effectivement pas même l'indispensable.»

Jusque-là, l'énoncé est parfaitement correct dans sa formulation, vu qu'il y est question de personnes dans les deux cas. 3 Mais dans la suite, il y a rupture de construction pour l'une des parties ; les personnes sont remplacées par une chose quand, à propos des Lacédémoniens, il dit :

70.3 «Et puis, eux sont hardis au-delà de leurs forces, aventureux au-delà de la réflexion, et dans les mauvaises passes, optimistes ; votre façon à vous, c'est d'agir en deçà de vos forces, et de ne pas même vous fier aux certitudes de la réflexion.»

Car *votre façon* est mis à la place de «vous», une chose[2] remplaçant la personne.

Abus des incidentes

15. 1 Dans les raisonnements et les expressions de la pensée, les parenthèses qui, par leur nombre et leur maladresse à parvenir à leur terme, rendent l'énoncé difficile à suivre sont légion dans l'ensemble de son histoire ; deux exemples suffiront, tirés de l'Introduction.

Voici l'une de ces parenthèses, où il montre la faiblesse de la Grèce dans l'Antiquité et en donne la cause :

1, 2. *Notes complémentaires*, p. 165.

μὲν ἀδύνατον ἦν συμβῆναι, τῇ δὲ δόξῃ καὶ τοῖς πράγμασιν τοῖς περὶ αὐτὴν ὑπάρχουσιν δυνατόν, καὶ βούλεται τοῦτο δηλοῦν.

2 **Πράγματα δὲ ἀντὶ σωμάτων τὰ τοιαῦτα ὑπ' αὐτοῦ γίνεται· λέγεται δὲ ὑπὸ τοῦ Κορινθίων πρεσβευτοῦ πρὸς Λακεδαιμονίους συγκρίνοντος τά τε Ἀθηναίων καὶ Λακεδαιμονίων·**

I.70.2 « Οἱ μέν γε νεωτεροποιοὶ καὶ ἐπινοῆσαι ὀξεῖς καὶ ἐπιτελέσαι ἔργῳ ὃ ἂν γνῶσιν· ὑμεῖς δὲ τὰ ὑπάρχοντά τε σῴζειν καὶ ἐπιγνῶναι μηδὲν καὶ ἔργῳ οὐδὲ τὰ ἀναγκαῖα ἐξικέσθαι. »

Μέχρι μὲν οὖν τούτων τὸ σχῆμα τῆς λέξεως σῴζει τὴν ἀκολουθίαν, ὡς ἐπὶ προσώπων ἀμφοτέρων κείμενον. 3 **Ἔπειτα ἀποστρέφεται κατὰ θάτερον τῶν μερῶν ὁ λόγος, καὶ ἀντὶ τῶν σωμάτων πρᾶγμα γίνεται ⟨τὸ⟩ περὶ τοὺς Λακεδαιμονίους, ὅταν φῇ·**

70.3 « Αὖθις δὲ οἱ μὲν καὶ παρὰ δύναμιν τολμηταὶ καὶ παρὰ γνώμην κινδυνευταὶ καὶ ἐν τοῖς δεινοῖς εὐέλπιδες· τὸ δὲ ὑμέτερον τῆς τε δυνάμεως ἐνδεᾶ πρᾶξαι τῆς τε γνώμης μηδὲ τοῖς βεβαίοις πιστεῦσαι. »

Τὸ γὰρ *ὑμέτερον* **ἀντὶ τοῦ « ὑμεῖς » παρείληπται, πρᾶγμα ὑπάρχον ἀντὶ τοῦ σώματος.**

15. 1 **Ἐν δὲ τοῖς ἐνθυμήμασίν τε καὶ νοήμασιν, αἱ μεταξὺ παρεμπτώσεις πολλαὶ γινόμεναι καὶ μόλις ἐπὶ τὸ τέλος ἀφικνούμεναι, δι' ἃς ἡ φράσις δυσπαρακολούθητος γίνεται, πλεῖσται μέν εἰσιν καθ' ὅλην τὴν ἱστορίαν· ἀρκέσουσι δὲ ἐκ τοῦ προοιμίου δύο ληφθεῖσαι μόναι, ἥ τε δηλοῦσα τὴν ἀσθένειαν τῶν ἀρχαίων τῆς Ἑλλάδος πραγμάτων καὶ τὰς αἰτίας ἀποδιδοῦσα·**

9 ἂν γνῶσιν NDS Thuc. : ἀνάγνωσιν P || 14 τῶν codd. : del. Us. τὸ add. Us. || 18 πρᾶξαι DS Thuc. : πάρξαι PN || 19 post πιστεῦσαι hab. τῶν δεινῶν μηδέποτε οἴεσθαι ἀπολυθήσεσθαι (ἀποστήσεσθαι S) DS 21 ὑπάρχον NDS : ὑπάρχων P || τοῦ del. Us.

I.2.2 Comme le commerce n'existait pas, qu'ils n'avaient pas de relations confiantes les uns avec les autres ni sur terre ni par mer, qu'ils tiraient chacun de leur pays juste de quoi vivre, qu'ils n'avaient aucune réserve d'argent et ne cultivaient pas la terre, car on ne savait jamais qui viendrait, en l'absence de fortifications, pour tout piller, comme ils se disaient aussi qu'ils pourraient se procurer n'importe où ailleurs les vivres indispensables, ils émigraient sans difficulté.

<Car s'il avait ajouté *ils émigraient sans difficulté*> à la première période[1] et avait formulé l'énoncé ainsi : «Comme le commerce n'existait pas, qu'ils n'avaient pas de relations confiantes les uns avec les autres ni sur terre ni par mer, qu'ils tiraient chacun de leur pays juste de quoi vivre, ils émigraient sans difficulté», il aurait rendu l'idée plus claire ; l'insertion d'incidentes nombreuses en a fait un énoncé obscur et difficile à suivre.

2 Le second exemple[2] concerne l'expédition d'Eurysthée contre l'Attique :

I.9.2 Comme Eurysthée était mort en Attique sous les coups des Héraclides, qu'Atrée était le frère de sa mère, et qu'Eurysthée avait confié, en partant, Mycènes et son empire, étant donné leur parenté, à Atrée (celui-ci se trouvait exilé par son père à cause de la mort de Chrysippos), et comme Eurysthée n'était plus revenu, selon les vœux mêmes des Mycéniens qui craignaient les Héraclides, et comme de plus il semblait un homme puissant et qu'il avait flatté le peuple, Atrée reçut la royauté de Mycènes et de tous les pays où régnait Eurysthée.

1. Pour Denys, la première période comprend le génitif absolu, et les deux premiers participes apposés au sujet (ce qui l'oblige à modifier légèrement le texte, et mettre δέ à la place du corrélatif τε).

2. A partir de là, Denys, retombant dans ses ornières habituelles, se contente de citer les exemples sans les commenter. Peut-être se sent-il de plus en plus gêné pour justifier par le menu les assertions rédigées un peu trop hâtivement dans le chapitre 24 du *Thucydide*.

I.2.2 Τῆς γὰρ ἐμπορίας οὐκ οὔσης, οὐδὲ ἐπιμιγνύντες ἀδεῶς ἀλλήλοις οὔτε κατὰ γῆν οὔτε διὰ θαλάσσης, νεμόμενοί τε τὰ αὑτῶν ἕκαστοι ὅσον ἀποζῆν καὶ περιουσίαν χρημάτων οὐκ ἔχοντες οὔτε γῆν φυτεύοντες, ἄδηλον ὂν πότε τις ἐπελθὼν καὶ ἅμ' ἀτειχίστων ὄντων ἄλλος ἀφαιρήσεται, τῆς τε ἀναγκαίου τροφῆς πανταχοῦ ἂν ὁμοίως ἐπικρατήσειν οἰόμενοι οὐ χαλεπῶς ἀνίσταντο.

⟨Εἰ γὰρ τὸ *οὐ χαλεπῶς ἀνίσταντο*⟩ **προσέθηκεν τῇ πρώτῃ περιόδῳ καὶ ἐσχημάτισεν οὕτως· « τῆς γὰρ ἐμπορίας οὐκ οὔσης, οὐδ' ἐπιμιγνύντες ἀδεῶς ἀλλήλοις οὔτε κατὰ γῆν οὔτε διὰ θαλάσσης, νεμόμενοι δὲ τὰ ἑαυτῶν ἕκαστοι ὅσον ἀποζῆν, οὐ χαλεπῶς ἀνίσταντο », φανερωτέραν ἂν ἐποίει τὴν διάνοιαν· τῇ δὲ παρεμβολῇ τῶν μεταξὺ πραγμάτων, πολλῶν ὄντων, ἀσαφῆ καὶ δυσπαρακολούθητον πεποίηκεν.**

2 **Καὶ ἡ περὶ τῆς Εὐρυσθέως στρατείας ἐπὶ τὴν Ἀττικὴν ἥδε·**

I.9.2 Εὐρυσθέως ἐν τῇ Ἀττικῇ ὑπὸ Ἡρακλειδῶν ἀποθανόντος, Ἀτρέως δὲ μητρὸς ἀδελφοῦ ὄντος αὐτῷ, καὶ ἐπιτρέψαντος Εὐρυσθέως, ὅτ' ἐστράτευε, Μυκήνας τε καὶ τὴν ἀρχὴν κατὰ τὸ οἰκεῖον Ἀτρεῖ· τυγχάνειν δὲ αὐτὸν φεύγοντα τὸν πατέρα διὰ τὸν Χρυσίππου θάνατον· καὶ ὡς οὐκέτι ἀνεχώρησεν Εὐρυσθεύς, βουλομένων καὶ τῶν Μυκηναίων φόβῳ τῶν Ἡρακλειδῶν, καὶ ἅμα δυνατὸν δοκοῦντα εἶναι καὶ τὸ πλῆθος τεθεραπευκότα τῶν Μυκηναίων τε καὶ ὅσων Εὐρυσθεὺς ἦρχεν τὴν βασιλείαν Ἀτρέα παραλαβεῖν.

3 αὑτῶν N : αὐτῶν PDS ἑαυτῶν Thuc. || 4 πότε P : ὁπότε DS Thuc. μήποτε N || 5 ἅμ' ἀτειχίστων N : ἅμα τειχιστῶν P ἅμα ἀτειχίστων DS ἀτειχίστων ἅμα Thuc. || post τῆς τε hab. καθ' ἡμέραν Thuc. || 6 ἂν ὁμοίως DS : ἀνομοίως ὡς PN ἂν Thuc. || ἐπικρατήσειν οἰόμενοι PND : οἰόμενοι ἐπικρατεῖν S ἡγούμενοι ἐπικρατεῖν Thuc. || 7 ἀνίσταντο codd. : ἀπανίσταντο Thuc. || 8 εἰ — ἀνίσταντο add. Us. || προσέθηκεν Us. : προστεθὲν codd. || 9 ἐσχημάτισεν Us. : σχηματισθὲν codd. || 11 οὔτε διὰ θαλάσσης NS : non hab. PD || 15 στρατείας Estienne : στρατιᾶς codd. || 19 post Εὐρυσθέως hab. μὲν Thuc. || 22 Μυκηναίων NDS Thuc. : Μηκυναίων P || 24 ὅσων DS Thuc. : ὡς τῶν PN.

Expressions tortueuses

16. 1 Quand la mise en œuvre des idées est tortueuse, enchevêtrée, difficile à démêler, elle prend la forme suivante (c'est un extrait tiré du discours funèbre) :

II.42.4 « Trouvant le châtiment des adversaires plus désirable que ces biens, et considérant aussi le risque à courir comme beau entre tous, ils voulurent en le courant châtier les uns, ambitionner les autres; remettant à l'espérance l'incertain du succès, mais dans l'action, pour ce qui était déjà visible, préférant se fier à eux seuls, estimant préférable de périr en se défendant plutôt que de se sauver en cédant, ils ont évité la honte devant l'histoire; ils ont su dans l'action payer de leurs personnes; par le hasard d'un bref instant du destin, c'est au sommet de la gloire et non de la peur qu'ils s'en sont allés. »

2 Du même style est le passage où l'historien parle de Thémistocle[1] au livre I :

I.138.3 Thémistocle en effet était un homme qui montra très constamment la vigueur de sa nature, et mérita, à cet égard, plus qu'un autre, une admiration exceptionnelle. Par son intelligence personnelle, à laquelle l'étude n'avait ni préparé les voies ni rien ajouté, il était excellent pour donner son avis instantanément après un minimum de réflexion, et parfait pour imaginer l'avenir à long terme. Une affaire était-elle entre ses mains, il savait aussi l'exposer; n'en avait-il pas l'expérience, il n'en était pas moins capable d'en juger convenablement. Les avantages et les inconvénients, il savait les prévoir dans ce qui était obscur encore. Pour tout dire, par les ressources de sa nature, le peu de peine qu'il prenait, cet homme fut sans pareil pour improviser ce qu'il fallait.

1. Denys a fait allusion à la redondance de ce passage dans le *Thucydide*. 8.2. et il en a cité le début précédemment, dans la *Lettre*. 4.1.

16. 1 **Ἐν οἷς δὲ σκολιὰ καὶ πολύπλοκος καὶ δυσεξέλικτος ἡ τῶν ἐνθυμημάτων κατασκευὴ γίνεται, τοῦτον τὸν τρόπον ἔχει παρ' αὐτῷ· κεῖται δὲ ἐν τῷ ἐπιταφίῳ ἡ λέξις·**

II.42.4 « *Τὴν δὲ τῶν ἐναντίων τιμωρίαν ποθεινοτέραν αὐτῶν λαβόντες, καὶ κινδύνων ἅμα τόνδε κάλλιστον νομίσαντες, ἐβουλήθησαν τοὺς μὲν τιμωρεῖσθαι τῶν δ' ἐφίεσθαι, ἐλπίδι μὲν τὸ ἀφανὲς τοῦ κατορθώσειν ἐπιτρέψαντες, ἔργῳ δὲ περὶ τοῦ ἤδη ὁρωμένου σφίσιν αὐτοῖς ἀξιοῦντες πεποιθέναι· ἐν τῷ ἀμύνεσθαι παθεῖν μᾶλλον ἡγησάμενοι ἢ ἐνδόντες σῴζεσθαι, τὸ μὲν αἰσχρὸν τοῦ λόγου ἔφυγον, τὸ δ' ἔργον τῷ σώματι ὑπέμειναν, καὶ δι' ἐλαχίστου καιροῦ τύχης ἅμα ἀκμῇ τῆς δόξης μᾶλλον ἢ τοῦ δέους ἀπηλλάγησαν.* »

2 **Τοιαῦτά ἐστι καὶ τὰ περὶ Θεμιστοκλέους εἰρημένα ὑπὸ τοῦ συγγραφέως ἐν τῇ πρώτῃ βύβλῳ·**

I.138.3 *Ἦν γὰρ ὁ Θεμιστοκλῆς βεβαιότατα δὴ φύσεως ἰσχὺν δηλώσας καὶ διαφερόντως τι ἐς αὐτὸ μᾶλλον ἑτέρου ἄξιος θαυμάσαι. Οἰκείᾳ γὰρ ξυνέσει, καὶ οὔτε προμαθὼν εἰς αὐτὴν οὐθὲν οὔτ' ἐπιμαθών, τῶν τε παραχρῆμα δι' ἐλαχίστης βουλῆς κράτιστος γνώμων καὶ τῶν μελλόντων ἐπὶ πλεῖστον τοῦ γενησομένου ἄριστος εἰκαστής. Καὶ ἃ μὲν μετὰ χεῖρας ἔχοι, καὶ ἐξηγήσασθαι οἷός τε· ὧν δὲ ἄπειρος εἴη, κρῖναι ἱκανῶς οὐκ ἀπήλλακτο. Τό τε ἄμεινον ἢ χεῖρον ἐν τῷ ἀφανεῖ ἔτι προεώρα. Καὶ τὸ ξύμπαν εἰπεῖν, φύσεως μὲν δυνάμει, μελέτης δὲ βραχύτητι, κράτιστος δὴ οὗτος αὐτοσχεδιάζειν τὰ δέοντα ἐγένετο.*

6 post ἐβουλήθησαν hab. μετ' αὐτοῦ Thuc. || 8 ὁρωμένου σφίσιν DS Thuc. : ὁρωμένους φησὶν PN || ἐν τῷ codd. : καὶ ἐν αὐτῷ τὸ Thuc. || 9 παθεῖν codd. : καὶ παθεῖν Thuc. || post ἢ hab. τὸ Thuc. || 14 βύβλῳ Us. : βίβλῳ codd. || 18 οὐθὲν P : οὐδὲν NDS Thuc. || 21 οἷός τε· ὧν NDS Thuc. : οἷο στεων P || εἴη κρῖναι Thuc. : ἐπικρῖναι codd. || 22 post προεώρα hab. μάλιστα Thuc.

Figures voyantes

17. 1 Les formules puériles, antithèses, paromoioses ou parisoses, dont Gorgias et son école ont abusé, mais qui ne conviennent pas le moins du monde à ce type de style dont l'allure austère est à mille lieues de la joliesse, sont par exemple[1], chez l'historien :

I.2.1 On voit que ce qu'on appelle aujourd'hui la Grèce n'était pas jadis habité de façon stable,

ou encore

I.70.3 « Eux sont hardis au-delà de leurs forces, aventureux au-delà de la réflexion, et dans les mauvaises passes, optimistes. Votre façon à vous, c'est d'agir en deçà de vos forces, de ne pas même vous fier aux certitudes de la réflexion, de ne jamais penser pouvoir vous tirer des mauvaises passes ; »

ou bien quand, décrivant les malheurs qui ont fondu sur la Grèce du fait des troubles intérieurs, il écrit :

III.82.4 Une audace irraisonnée était tenue pour un courage altruiste, une attente prudente pour de la lâcheté déguisée ; la sagesse semblait le paravent du manque de courage, la compréhension de tout paraissait nonchalance pour tout.

On pourrait trouver mille exemples du même genre dans l'ensemble de son histoire ; ceux-ci suffisent pour ma démonstration[2].

2 Voilà, cher Ammée, le commentaire de détail reprenant chacun des points indiqués dans le traité général ; j'ai satisfait à ta demande.

1. Dans le premier exemple, Denys dénonce les paromoioses (καλουμένη - οἰκουμένη) ; dans le second, les parisoses et, à un moindre degré, les paromoioses ; dans le troisième, les parallélismes forcés constituant les figures voyantes condamnées déjà dans le *Thucydide*, 29, 5-6.

2. Sans donner aucune explication, Denys s'abstient donc de commenter la fin du passage cité (VII, 24, 10-12), où il était question de la brièveté de l'énoncé, des instruments du style, et de ses colorations.

17. 1 **Οἱ δὲ μειρακιώδεις σχηματισμοὶ τῶν ἀντιθέτων τε καὶ παρομοιώσεων καὶ παρισώσεων, ἐν οἷς οἱ περὶ τὸν Γοργίαν μάλιστα ἐπλεόνασαν, ἥκιστα τῷ χαρακτῆρι τούτῳ προσήκοντες, αὐστηρὰν ἔχοντι τὴν ἀγωγὴν καὶ τοῦ κομψοῦ πλεῖστον ἀφεστηκότι, τοιοῦτοί τινές εἰσι παρὰ τῷ συγγραφεῖ·**

I.2.1 Φαίνεται γὰρ ἡ νῦν καλουμένη Ἑλλὰς οὐ πάλαι βεβαίως οἰκουμένη·

καὶ ἔτι δέ·

I.70.3 « Οἳ μὲν καὶ παρὰ δύναμιν τολμηταὶ καὶ παρὰ γνώμην κινδυνευταὶ καὶ ἐν τοῖς δεινοῖς εὐέλπιδες· τὸ δ' ὑμέτερον τῆς τε δυνάμεως ἐνδεᾶ πρᾶξαι τῆς τε γνώμης μηδὲ τοῖς βεβαίοις πιστεῦσαι, τῶν δὲ δεινῶν μηδέποτε οἴεσθαι ἀπολυθήσεσθαι·»

καὶ ἐν οἷς τὰς καταλαβούσας τὴν Ἑλλάδα συμφορὰς διὰ τὰς στάσεις ἐπεξέρχεται, τοιάδε γράφων·

III.82.4 Τόλμα μὲν γὰρ ἀλόγιστος ἀνδρεία φιλέταιρος ἐνομίσθη, μέλλησις δὲ προμηθὴς δειλία εὐπρεπής, τὸ δὲ σῶφρον πρόσχημα τοῦ ἀνάνδρου, καὶ τὸ εἰς ἅπαν ξυνετὸν ἐπὶ πᾶν ἀργόν.

Πολλὰ τοιαῦτά τις ἂν εὕροι δι' ὅλης αὐτοῦ τῆς ἱστορίας λεγόμενα, ἱκανὰ δὲ καὶ ταῦτα δείγματος ἕνεκα εἰρῆσθαι.

2 **Ἔχεις, ὦ φίλε Ἀμμαῖε, τὰ παρατηρήματα καθ' ἕκαστον αὐτῶν ἐκ τῆς κοινῆς ἐξητασμένα πραγματείας, ὡς ἐπεζήτεις.**

2 παρομοιώσεων Herwerden : παρομοίων codd. || τὸν DS : τὸ P om. N || 4 τούτῳ DS : τούτου τῷ PN || 7 καλουμένη post Ἑλλὰς DS Thuc. || 11 καὶ ἐν τοῖς δεινοῖς εὐέλπιδες DS Thuc. : om. PN || 13 δὲ codd. : τε Thuc. || 18 μέλλησις : ἄσκησις S || 19 πρόσχημα post τοῦ ἀνάνδρου Thuc. || εἰς ἅπαν PN : εἰς ἅπαξ DS πρὸς ἅπαν Thuc. || 25 post ἐπεζήτεις hab. εὐτυχῶς Ἀμμαίῳ DS.

NOTES COMPLÉMENTAIRES

Page 44.

1. Indice de datation. La rédaction du traité *Sur l'Imitation* (en trois livres) a dû suivre la publication du traité *Sur les Orateurs Antiques* et du *Démosthène I* (cf. t. I, p. 25 sqq.); elle avait été interrompue par la requête de Pompée Géminos, et Denys, répondant à celui-ci, avait cité textuellement le passage du livre II relatif aux historiens, déjà rédigé mais non encore publié (pour une contestation de ce point, et une autre chronologie des opuscules, cf. en dernier K. S. Sachs, « Historiography in the Rhetorical Works of D. of H. », *Athenaeum*, LXI, 1983, p. 65-87). La demande d'Aelius Tubéron lui parvient au moment où, après la publication de l'*Imitation*, il travaille au traité critique sur Démosthène (Denys en effet avait pris l'habitude de joindre à chaque jugement sur les orateurs un traité critique où il dressait la liste de leurs œuvres et en discutait l'authenticité). Le *Thucydide*, le dernier des opuscules de la première période (avant les traités sur la *synthesis*), peut avoir été composé vers 15 avant J.-C.

2. Pour le maintien de ὁρώσης des manuscrits contre la correction en θηρώσης proposée par Usener, cf. W. Rhys Roberts, dans son compte rendu de l'édition d'Usener-Radermacher, *Classical Review*, 14, 1900, p. 452-455. Le verbe θηράω n'est employé par Denys qu'en V, 40, 1 (et l'adjectif θηρατός qu'en VI, 12, 6); il ne fait donc pas partie de son vocabulaire ordinaire. L'opposition entre προαίρεσις, le choix littéraire, l'intention, et δύναμις, la capacité ou le talent, est très fortement soulignée tout au long du *Thucydide*. A noter que ce couplage est caractéristique des traités de la première période (cf. II, 12, 8 ; 20, 2 ; IV, 2, 1 ; V, 2, 3 ; 16, 1 ; XI, 5, 6 dans un extrait de l'*Imitation*) ; dans ceux sur la *synthesis*, il n'apparaît qu'une fois (V, 41, 1, dans le *Démosthène II*).

Page 45.

2. Le texte des manuscrits fait difficulté. H. Weil (*R.E.G.*, 12, 1899, p. 319) le retient et construit : « ils nous reprocheront aussi que l'idée ne nous soit pas venue que nous allions paraître ... ». Usener corrige par <διὰ> τοῦθ' οὗτος ... que Pritchett, et Usher, traduisent à peu près par : « et c'est pourquoi il m'est venu la conviction que nous allions paraître ... ». Je propose une autre correction, οὐδ'<εἰ> οὗτος ... qui fait de ce membre de phrase une

incise, et met ὅτι δόξομεν sur le même plan que ὅτι τολμῶμεν. La phrase de Denys est très longue, d'où le fractionnement que j'ai opéré, visant à une meilleure intelligibilité de la traduction.

Page 46.

1. Même association des termes κανών et ὅρος en II, 18, 1 ; en V, 1, 3 (à propos de Thucydide); en V, 23, 1 (à propos de Platon), c'est-à-dire encore dans les opuscules de la première période. Le membre de phrase qui suit, avec un προαιρέσεις auquel devait répondre un δυνάμεις, semble peu à sa place ici (ambiguïté supplémentaire : quel est l'antécédent de ὧν?), comme l'a bien vu Kiessling.

Page 47.

1. C'est donc une véritable évaluation de la pensée et du style de Thucydide que veut faire Denys. On constate déjà ici un certain flottement dans la terminologie. Χαρακτήρ, qui d'ordinaire désigne précisément le type de style, a ici pour complément τῶν λόγων, terme beaucoup plus général. Dans les analyses qui vont suivre en effet, Denys tiendra compte de la pensée et du style (et pas seulement du style) pour caractériser l'individualité littéraire de Thucydide. Quand, un peu plus loin, Denys utilise le terme de χαρακτήρ tout seul, il est probable qu'il désigne par là le type littéraire, fond et forme.

Page 48.

1. Apelle, Polyclète et Phidias sont également cités dans le *Dinarque* (XII, 7, 7) pour représenter respectivement les ζωγράφοι, les πλάσται, et les γλυφεῖς. Le peintre Zeuxis est cité dans l'*Imitation* (IX, 1, 4). Polyclète et Phidias sont comparés à Isocrate pour la magnificence (III, 3, 6) et cités ensemble dans le *Démosthène II* (V, 50, 4). Les correspondances entre les diverses formes d'art, et plus particulièrement les comparaisons entre littérature et peinture, sculpture, architecture ou musique, étaient très à la mode au siècle d'Auguste (cf. aussi Strabon, I, 1, 23).

3. Tous ces historiens ne sont connus que par la tradition indirecte, et encore avec beaucoup d'incertitude sur leur identité exacte.

Eugéon de Samos = *F.Gr.H.* III B n° 535, T 1, auteur d'une histoire de Samos. Il serait cité dans une inscription de Priène du milieu du IIIe s. (= F 3).

Déiochos <de Cyzique> = *F.Gr.H.* III B n° 471, T 1. Il est cité dans beaucoup de scholies à Apollonios de Rhodes, et aussi par Stéphane de Byzance avec la mention : «de Cyzique», d'où la correction proposée par Jacoby.

<Bion> de Proconnèse = *F.Gr.H.* III B n° 332, T 2.

Eudème de Paros = *F.Gr.H.* III B n° 497. Mais Clément d'Alexandrie, *Strom.* 6, 26, 8 cite un Eudème de Naxos parmi les *historikoi*.

Démoclès de Phygéla (Pygéla *in* Strabon, XIV, 1, 20) avait notamment relaté les méfaits des tremblements de terre survenus en Lydie, Ionie et Troade (Strabon, I, 3, 17).

Hécatée de Milet = *F.Gr.H.* I n° 1, T 17 a, est le plus connu de cette liste.

Acousilaos d'Argos = *F.Gr.H.* I n° 2, T 2 est mieux connu depuis la découverte d'un papyrus d'Oxyrrhynchos, n° 1611, qui en donne un assez long extrait (cf. J. T. Kakridis, «Caeneus», *C.R.*, 61, 1947, p. 77-80).

Charon de Lampsaque = *F.Gr.H.* III A n° 262, T 3 a, est l'auteur de *Persica*, d'*Hellenica*, et aussi d'un *Voyage au-delà des Colonnes d'Hercule*.

Sur Amélésagoras, les avis sont partagés. Jacoby connaît un Amélésagoras d'Athènes = *F.Gr.H.* III B, n° 330, cité par Antigonos de Carystos, *Hist. Mir.* 18. Aussi propose-t-il de supposer une lacune et de restituer <καὶ ὁ Ἀθηναῖος> devant Amélésagoras. Dudith, suivi par Usener, modifie la graphie, et substitue Mélésagoras, nom attesté chez Clément d'Alexandrie, *Strom.* 6, 26, 8. Sur cette question complexe, cf. Pritchett, p. 52, n. 10.

Hellanicos de Lesbos = *F.Gr.H.* I, n° 4, T 5, historien prolixe, est l'auteur d'une histoire d'Athènes peu appréciée de Thucydide (I, 97) ; Strabon également est très critique à son égard (X, 2, 6 ; XI, 6, 2 ; XII, 3, 21 ; XIII, 1, 42).

Damastès de Sigée = *F.Gr.H.* I, n° 5, T 2, fut peut-être l'élève d'Hellanicos.

Xenomédès de Céos (ou de Chios, si l'on n'adopte pas la correction de Wilamovitz) = *F.Gr.H.* III B, n° 442, T 1, est cité dans *P. Oxy.* 1011, l. 54, comme étant de Céos.

Xanthos de Lydie = *F.Gr.H.* IV, n° 765, avait composé des *Lydiaca* (cf. Strabon, I, 3, 4). Il manque, dans cette liste des historiens, Phérécyde d'Athènes.

Page 49.

1. Texte ambigu, susceptible de corrections diverses. Ou bien μνῆμαι <ἢ> γραφαί, traditions orales <ou> traditions écrites ; ou bien μνῆμαι, ἐν ἱεραῖς... ἀποκείμεναι γραφαῖς, d'après une correction de Reiske, qui ne fait aucune distinction entre μνῆμαι et γραφαί. En 7.2, Denys suggère que, dans les μνῆμαι entrent beaucoup d'éléments légendaires. Pour une discussion sur la théorie proposée ici par Denys, cf. L. Trojani, «Contributo alle problematica dei rapporti fra storiografica greca e storiografica vicino-orientale», *Athenaeum*, LXI, 1983, 427-438.

Page 50.

1. Les manuscrits ont ici 240, tandis que dans la *Lettre à Pompée* (XI, 3, 14), Denys parle de 220 ans. Ce dernier nombre correspond au total des années qui séparent le début du règne de Candaule, en 700 (cf. Hérodote, I, 7-12), de la prise de Sestos en 479 (IX, 113-120). Aussi a-t-on tendance à prendre 240 pour une erreur de copiste (confusion des minuscules μ' et κ'; cf. par exemple Costil II p. 74). Mais H. Strasburger, «Herodots Zeitrechnung», *Historia*, 5, 1956, p. 129-161, explique le chiffre 240 par le recours à la première donnée fixée par Hérodote, l'intronisation de Gygès en 716 (avec référence à Pline, *Hist. Nat.* 35, 8, 55).

Page 51.

2. Pour le rôle de la fable, cf. par exemple Strabon, I, 2, 8, qui cite également Lamia, monstre féminin dont on se servait pour épouvanter les enfants. Pour les Naïades, Silènes et Satyres, cf. Strabon X, 3, 10. Euphorion (cf. A. Meineke, *Analecta Alexandrina*, Berlin, 1843, p. 60-61) voit dans les νηιάδες des sortes d'animaux sauvages qu'on trouvait à Samos et dont la voix était susceptible de fendre la terre; la source de l'information serait peut-être Eugéon, antique historien de Samos. Denys lui aussi, dans ses *Antiquités*, a recours aux fables (I, 8, 1).

3. Cf. 5, 3. Ici μνῆμαι, associé à ἀκουσμάτων, désigne bien les traditions orales qu'on se transmet de père en fils. Pour un commentaire de ce passage, cf. M. Detienne, *L'invention de la mythologie*, Paris, 1981, p. 146 sqq.

Page 52.

1. A qui Denys pense-t-il? Au ɪvᵉ s., ni Platon, ni Isocrate, ni Aristote ne parlent de Thucydide, et rien ne prouve que Démosthène l'ait pratiqué autant qu'on l'a dit; c'est pourtant sans doute à lui que songe Denys qui le présente, à la fin de l'opuscule, comme l'imitateur, et le seul, de Thucydide. «Les professeurs alexandrins ne se sont guère occupés de Thucydide, et ce n'est qu'au dernier siècle de l'ère païenne qu'on commença à s'intéresser à lui dans les écoles. La renaissance de l'atticisme en fit même un moment un auteur à la mode. Lucrèce s'inspira de sa description de la peste d'Athènes, et Salluste s'efforça de rivaliser avec lui. Cicéron, qui se sentit alors obligé de l'étudier, proteste contre cette vogue d'un auteur jugé par lui peu intelligible» (Denis Roussel, *Historiens Grecs* I, Paris, 1964, p. 677). Il est probable que Denys projette dans le passé la popularité dont jouissait Thucydide dans les milieux intellectuels romains qu'il fréquentait.

3. Cf. Thucydide, II, 65.

4. Pour Démosthénès le stratège, Thucydide ne fait qu'indiquer au fur et à mesure ses actions et leurs motivations. Pour Nicias,

bref éloge en VII, 86. Quant à Alcibiade, Thucydide en dresse un portrait rapide en VI, 15.

Page 53.

2. Pour l'union philosophie-rhétorique, cf. aussi plus haut 8, 1. Denys place l'histoire dans le genre rhétorique ; c'est pourquoi on allait y chercher des modèles pour les futurs orateurs (cf. Cicéron, *L'Orateur*, 30, ou *Brutus*, 287). Sur la valeur artistique de l'organisation de la matière chez Thucydide, cf. A. W. Gomme, *The Greek Attitude to Poetry and History*, Berkeley, 1954 (ce passage est commenté aux p. 134-136).

3. Cf. *Isée*, IV, 3, 5 où sont distinguées la division de la matière (μερισμοὶ τῶν πραγμάτων), l'ordonnance des idées (τάξις ἐνθυμημάτων) et leur mise en forme (ἐξεργασία). Même terminologie dans l'*Isocrate*, III, 4, 2, τάξις καὶ μερισμοὶ τῶν πραγμάτων καὶ ἡ κατ' ἐπιχείρημα ἐξεργασία, ou encore, avec des variantes, en III, 12, 2, τῇ τάξει τῶν ἐνθυμημάτων, καὶ τοῖς μερισμοῖς τῶν ἐπιχειρημάτων καὶ τῇ καθ' ἕκαστον εἶδος ἐξεργασίᾳ. Il est curieux de constater que μερισμός n'est utilisé que dans les *Orateurs Antiques*, et διαίρεσις, au sens où il est employé ici, que dans le *Thucydide*, et uniquement dans ce chapitre 9. Cf. G. M. A. Grube, *Greek and Roman Critics*, p. 226, qui y voit un nouveau mode de division.

4. La division par étés et hivers est blâmée aussi par Théon, *Progymnasmata*, 4, p. 184, 15 - 185, 7 Walz I (= p. 80 Spengel II), qui l'accuse de manquer de clarté et de nuire à la mémorisation.

Page 54.

2. Dans cette description cavalière du livre III, Denys lui aussi escamote bien des méandres du récit. Le livre III évoque en effet successivement : les événements de Mytilène (2-7), les menées lacédémoniennes (8-16), le siège de Mytilène par les Athéniens (18-19), le siège de Platées avec l'évasion de la moitié de la garnison (20-24), la suite de l'affaire de Mytilène (25-50), la reddition de Platées, dont Denys ne parle pas (50-68), les troubles de Corcyre (69-85), les Athéniens en Sicile (86-90), les attaques de la flotte athénienne contre le Péloponnèse (91), l'installation par les Lacédémoniens de la colonie d'Héraclée pour venir en aide aux Trachiniens et Doriens (92-93), les interventions de Démosthénès à Leucade et en Étolie (94-99), l'action d'Euryloque à Naupacte (100-102), les opérations des Athéniens en Sicile (103), la purification de Délos (104), l'expédition des Ambraciotes contre Argos d'Amphilochie (105-114).

Page 55.

1. En fait l'auteur des *Hellenica Oxyrhynchia* adopte le même système d'une chronologie par étés et hivers, preuve que Denys ne connaissait pas cette œuvre. Xénophon dans les *Hellenica*,

commence aussi son récit dans la tradition de Thucydide, en le divisant par étés et hivers, mais abandonne rapidement ce système, avant même la fin de la guerre : dès l'année 407, les indications sur la fin d'une année et le début de l'autre ne sont plus systématiques.

2. Denys ne précise pas quels sont les critiques qui adressent ces reproches à Thucydide ; lui-même ne semble pas les prendre à son compte, dans un premier temps du moins. Peut-être est-ce pour éviter de blesser Tubéron qu'il attribue à d'autres que lui des critiques légèrement différentes de celles qu'il avait formulées dans l'*Imitation* (XI, 3, 8-10), concernant le début et la fin de l'*Histoire*. Ici Denys en reste à un point de vue plus objectif.

3. Denys ne conserve pas la distinction, si souvent commentée, établie par Thucydide entre αἰτία, le motif, et πρόφασις, la cause la plus vraie. Dans le livre I, la comparaison entre les guerres du passé et la guerre présente occupe les vingt-trois premiers chapitres ; l'affaire de Corcyre et celle de Potidée, causes fictives de la guerre, les chapitres 24 à 87 ; la croissance de l'empire athénien, cause vraie de la guerre, les chapitres 88 à 116.

Page 56.

1. Il n'y a guère que dans le *Thucydide* que Denys compte par lignes de façon si précise (seule autre occurrence dans le *Démosthène*, 57, 2 où il parle des quelque cinquante ou soixante mille lignes laissées par l'orateur). Mais les chiffres ne semblent pas toujours cohérents, d'autant qu'on ne sait pas trop le nombre exact des chapitres visés par Denys. Ici les événements indiqués à la phrase précédente occupent les chapitres 24 à 87, soit 43 pages C.U.F. (une page C.U.F. contient en moyenne 29 lignes, et une ligne 43 lettres). Mais si on compare avec 33, 1 où Denys attribue une centaine de lignes aux chap. 82-83 du livre III (= 83 lignes C.U.F.), on peut penser que, par inadvertance, il vise ici tout le début de l'introduction jusqu'au chap. 87, ce qui fait alors 58 pages C.U.F.

Page 57.

1. Le résumé cursif irait du chap. 89 au chap. 117, occupant 19 pages C.U.F. (au lieu des 14 ou 15 voulues par les rapports précédents) ; faut-il donc corriger avec Birtius en ἑπτακοσίοις ? Cela serait plus logique ; mais Denys lui-même ne l'est pas toujours.

Page 59.

1. Ce que Denys reproche essentiellement à Thucydide, c'est le déséquilibre entre les développements analogues, déséquilibre que rien ne justifie. Il va donc présenter des exemples de ces prétendues distorsions dans divers domaines : récits de bataille, ambassades, sort réservé aux vaincus, etc., montrant dans chaque

cas que la longueur ou la brièveté ne sont pas fonction de l'importance de l'événement mais relèvent de la plus haute fantaisie.

2. La lacune doit probablement être assez longue. Les batailles navales en question sont celle de Patrai en Achaïe (II, 83-84) entre vingt navires athéniens et quarante-sept bateaux corinthiens et alliés (II, 83, 3), et celle de Naupacte, qui eut lieu peu après (II, 86-92), entre les mêmes navires athéniens et les soixante-dix-sept navires péloponnésiens. La description est plus détaillée pour la seconde que pour la première, ce qui paraît normal vu la disproportion plus grande des forces en présence. Denys l'indiquait peut-être, mais ce qu'il veut surtout, c'est opposer à ces batailles celle où, sur l'Eurymédon, les Athéniens furent vainqueurs et sur terre et sur mer devant les Mèdes, coulant deux cents trières phéniciennes, exploit auquel Thucydide ne consacre que quelques lignes.

Page 60.

1. Là encore, il n'est pas commode de savoir exactement le passage visé par Denys. On s'attendrait à ce que ce soit seulement le récit de la bataille finale (chap. 31 à 38 = 6 pages C.U.F.), mais, pour que le nombre de lignes soit à peu près cohérent avec les autres, Denys doit y inclure toute la «conclusion» de l'affaire, les chap. 26 à 38 (= 10 pages C.U.F.). Pour Denys, la longueur d'un récit de bataille devrait être proportionnelle au nombre des morts ou des prisonniers, ou, s'il s'agit d'un combat naval, au nombre des bateaux coulés ou pris.

Page 62.

1. Thucydide, IV, 15-22. En fait, c'est lorsque, à la suite de la victoire sur mer des Athéniens, les soldats de Lacédémone se sont trouvés encerclés (mais pas encore prisonniers) dans l'île qu'eut lieu l'ambassade à laquelle Denys fait allusion. Plus tard, quand les trois cents Lacédémoniens de Sphactérie furent faits prisonniers, il y eut aussi des ambassades envoyées à Athènes, mais dont Thucydide ne donne pas le détail (IV, 41, 3-4).

2. Sur les rapports entre histoire et poésie, et en particulier poésie dramatique, cf. F. W. Walbank, «History and tragedy», *Historia*, 9, 1960, p. 216-234, qui cite ce passage de Denys.

3. Sur les Platéens, cf. Thucydide, III, 52-68 ; sur Mytilène, III, 27-31 et 35-50 ; sur les Méliens, V, 84-116. En fait, l'argumentation de Denys n'est pas très consistante : si Thucydide relate longuement les événements qui ont précédé la chute de ces villes, cette chute elle-même et ses conséquences sont rapportées souvent brièvement (cf. III, 68, 2-3 pour Platées ; III, 50 pour Mytilène ; V, 116, 4 pour Mélos). D'après les exemples qui suivent. ce que Denys vise, ce n'est pas tant le sort des vaincus que le

déroulement des opérations aboutissant à la chute des cités ou à la ruine des peuples.

Page 64.

2. La division de l'*Histoire* de Thucydide en huit livres était donc bien établie au temps de Denys. Le livre VIII contient en effet des textes de traités, aux chap. 18, 37 et 58, et seulement une brève relation du discours de Peisandros à Athènes, au chap. 53.

3. La première assemblée est brièvement décrite en III, 26, 2; la seconde beaucoup plus longuement en III, 36, 6 à 49, 1; Thucydide y rapporte les discours de Cléon et de Diodotos, exprimant «deux avis qui se contre-balançaient si bien l'un l'autre» (III, 49, 1); ces deux orateurs avaient déjà pris la parole la veille pour défendre les mêmes thèses (III, 36, 6 et 41, 1).

Page 66.

2. La correction proposée par H. Weil, *R.E.G.* 12, 1899, 319-320, qui remplace le ἀνοίγει des manuscrits par ἀνάγει, est très pertinente.

3. Le terme τραγῳδία est employé ici (la seule fois dans les *Opuscules Rhétoriques*) dans le sens de discours pompeux (cf. dans les *Antiquités Romaines*, VI, 70 : τραγῳδίαν ἐπιθεῖναι τοῖς πράγμασι προσποιητήν).

4. D'où Denys tire-t-il ses informations sur le nombre total des morts durant l'expédition de Sicile, et, un peu plus loin, sur celui des morts parmi les soldats régulièrement enrôlés? Thucydide parle (VII, 75-5) des quarante mille hommes au moins qui composaient l'armée en retraite; mais tous ne périrent pas : certains s'échappèrent, d'autres furent faits prisonniers. Pour les hommes «régulièrement enrôlés», Thucydide fournit des chiffres qui semblent peu compatibles avec les cinq mille morts dont parle Denys : firent partie du premier contingent, d'après Thucydide (VI, 43), cinq mille cent hoplites dont quinze cents Athéniens ἐκ καταλόγου; et du second contingent (VII, 20.2), douze cents hoplites athéniens ἐκ καταλόγου. Il est probable que Denys conservait en mémoire les quarante mille hommes représentant la masse de l'armée en retraite, et les cinq mille hoplites du premier contingent, et qu'il a utilisé ces chiffres ici sans en vérifier l'application exacte dans le texte original.

Page 67.

1. A toutes ces questions, Denys répond par l'affirmative. Se fonde-t-il là aussi sur la vraisemblance (cf. phrase suivante) ou use-t-il de sources autorisées?

2. Le préambule considéré par Denys couvre les chap. 1 à 23, soit seize pages C.U.F.

3. A son habitude, Denys affirme sans prouver.

4. Dans l'éloquence, l'amplification trouve sa place plutôt dans les parties démonstratives (cf. Denys, II, 19,5 ; IV, 16,3), fondées sur l'émotion, et, mieux encore, dans la péroraison (on associe souvent αὔξησις et δείνωσις, cf. IX, 2,5). Pour une discussion de ce passage, cf. P. Pédech, *La méthode historique de Polybe*, Paris, 1964, p. 47.

Page 68.

3. Cf. Thucydide, I, 5,1, avec citation expresse pour la fin de phrase.

4. Cf. Thucydide, I, 6, 3.

5. Cf. Thucydide, I, 13,3.

6. Cf. Thucydide, I, 13,6.

Page 69.

1. Pour masquer la coupure, Denys fait un amalgame entre la dernière phrase citée du chap. 1 et la première du chap. 21 qui, chez Thucydide, est ἐκ δὲ τῶν εἰρημένων τεκμηρίων ὅμως τοιαῦτα ἄν τις νομίζων μάλιστα ἃ διῆλθον οὐχ ἁμαρτάνοι, καὶ οὔτε ὡς ποιηταί... Supprimant dans cette phrase le premier membre qui lui paraît faire double emploi avec ce qui précède, Denys modifie la construction de façon peu correcte : il semble mettre sur le même plan les deux οὔτε du chap. 1 et les deux οὔτε du chap. 21 et, par la suppression de ἄν τις οὐχ ἁμαρτάνοι, il fait de πιστεύων, et plus loin de ἡγησάμενος, une apposition à νομίζω. Une fois de plus, on constate que Denys travaille très vite, et sans prêter beaucoup d'attention aux détails : ici il s'est laissé abuser par l'apparente similitude des deux membres de phrase.

Page 72.

2. Cf. III, 3,1 où Denys, d'après Théophraste, distinguait comme éléments constitutifs du style le choix des mots, leur ajustement entre eux (ἁρμονία) et les figures (σχήματα) qui les incluent. Cf. aussi V, 18,8 où l'on trouve la même distinction. Denys a composé plus tard un traité sur la *Synthesis* ; il en a projeté un sur le *Choix des Mots* (cf. VI, 1,10), et en a probablement consacré un (perdu) aux *Figures de style* (cf. Quintilien, IX, 3,89).

3. Le terme ἐπίθετος, très fréquent dans le *Dem. I*, n'est employé avec ce sens, en dehors du présent exemple, que dans la *Lettre à Pompée*, XI, 3,17 où l'ἐνάργεια est considérée comme la première des qualités adventices.

4. Pour S. F. Bonner, *The Literary Treatises of D. of H.*, Cambridge, 1939, p. 19, cette déclaration montrerait que la répartition des qualités en deux groupes, qui n'apparaît chez aucun rhéteur grec antérieur, doit avoir été élaborée entre le IIIe et le Ier siècle avant J.-C.

Page 73.

2. Cadmos de Milet est cité par Strabon (I, 2, 6) comme l'un des premiers écrivains en prose, avec Phérécyde et Hécatée ; il aurait rédigé une histoire de Milet et de l'Ionie, d'authenticité contestée. Aristéas de Proconnèse est le célèbre auteur (légendaire ?) d'un poème épique en trois chants, les *Arimaspea* ; il est cité par Hérodote, IV, 13, et connu de Strabon, I, 2, 10.

3. Cf. VII, 5, 4.

4. Même division qu'en 22, 1-2 : λέξις, σύνθεσις, σχήματα ; mais au lieu de ce dernier terme, Denys emploie l'expression σχηματίζειν τὰς λέξεις <καὶ> τὰς νοήσεις, qui fait référence aux figures de style et aux figures de pensée (cf. VI, 8, 2).

5. Les qualités nécessaires sont la pureté, la clarté, la concision, et peut-être la convenance. Les qualités adventices sont nombreuses et variées : en indiquant celles qu'ont les anciens historiens et celles dont ils manquent, Denys en fait une sorte d'inventaire.

Page 74.

1. Le texte des manuscrits est difficile à interpréter, d'où la lacune suggérée par Usener. Peut-être faut-il y voir un doublet, occasionné par les particularités de construction du verbe ἐλλείπω, qui peut être ou transitif ou intransitif. La construction intransitive semblant la plus usuelle (cf. en particulier Thucydide, I, 120, 5 ἐν τῷ ἔργῳ ἐλλείπομεν), un lecteur aura mis en marge, à titre de correction grammaticale, un ἐν ταύταις (= ἀρεταῖς) qui se sera introduit dans le texte, et que je propose de supprimer.

Page 76.

2. Gorgias de Leontinoi est toujours considéré comme l'initiateur du « style poétique et figuré » ; l'abus des « gorgianismes » est, pour Denys, un grave défaut de style. Cf. II, 3, 4 où Gorgias est aussi associé à Polos et Licymnios.

Page 77.

1. Dans l'énumération des instruments du style, Denys reprend la distinction entre vocabulaire, composition (ou harmonie) et formulation ; il y ajoute la « rapidité de l'énoncé signifiant » qui lui paraît très caractéristique du style de Thucydide. Dans les « colorations », on pourrait voir l'énumération des qualités adventices (cf. 23, 6 ; mais Denys ne reprend pas les mêmes termes, sauf πάθος).

Page 78.

1. L'Introduction, critiquée déjà pour son « économie » (ordonnance de la matière, aux chap. 10 à 12 ; mise en forme, aux chap. 19 et 20), va être étudiée maintenant pour son style. Mais

une lacune importante empêche malheureusement de connaître le commentaire que faisait Denys du passage cité.

2. La lacune est indiquée dans certains manuscrits (neuf pages blanches dans *A* et *I*, pas d'interruption dans *V* ni *T*) ; elle est importante. Le texte omis devait comprendre au moins :

— la fin de la citation tirée de l'Introduction (fin du chap. 2 ou plus ?) ;

— un petit commentaire de ce passage (laudatif ou critique ?). Si Denys a suivi dans la partie consacrée aux dialogues et harangues le principe précédemment appliqué pour les narrations, on pourrait penser que la première citation était choisie pour permettre un éloge du style ; c'était une façon (cf. la *captatio benevolentiae* des orateurs) de rendre plus crédibles aux lecteurs (et à Tubéron en premier lieu) les critiques qui allaient suivre ;

— le début de la citation du livre IV que l'on peut restituer d'après la réfection du paragraphe 4 ; cette citation-là illustrait les défauts de style, faisant contraste avec l'extrait précédent dont Denys approuvait probablement l'expression claire et concise.

Page 79.

2. La traduction de l'adjectif δεινός (comme du substantif δεινότης) pose toujours problème ; on ne sait trop s'il faut insister sur la véhémence (δεινός est souvent associé au style austère) ou sur la virtuosité (qui le rapprocherait du style moyen). Dans la mesure où ἀγκύλος semble s'opposer à σαφής, et donc δεινός à ἡδύς, j'opte pour la première solution.

Page 84.

1. La lacune reconnue ici par Sylburg doit être assez importante, occasionnée probablement par la perte d'un folio (qui serait le symétrique de celui dont la perte a causé la lacune du chap. 25). Denys développait-il sa théorie sur la nécessité de plaire à la fois au profane et au spécialiste, et donc de présenter ensemble des qualités opposées ? On constate en tout cas que, tandis que, avant la lacune, il se plaçait du point de vue de l'auditeur qui juge les œuvres, après la lacune, il considère le créateur, qui doit unir dans son expression les deux types de qualités, les nécessaires et les adventices. Cf. Costil I, p. 726 et Costil II, p. 62.

Page 86.

1. Cf. VII, 24, 7. « La tradition étymologique rattache le terme de solécisme aux défauts de mœurs et de dialecte des habitants de Soles, ville cilicienne où la colonie grecque était à demi-barbarisée. Chrysippe de Soles a consacré certains de ses écrits à critiquer le langage de ses compatriotes ; il a donc restreint le sens de solécisme à celui de construction grammaticale incorrecte », Costil I, p. 802.

2. Parmi les contemporains, on peut citer les orateurs Lysias, Isocrate, Isée; parmi les successeurs, Démosthène, Hypéride et Eschine (cf. I, 4, 5), qui ont porté l'éloquence politique (Démosthène surtout) à son plus haut niveau.

3. Conformément à ce qu'il avait annoncé en 25, 1, Denys fait ici une analyse détaillée du chap. 82, du moins d'un long extrait de ce chapitre. Il est troublant de constater que, lorsque Denys reprend des fragments de citation de Thucydide, il propose des textes légèrement différents à quelques lignes de distance. Je conserve donc le texte des manuscrits, même s'il nous paraît quelque peu fantaisiste. On a déjà vu à maintes reprises que Denys était peu scrupuleux sur l'exactitude littérale des citations.

Page 87.

2. Denys supprime les épithètes qu'il juge superflues mais n'en conserve pas moins les assonances et les parisoses.

Page 88.

1. Denys semble attribuer à Thucydide un souci permanent de variété, que traduit le contraste perpétuel entre les ornements qui embellissent le style et les tournures raides ou rudes qui surprennent l'auditeur. L'inattendu constant fatigue et perd de sa virulence.

2. Dans cette citation, les manuscrits de Denys présentent τε après τυχών, ce qui modifie sensiblement la construction, et le sens, de ce membre de phrase que R. Weil traduit : « Intelligent était celui dont l'intrigue avait réussi, plus habile encore qui avait su la pénétrer » *(C.U.F.)*.

3. L'adverbe ἀγκύλως et l'adjectif correspondant sont utilisés quatre fois dans le *Thucydide*; l'adverbe l'est une fois dans l'*Isée*; l'adjectif une fois dans le *Dinarque*. En IV, 13, 2, l'adverbe, associé à βραχέως et ἐκ παραδόξου, caractérise le style ramassé. En VII, 31, 1 (ici), l'adverbe est associé à δυνατῶς et lié aussi (chose assez exceptionnelle, bien soulignée par Denys) à σαφῶς; en VII, 32, 2, l'adverbe est encore une fois associé à βραχέως, mais avec comme conséquence le manque de clarté; en VII, 35, 3, l'adjectif est associé à πολύπλοκος et à βεβιασμένος. Dans le *Dinarque* (XII, 6, 4), Denys loue Démosthène d'avoir surpassé tous les orateurs, entre autres τῷ τῶν σχηματισμῶν ἀγκύλῳ. Ainsi le caractère contracté d'une tournure est un défaut quand il s'accompagne d'obscurité, une qualité lorsque, comme c'est parfois le cas chez Thucydide, comme c'est toujours le cas chez Démosthène, il ne nuit pas à la clarté. L'apparition de ce terme dans le *Dinarque* est un élément de plus qui plaide en faveur de la chronologie adoptée par Costil (cf. t. I des *Opusc. Rhétor.*, p. 27).

Page 89.

2. Denys ne précise pas ici ce qu'il entend au juste par « périphrase ». Mais l'analyse des diverses occurrences du substantif

(V, 5.5 ; 7.5 ; 29.4 ; VII, 29.4 ; 31,4) et du verbe (VII, 29.2 ; 31.3 ; 32.1 ; 46.2 ; VIII, 4.1) prouve que Denys appelle périphrase toute formule inutilement allongée (V, 5.5 ; 7.5 ; VIII, 4.1), ou utilisant l'abstrait (V, 29.4 ; VII, 29.2 et 4 ; 31.4 ; 46.2), ce qu'il qualifie de périphrase poétique, ou encore, rendue obscure par une construction inhabituelle (VII, 31.3 ; 32.1).

Page 90.

1. Ces types de formulation sont critiqués par Denys comme nuisant à la clarté. Sur l'emploi des « hyperbates » par Thucydide, cf. aussi Ps. Longin, *Du Sublime*, 22, 3. Sur la vogue de l'hyperbate dans les milieux romains, cf. A. D. Leeman, *Orationis Ratio*, Amsterdam, 1963, p. 189.

Page 91.

1. La traduction proposée ici tente de conserver l'amphibologie dénoncée par Denys. Voici pour plus de clarté la traduction procurée par R. Weil dans la *C.U.F.* : « La plupart des hommes aiment mieux être appelés habiles en étant des canailles, qu'être appelés des sots en étant honnêtes : de ceci ils rougissent, de l'autre, ils s'enorgueillissent ». Elle suppose, avec raison me semble-t-il, la présence d'un chiasme. Mais visiblement Denys fait de ἀμαθεῖς ἀγαθοί une unité (cf. ἀμαθεῖς τε καὶ ἀγαθοί) et escamote tout à fait ὄντες δεξιοί, modifiant aussi le rôle du participe présent. D'où un raisonnement qui, encore plus peut-être que celui de Thucydide, est difficile à suivre. Pour la seconde partie de la phrase en effet, la pensée de Thucydide est assez claire quand la première partie a été correctement interprétée : on rougit, en étant honnête, d'être appelé ignorant ; on s'enorgueillit, en étant malfaisant, d'être appelé habile. Mais Denys continue à mettre en parallèle les malfaisants d'un côté, les ignorants honnêtes de l'autre, et, dans ce dernier cas, à choisir de préférence celui des deux adjectifs qui fait le mieux ressortir, à son avis, l'incohérence des propos de Thucydide.

2. La centaine de lignes comprend toute l'amplification des chap. 82 et 83, soit trois pages C.U.F.

3. Peut-être Denys a-t-il senti que ses explications, appréciations ou réfections étaient tellement maladroites et embrouillées qu'il a préféré terminer sur une citation pure et simple. Il en revient à son procédé habituel, qui lui sera sévèrement reproché par Ammée.

Page 93.

1. Cf. par exemple Cicéron, *Brutus*, 287 : « Quant aux discours (et ils sont nombreux) qu'il a intercalés dans son ouvrage, j'ai coutume d'en faire l'éloge ; mais les imiter, je ne le pourrais pas si je le voulais, et peut-être ne le voudrais-je pas si je le pouvais » (trad. J. Martha). Cf. aussi *Vita* 38.

2. Denys a la manie de faire des annonces de plan parfois contradictoires. Ainsi quand, en 21, 1, il précise qu'après avoir étudié le fond (une section était consacrée aux harangues et morceaux de rhétorique, les chap. 16 à 18), il va maintenant passer à l'examen de la forme, on pourrait croire qu'il en a fini désormais avec l'analyse de la matière. De fait, il traite de l'expression littéraire en général, reprend et développe certains points (sur les prédécesseurs de Thucydide) déjà mentionnés, et annonce qu'il va illustrer son exposé d'exemples empruntés aux narrations d'abord, aux morceaux de rhétorique ensuite. Pour les narrations, son analyse se borne aux questions stylistiques, comme on pouvait s'y attendre. Or voilà que maintenant Denys annonce que, comme précédemment (c'est-à-dire comme il a fait avant et après 21, 1), il va diviser son étude en deux parties, portant successivement sur le fond et sur la forme. Parce que ce qu'il a à dire est différent de ce qu'il avait dit aux chap. 6 et suivants, Denys adopte un autre mode de division, qui n'est pas spécifique des harangues, mais qu'il désire leur appliquer.

La division annoncée n'est d'ailleurs pas très nette à l'intérieur même du développement. Denys traite du fond (invention et utilisation) en 34, 2-3 ; puis il se lance dans une diatribe contre les inconditionnels de Thucydide ; après quoi il répète (35, 2) ce qu'il avait dit en 34, 2-3 sur l'invention (qu'il loue) et l'utilisation (qu'il critique). Le jugement sur le style, très sévère, n'occupe que 35, 3. Dans son analyse des exemples, Denys mélangera les critiques visant à l'organisation (= le fond) à celles concernant le style.

Page 95.

2. L'adjectif ἔναυλος ne se trouve pas ailleurs dans les *Opuscules* ; il signifie au sens propre « accompagné de la flûte », au sens figuré « qui résonne dans l'oreille », d'où « envoûtant, pénétrant, présent », ou peut-être tout simplement « mélodieux ».

Page 98.

1. Le raffinement est l'un des aspects du beau et du grand pour Denys (cf. III, 3, 1 et 3, 3) ; en 36, 1, il avait aussi accordé à ces discours l'agrément. Denys applique de manière assez lâche le terme de dialogue aux négociations entre Archidamos et les Platéens.

Sur le dialogue de Mélos et son commentaire par Denys, cf. F. M. Cornford, *Thucydides Mythistoricus*, Londres, 1907, chap. X, p. 174-187.

Page 99.

1. L'article et le pronom sont deux des huit éléments de langage indiqués par Denys de Thrace (16, 640 b). Il arrive souvent à Denys, qui ne se pose jamais en spécialiste de grammaire (cf. VI,

14, 6), de proposer deux dénominations possibles pour une même chose (cf. VI, 14, 7). Sur la classification des «parties premières du langage», cf. VI, 2, 1-3. M. Egger, dans son *Apollonios Dyscole, Essai sur l'histoire des théories grammaticales dans l'Antiquité*, Paris, 1854, note que, «à la suite des Stoïciens, Apollodore l'Athénien et Denys de Thrace ont appelé le pronom un article démonstratif, ἄρθρον δεικτικόν» (p. 93). Il est probable que du temps de Denys on utilisait l'une ou l'autre de ces appellations pour désigner le pronom que Denys en général appelle ἀντονομασία (cf. VI, 2, 2).

Page 100.

1. Chez Thucydide, le passage à la forme dialoguée se fait dès la réplique précédente; à cette erreur, s'ajoute la bévue sur l'attribution de la prochaine réplique à l'Athénien (chez Denys, 86 et 87 sont attribués aux Méliens, 88 et 89 aux Athéniens). Ce flottement vient soit d'un défaut de mémoire soit, plus probablement, du texte même que Denys avait à sa disposition. Il suffit en effet de se reporter aux manuscrits de Thucydide, le *Paris. Suppl. Gr.* 255 du XIe s. (= *A*) ou le *Paris. Gr.* 1734 du XIVe s. (= *H*), pour constater que l'indication des interlocuteurs n'est pas toujours claire ni cohérente : tantôt elle figure dans la marge (pour 85 et 86), tantôt elle se trouve dans l'interligne (de 87 à 89 dans *A* avec même double mention en 87; pour 87 et 88 dans *H* qui ne porte aucune mention pour 89), tantôt elle est absente. Il est probable qu'un désordre du même genre affectait l'exemplaire de Denys.

2. Ici Denys critique le fond, après avoir en 7 critiqué la forme : il mêle donc les deux points de vue, comme il l'avait annoncé en 35, 4. A noter, dans cette critique sur le fond, l'incompréhension (dogmatique) de Denys à l'égard du dessein de Thucydide. Denys juge ce dialogue uniquement d'un point de vue moral, et prudhommesque.

Page 103.

1. Ce mépris pour la divination, et, par-delà, pour la religion, était bien fait pour indisposer les stoïciens, dont Tubéron; c'est pourquoi Denys y insiste lourdement.

Page 104.

1. Le texte de Denys est assez différent de celui que livrent les manuscrits de Thucydide. Ce qu'il trouve «d'interprétation difficile», c'est 105, 1, où les divergences d'avec le texte de Thucydide sont les plus importantes; de la «conclusion», Denys donne une traduction libre qui escamote la difficulté et ne permet

pas de voir clairement comment il construit la phrase, sauf qu'il semble rattacher διὰ παντὸς ἀπὸ φύσεως à τἀνθρώπειόν τε σαφῶς, l'adverbe ἀναγκαίως modifiant ἄρχειν.

Page 105.

1. Cf. V, 26, 5 où Thucydide dit qu'après son commandement à Amphipolis, il fut exilé pendant vingt ans, mais sans aucunement mentionner la Thrace. L'expression «dans le livre immédiatement précédent» est l'un des arguments utilisés par L. Canfora (*Tucidide Continuato*, Padoue, 1970, p. 20 sqq.) pour montrer que, dans le texte de Thucydide que connaissait Denys, le livre VI allait de V, 84 à VII, 18.

Page 106.

1. Denys se fonde sur l'argument de vraisemblance.
2. Cf. 37, 1 pour la qualification de dialogue accordée aux négociations de Platées.

Page 107.

5. Il n'y a pas de harangue proprement dite dans le livre VIII (cf. 16, 2-4), du moins pas de harangue en forme (celle de Phrynichos, au chap. 27, est en style indirect ; de même, les conseils d'Alcibiade à Tissapherne, au chap. 46, ou l'opposition de Phrynichos au chap. 48, ou encore la harangue de Peisandros au chap. 53, le discours de Chaïreas à ses troupes au chap. 74, etc). L'absence totale de discours directs dans le livre VIII est une preuve de l'inachèvement du livre, aux yeux de H. R. Rawlings, *The Structure of Thucydides' History*, Princeton, 1981, p. 176 sqq.
6. Thucydide, III, 53-59 après la chute de Platées.

Page 109.

1. On a ici une sorte de présentation des divers σχήματα ; le mode du récit (ἱστορικόν) est dans le *D.C.V.* 19, 12 opposé au mode du dialogue et à celui de la joute oratoire. Dans cette dernière catégorie, on a le choix entre la forme du blâme, τὸ ἐπιτιμητικόν, et celle de l'exhortation, τὸ παραιτητικόν (pour celle-ci, cf. 45, 6).

Page 113.

1. Denys omet la dernière partie de la phrase. «Voilà ce qui vous est arrivé, quand la maladie est venue s'ajouter à vos maux». Est-ce volontairement ? ou l'omission est-elle due à l'inattention d'un copiste et faudrait-il rétablir le texte ?

Page 115.

1. La phrase de Denys, où νῦν remplace ἥκουσι, manque de verbe principal.

2. Le jeu de mots (paronomase) porte sur κατοικίσαι (faire rentrer) et ἐξοικίσαι (faire sortir), avec seulement en grec un changement de préfixe.

3. Le texte de Thucydide est beaucoup plus concentré (notamment par l'emploi des pronoms, démonstratifs ou réfléchis) que ne peut l'être une quelconque traduction.

Page 116.

1. La phrase est incomplète. Est-ce volontairement, ou par inadvertance de copiste ? Reiske proposait de compléter la phrase, et j'adopte ce parti ; mais peut-être Denys supposait-il que ses lecteurs la complèteraient d'eux-mêmes, et préférait-il passer tout de suite à l'exemple suivant. La première phrase de ce passage est citée par Denys dans la *Lettre à Ammée*, 9, 1 comme exemple, à fuir, du changement de nombre.

Page 117.

2. Appel aux deux critères, le rationnel et l'irrationnel (cf. 27, 4).

3. A. D. Leeman, *Orationis Ratio*, Amsterdam, 1963, p. 180, commentant ce passage, suggère une allusion à Caecilius de Caleacté, auteur de deux traités sur l'historiographie.

Page 118.

1. Cf. V, 15, 2-5, où Denys oppose pareillement l'homme inculte à l'homme cultivé.

2. Lacune très malencontreuse, supposée d'abord par Sylburg. Denys devait y résumer les arguments des sophistes qui soutenaient que Thucydide utilisait, dans ses harangues, un type de style habituel à l'époque, mais auquel la postérité n'est plus accordée.

Page 119.

1. Cf. *Lysias*, II, 2, 1. Lysias y est présenté comme « le parfait modèle de langue attique, non pas de cette langue archaïque dont usent Platon et Thucydide, mais de la langue dont on usait couramment de son temps, comme on peut l'inférer des discours d'Andocide, de Critias et de quantité d'autres orateurs ». Andocide et Antisthène ne sont pas autrement cités par Denys dans les *Opuscules* ; Antiphon l'est assez souvent (IV, 20, 2-3 ; V, 8, 1 ; VI, 10, 4 et 22, 7 ; X, 2, 3) ; Critias, l'un des Trente, l'est peu (IV, 20, 2-3). Quant à Xénophon le « socratique », il est l'objet de développements spéciaux dans le traité sur *L'Imitation* (IX, 3, 4-5)

et dans la *Lettre à Pompée Géminos* (XI, 4); il est mentionné dans le *D.C.V.* 10, 4.

2. Même plaidorie pour la variété dans le *D.C.V.* 19, 2. Le terme de συμμετρία qui suit est employé sans complément chez Denys en V, 34, 5 et XII, 8, 6 (nouvel indice en faveur d'un rapprochement entre le *Démosthène I*, le *Thucydide* et le *Dinarque*).

Page 120.

1. Quels sont ces imitateurs que vise Denys? S'agit-il de contemporains? Cicéron lui aussi attaquait l'école des Atticistes qui, de son temps, proposait pour modèles à imiter Lysias *et* Thucydide, ce qui lui paraissait contradictoire; par ailleurs Salluste l'historien ne cache pas son imitation de Thucydide (cf. A. D. Leeman, *Orationis Ratio*, p. 159-163). Mais, prudemment, Denys s'en tient toujours aux auteurs grecs et aux auteurs anciens.

3. Dans le *Démosthène I*, Denys présentait les divers types de style, le style élevé, avec Thucydide, le style simple, avec Lysias, le style moyen, avec Isocrate et Platon, mais surtout Démosthène. Antiphon (rapproché de Thucydide pour le style, en VI, 10, 4), Lysias et Isocrate, excellents chacun dans son genre, sont surpassés par Démosthène parce que, dit Denys, ce dernier imite Thucydide, du moins ses qualités, de fond et de forme, en évitant ses défauts, dont les plus flagrants et les plus dommageables sont l'incorrection et l'obscurité.

Page 121.

1. D'après la nomenclature de 52, 4, Démosthène donc se garde d'imiter le vocabulaire (λέξις) et les tournures et figures (σχηματισμοί, σχήματα); il n'imite que les idées (νοήσεις) : le résultat est donc tout différent.

2. Denys citera deux harangues, *Sur les Symmories* et la *Troisième Philippique*, et un plaidoyer judiciaire dans un procès public, *Sur la Couronne*.

Page 123.

1. L'exorde de la *Troisième Philippique* est également cité par Denys dans le *Démosthène*, 9, 2 (exactement le même passage, avec pareille absence de δεῖν) comme exemple de mise en œuvre dans le style de Thucydide.

2. Ce passage est également cité dans l'*Isée* (IV, 13, 2, jusqu'à πολεμῆσαι), et dans le *Démosthène I* (V, 9, 8 jusqu'à βιάζεσθαι), où Denys refait cette phrase qu'il trouve recherchée.

3. Même appréciation laudative en VI, 25, 25 par exemple.

Page 130.

1. Denys a parlé du style de Thucydide dans le *Démosthène I*, où il le présente comme le modèle du style raffiné (V, 1,3); malheureusement le début du chapitre est mutilé. Cet opuscule devait être le premier volet du tome II des *Orateurs Antiques,* globalement dédiés à Ammée; c'est pourquoi Denys évoque ici, pour sa défense et par déférence pour Ammée, ce jugement sur Thucydide qui devait être assez bref, et sur lequel il ne reviendra pas dans la suite de la *Lettre*.

2. C'est le *Thucydide,* composé à la demande d'Aelius Tubéron l'historien; il est probable qu'Ammée insistait particulièrement sur le chapitre 24 qu'il ne trouvait pas suffisamment fondé ni suffisamment clair; Denys y donnait une vue d'ensemble sur les qualités et les défauts du style de Thucydide avant d'en fournir des illustrations, peu probantes aux yeux d'Ammée, dans les chapitres suivants.

Page 131.

4. Denys omet toute la phrase concernant la composition *(synthesis),* et un peu plus loin la phrase soulignant l'importance du travail du style chez Thucydide (VII, 24,3). Par la suite, le texte est la reproduction intégrale du chap. 24, à quelques variantes de détail près.

Page 133.

2. Le terme ἐπιλογισμός, qui est peut-être le produit d'une corruption, ne paraît pas faire partie du vocabulaire de Thucydide, du moins dans l'état actuel du texte. Il semble plutôt utilisé par les philosophes.

Le terme précédent, τὸ ἀκραιφνές, fait partie du vocabulaire des Tragiques; en prose attique, il semble employé uniquement par Thucydide (I, 19; I, 52, 2). Ἡ περιωπή désigne chez Homère un lieu d'où l'on a une large vue sur les environs, un point d'observation. Thucydide l'utilise en IV, 87 en un sens abstrait. Ἡ ἀνακωχή est la forme corrompue de ἀνοκωχή, terme qui est presque exclusivement utilisé dans les manuscrits de Thucydide (I, 10,4; IV, 38,1; IV, 117,1; V, 25,3; V, 32,7; VIII, 87,4).

3. Ἡ κωλύμη, formé sur le verbe κωλύω, semble attesté uniquement chez Thucydide (I, 92; IV, 27,3; IV, 63,1); la forme neutre est plus fréquente. Ἡ πρέσβευσις (avec le suffixe d'action) semble rarement employé (I, 73,1). Il en est de même du terme suivant, ἡ καταβοή (I, 73,1; VIII, 85,2; VIII, 87,3). Ἡ ἀχθηδών, qui désigne une charge, un fardeau, est employé métaphoriquement par Thucydide (II, 37,2; IV, 40,2). Quant à ἡ δικαίωσις (avec

encore le suffixe d'action), c'est un mot plus fréquemment utilisé ; on le trouve chez Lysias, et, chez Thucydide, en I, 141, 1 ; IV, 86, 6 ; V, 17, 2 ; VIII, 66, 2. Il est à remarquer que tous les mots cités par Denys dans cette séquence sont des substantifs féminins.

4. Denys va en effet consacrer l'essentiel de la *Lettre* à l'examen des formulations ; il ne fera aucun commentaire ni sur la brièveté, ni sur les instruments du style, ni sur les colorations.

Page 135.

1. Ce terme ne semble pas se trouver dans le livre VII ; au livre I, il est question de l'« investissement » de Potidée (I, 65, 3) ; Denys a pu faire une confusion, ou bien le texte qu'il lisait était légèrement différent du nôtre. La restitution proposée par Krueger s'impose, étant donné la suite de la phrase (allusion à I.143.5) ; une autre occurrence de ὀλόφυρσις (au pluriel) se trouve en II.51.5.

Page 137.

1. Ce féminin est pourtant souvent employé par Thucydide et par d'autres ; en revanche la forme masculine semble avoir disparu du texte actuel de l'historien (on la trouve chez Xénophon). La traduction ne peut être qu'infidèle : je mets ici (et à l'exemple suivant) en parallèle un nom et un adjectif substantivé, alors qu'en grec il s'agit uniquement de substantifs.

Page 138.

1. Les manuscrits de Thucydide portent non pas τὸ βουλόμενον mais τὸ ἐπιθυμοῦν τοῦ πλοῦ. On trouve en revanche τὸ βουλόμενον en I, 90, 2. Pour τὸ δυνάμενον, il ne semble pas y avoir de référence connue chez Thucydide.

Page 139.

1. Il est curieux de constater que l'accusation de solécisme portée par Denys n'intervient que dans le *Thucydide* et dans la *Lettre à Ammée* ; on la trouve aussi, une fois, dans le *Dinarque* (XII, 8, 2), à propos des imitateurs de Thucydide. C'est cette incorrection grammaticale, habituelle dans son style, qui rend l'historien si impropre à l'imitation, aux yeux de Denys.

2. Il est probable que du temps de Denys la construction avec l'accusatif était la plus usuelle ; mais Thucydide emploie à plusieurs reprises le datif après ce verbe passif (cf. I, 81, 6). C'est peut-être parce que Denys ne se sent pas très sûr de ce qu'il avance que, dans l'exemple suivant, il propose un autre verbe, à la construction plus franche.

3. C'est en fait un optatif, marque du potentiel, indiquant une condition que l'on suppose réalisable dans l'avenir ; la proposition principale qui suit, en dépit du verbe au présent, est elle aussi

toute tournée vers l'avenir. Pourtant, il est de fait que le manuscrit *C* de Thucydide, ainsi qu'un papyrus du IIe siècle, portent le présent réclamé par Denys dans la subordonnée.

Page 140.

2. Cet exemple, qui devrait illustrer le transfert du signifié au signifiant, est moins probant que le précédent puisque, ici, les deux verbes sont parfaitement en accord avec leurs sujets ; Denys s'est probalement laissé abuser par une analogie de sens, mais non de forme, avec l'exemple précédent. Une lacune assez importante a dû supprimer les développements suivants, dûment annoncés, sur l'usage trop libre des conjonctions, prépositions et articles (VII, 24, 6), ainsi que sur les figures proches du solécisme (VII, 24, 7), bien que Denys y ait déjà fait allusion ici ou là. D'ailleurs, notamment depuis le chapitre XI, on constate un certain flottement dans l'ordre d'exposition ; sans doute Denys se rend-t-il compte, à l'usage, que ses énoncés du chapitre 24 n'étaient ni très rigoureux ni très pertinents.

Page 141.

1. Ce paragraphe est particulièrement mal venu, difficile à comprendre et difficile à traduire. Pour montrer comment Thucydide personnifie les choses (πράγματα), Denys prend un exemple peu clair : c'est le Péloponnèse, territoire, qui est ici la «chose» que Thucydide personnifie en le donnant comme complément à un verbe qui appelle un complément de personne, ou d'attribut de la personne (ici, la «réputation»). Or d'une part Denys fait un contresens sur le verbe ἐξηγεῖσθαι qu'il décompose à tort en un préfixe à sens plein (d'où le commentaire : προάγειν ἔξω) et un verbe simple, alors que dans le verbe ἐξηγεῖσθαι le préfixe n'a aucun sens spatial ; d'autre part, dans le membre de phrase qui devrait mettre théoriquement en valeur le procédé de la personnification, Denys met le terme de πρᾶγμα, à côté de δόξα, ce qui ne contribue pas à clarifier les choses. Tout ce raisonnement, très embarrassé et qui tombe souvent à côté de ce qu'il veut démontrer, trahit chez Denys une précipitation et un agacement grandissants. Il n'y a pas loin pour qu'il renonce à «démontrer», se contentant de citer et de laisser au lecteur le soin de se faire un jugement. Voici la traduction de ce passage dans la C.U.F. : «Voilà : décidez bien, et tâchez que les États du Péloponnèse ne représentent pas moins, sous votre hégémonie, qu'ils ne faisaient, quand vous les avez reçus de vos pères».

2. Il y a une certaine maladresse dans la désignation des termes grammaticaux ; ici, c'est l'adjectif neutre qui est considéré comme une chose. Denys ne se pique pas d'être un spécialiste en matière de grammaire. Pour une analyse de ce passage, cf. D. M. Schenkeveld, *Glotta,* LXI, 1983, p. 78 sqq.

INDEX NOMINVM

INDEX LOCORVM

TABLE DES MATIÈRES

Ce volume,
de la Collection des Universités de France,
publié aux Éditions Les Belles Lettres,
a été achevé d'imprimer
en novembre 2002
sur presse rotative numérique
de Jouve
11, bd de Sébastopol, 75001 Paris

N° d'édition : 4479
Dépôt légal : novembre 2002

Imprimé en France